Gruppendynamik und soziales Lernen
Theorie und Praxis der Arbeit mit Gruppen

Peter R. Wellhöfer

Gruppendynamik und soziales Lernen

Theorie und Praxis der Arbeit mit Gruppen

35 Abbildungen

 Ferdinand Enke Verlag Stuttgart 1993

Professor Peter R. Wellhöfer, Diplom-Psychologe

Georg-Simon-Ohm-Fachhochschule
Fachbereich Sozialwesen
Bogenstraße 31
D-8500 Nürnberg 21

Die Deutsche Bibliothek – CIP-Einheitsaufnahme

Wellhöfer, Peter R.:
Gruppendynamik und soziales Lernen : Theorie und Praxis der
Arbeit mit Gruppen / Peter R. Wellhöfer. – Stuttgart : Enke,
1993
ISBN 3-432-25311-7

© 1993 Ferdinand Enke Verlag, P.O. Box 30 03 66, D-70443 Stuttgart
Printed in Germany

Satz und Druck: Druckhaus Götz GmbH, D-71636 Ludwigsburg
Filmsatz 9/9 Punkt Times (Linotype System 5 [202])

Vorbemerkung

Gruppendynamik, Gruppenarbeit, lebendiges Lernen, Interaktions- und Kommunikationstraining werden neben anderen modernen Begriffen heute im Zusammenhang mit den verschiedensten Aktivitäten im Bildungsbereich ausgiebig diskutiert. Dies zeigt, wie stark Dozenten, Lehrer, Verhaltenstrainer, Gesprächsmoderatoren und Gruppenleiter bei ihrer Arbeit mit unterschiedlichen Gruppenproblemen konfrontiert und häufig verunsichert werden, da sie meist nur auf individuelles, „vernünftiges" Verhalten vorbereitet sind. Menschen, die mit Gruppen arbeiten – und wer arbeitet eigentlich mit wirklichen Individuen – haben zwar oft ein subjektives Gefühl für die Phänomene im „sozialen Kraftfeld" entwickelt, wissen aber häufig nicht, wie sie dieses „Gespür" methodisch und pädagogisch sinnvoll einsetzen können.

Zwar gibt es seit den 70er Jahren einige Anleitungen und Informationsmöglichkeiten zu gruppendynamischen Übungen; diese bieten jedoch meist nur rezeptartige Vorschläge zur Durchführung der Spiele und zu ihrer häufig unreflektierten Anwendung. In der vorliegenden Arbeit wird versucht, die theoretischen Erkenntnisse der Gruppenpsychologie mit einschlägigen Übungen darzustellen und daraus Konsequenzen für die pädagogische Arbeit mit Gruppen in unterschiedlichen Arbeitsfeldern abzuleiten. Auf der Basis eigener Erfahrungen in der Organisationsberatung und der betrieblichen Erwachsenenbildung sowie meinen (praxisbezogenen) Lehrveranstaltungen im Fach Psychologie an der Ohm-Fachhochschule in Nürnberg ergab sich dabei ein Konzept, bei dem konkrete, praktische Anweisungen und sozialpsychologische Theorien integriert sind.

Die vorliegende Arbeit verfolgt drei wesentliche Ziele: Sie möchte

- dem Leser die zentralen Ergebnisse der Gruppenpsychologie vermitteln und mit Hilfe von Spielen/Übungen erlebbar machen,
- ein Konzept für die aktive Erarbeitung der Inhalte in Gruppen vorstellen und
- dem Leser praktische Hinweise für die Planung von Gruppenarbeit liefern.

Bei diesem Konzept werden viele Übungen und Spiele vorgeschlagen, deren kreative Urheber nicht mehr eindeutig identifiziert werden konnten. Die meisten von ihnen wurden in gruppendynamischen Seminaren entwickelt, durch „papers" oder Mund-zu-Mund-Propa-

VI

ganda weitervererbt und wieder akzentuiert, so daß sie als eine Art „Folklore" der Gruppendynamik zu betrachten sind. Einige Techniken habe ich bei der Zusammenarbeit mit den Kollegen/innen von tpm (Team für Psychologisches Management, 8526 Bubenreuth) kennengelernt. Gerade bei der Zusammenarbeit mit diesem Kollegenkreis habe ich den Leistungsvorteil der Gruppe überzeugend erleben können.

Die Arbeit ist so aufgebaut, daß in den ersten Kapiteln die zentralen Ergebnisse der Gruppenpsychologie vermittelt werden. Diese neutralen Aussagen werden in das übergreifende Bezugssystem der Humanistischen Psychologie eingebettet, sie können aber zweifellos auch in einen anderen Bezugsrahmen integriert werden. Vor diesem Hintergrund werden weitere konkrete Planungs- und Durchführungshilfen beschrieben, die das praktische pädagogische Vorgehen in Freizeit-, Ausbildungs- und Weiterbildungsgruppen exemplarisch darstellen sollen.

Mit diesem Buch möchte ich die Personen ansprechen, die beruflich und pädagogisch mit Gruppen arbeiten, ihr Vorgehen methodisch planen und wissenschaftlich reflektieren wollen. Es wendet sich aber auch an den interessierten Laien, der mehr über sich selbst und den Einfluß des sozialen Kraftfeldes auf das eigene Verhalten erfahren möchte. Der Leser kann seinem Interesse entsprechend die Lektüre unterschiedlich gestalten. So wird der eher wissenschaftlich-theoretisch Interessierte wahrscheinlich schrittweise vorgehen, während der Praktiker sich stärker von den Übungen und den Ausführungen ab Kapitel 5 angesprochen fühlen dürfte.

An dieser Stelle möchte ich mich auch bei allen bedanken, die diskutierend, beratend, korrigierend – ich denke hier vor allem an meine Frau – und ermutigend an dieser Arbeit beteiligt waren.

Weiher, im Herbst 1992 *Peter R. Wellhöfer*

Inhalt

1 Das Spannungsfeld zwischen Individuum und Gruppe

In diesem Kapitel soll deutlich gemacht werden, daß wir unser Verhalten zwar als individuell und eigenverantwortlich erleben, daß es aber sehr stark durch die Interaktion mit anderen Personen und Gegenständen im sozialen Kraftfeld der Gruppe beeinflußt wird. Daneben soll der Leser mit der Vorstellung des „sozialen Kraftfeldes" (*Lewin* 1963), der Gruppendynamik und dem Phänomen Gruppe vertraut gemacht werden.

1.1 Wie beeinflußt die Anwesenheit anderer das „individuelle" Verhalten?

Als *Wundt* 1879 das erste psychologische Laboratorium in Leipzig eröffnete und damit die Psychologie als Wissenschaft vorstellte, hat er sich zuerst völlig auf die individuellen Verhaltensweisen konzentriert. Auch in den folgenden Jahrzehnten behielten die Psychologen diese Perspektive bei und analysierten fleißig psychische Phänomene wie Bewußtseinsumfang, Reaktionsgeschwindigkeit, Lern- und Vergessenskurven oder die intellektuelle Leistungsfähigkeit.

In den 20er Jahren stellten die Forscher aber plötzlich fest, daß die individuellen Fähigkeiten sich bemerkenswert verändern, sobald andere Personen anwesend sind. *Allport* (1920) bezeichnete als erster dieses Phänomen als „soziale Erleichterung". Allein das Nebeneinander hat demnach einen Einfluß auf das individuelle Arbeiten.

Auch im Bereich der Arbeitspsychologie dominierte jahrzehntelang die Auffassung, daß der einzelne nur durch den Faktor Geld zu motivieren sei. Man analysierte im Rahmen der „Wissenschaftlichen Betriebsführung" (*Taylor* 1913) die Arbeitsvorgänge nach dem optimalen Bewegungsablauf („one best way"), um die größtmögliche Effektivität des Arbeiters zu sichern. In diesem Zusammenhang plante *Mayo* auch seine berühmten „Hawthorne-Experimente", bei denen zuerst der Einfluß der Beleuchtungsstärke auf die Arbeitsleistung der Industriearbeiter untersucht wurde.

Dabei teilte *Mayo* die Arbeiter in eine Experimentiergruppe (bei der die Beleuchtung systematisch verändert wurde) und eine Kontrollgruppe (keine Veränderung) auf. Die Erwartung aufgrund der Theorie der Wissenschaftlichen Betriebsführung war, daß sich die Produktivität nur in der Experimentiergruppe verändern würde. Zum Erstaunen der Forscher (*Mayo* 1933, *Roethlisberger & Dickson* 1939) veränderten sich die Leistungen völlig unerwartet: Verbesserte man die Beleuchtung bei der Experimentiergruppe, dann stieg die Produktion in dieser Gruppe aber auch in der Kontrollgruppe an. Verringerte man anschließend die Beleuchtungsstärke, so trat dennoch in beiden Gruppen eine weitere Leistungsverbesserung ein, die erst abbrach, als die Beleuchtungsstärke in etwa dem Licht bei Vollmond entsprach.

Zur Erklärung dieses Phänomens mußte von den Forschern ein Faktor angenommen werden, der unabhängig von der Beleuchtungsstärke die Leistungsbereitschaft der Arbeiter beeinflußte. Diesen Faktor versuchten sie dann durch weitere Experimente zu analysieren.

Ein drittes experimentelles Beispiel soll die Fragwürdigkeit des individualpsychologischen Ansatzes verdeutlichen: *Milgram* (1974, 1977) suchte über Zeitungsanzeigen Freiwillige für ein Experiment zum Thema „Bestrafung und Lernen". Es meldeten sich viele Teilnehmer aus allen Bevölkerungsschichten, die gegen Bezahlung bereit waren an diesem Experiment teilzunehmen. Die Freiwilligen wußten allerdings nicht, daß sie durch eine geschickte Manipulation immer die Rolle des Lehrers zugeteilt bekamen. Der Schüler oder besser das „Lernopfer" war ein Eingeweihter des Versuchsleiters, dessen Verhalten im Experiment klar vorgeschrieben war. Der Lehrer mußte den Lernenden bei jedem Fehler mit schmerzhaften Elektroschocks bestrafen und nach jedem Fehler zusätzlich die Schockstärke um 15 Volt erhöhen. In der Standardvariante des Experiments (bei dem in Wirklichkeit keine echten Schocks verteilt wurden) gingen – trotz starker verbaler Widerstände – 62 Prozent der Freiwilligen bis zur maximalen Bestrafungsschockstärke von 450 Volt. Dabei ist anzumerken, daß das Opfer auf die Bestrafung hin schrie (150 Volt), brüllte (270 Volt) und ab 315 Volt nicht mehr reagierte, was als weiterer Fehler angesehen und bestraft werden mußte!

Dieses Experiment wurde in vielen Varianten wiederholt. Dabei zeigte sich, daß die Nähe des Opfers, die des Versuchsleiters, das Image der verantwortlichen Institution, die Weigerung anderer, anwesender Personen und situative Faktoren einen mehr oder weniger starken Einfluß auf das Schockverhalten ausübten. Konnten die Versuchsteilnehmer z. B. die Schockstärke selbst bestimmen, dann blieben sie bei einem niedrigen Wert.

Wenn Sie jetzt durch die Beschreibung dieser drei Untersuchungen neugierig geworden sind und weitere Details wissen möchten, dann müssen Sie sich etwas gedulden. Sie werden in den entsprechenden Abschnitten des Buches weitere Informationen zu diesen Experimenten erhalten.

Unsere Beispiele sollten den Einstieg in das Thema erleichtern und deutlich machen, daß individuelles Verhalten nie isoliert von sozialen Situationen und Einflußfaktoren betrachtet werden kann. Es gibt keinen „sozialen Faraday-Käfig, der das Individuum von den Ausstrahlungen des sozialen Kraftfeldes abschirmen kann. Dabei kann es in seinem Verhalten natürlich sowohl im negativen Sinne – nicht umsonst sprach man beim *Milgram*-Experiment vom „Eichmann-Phänomen" – als auch im positiven beeinflußt werden. Nur wenn man die Einflußfaktoren kennt, kann man die positiven Auswirkungen fördern – und dieses Ziel möchte ich mit dieser Veröffentlichung unterstützen – und die negativen Möglichkeiten darstellen und damit schwächen.

1.2 Lewins Feldtheorie und die „Gruppendynamik"

Lewin (1880−1947) war einer der kreativsten und praxisbezogensten Persönlichkeiten in der Geschichte der Psychologie. Er war Mitglied der Berliner Schule der **Gestaltpsychologie,** die in den 20er Jahren die elementaristische Betrachtungsweise der damaligen Psychologie in Frage stellte: Wahrnehmung war für sie nicht mehr etwas passives, objektives, elementenhaftes, sondern war ein aktiver Prozeß, bei dem der Einzelne die „objektiven" Reize nach subjektiv vorhandenen „Gestaltgesetzen" verarbeitete. So erkennt man eine Melodie, die in eine andere Tonart übertragen wird wieder, obwohl die objektiven Reize völlig anders sind: Die Gestalt ist mehr als die Summe der einzelnen Teile!"

Lewin mußte aus Deutschland leider emigrieren – dies lag am damaligen sozialen Kraftfeld des Dritten Reiches – und hat in Amerika diese Gedanken auf das „individuelle" Verhalten übertragen: Es gibt demnach keine Situation, die für einen Menschen neutral ist, sondern jede Situation ist subjektiv gefärbt und besitzt anziehende und abstoßende Kräfte, je nachdem, welche Personen, Aufgaben und Objekte sich in der Situation befinden oder erlebt werden. Diese Situation beschreibt er als ein „soziales Kraftfeld", als einen „Lebensraum", der zu jedem Zeitpunkt eine eigene, subjektive Charakteristik hat.

Diese dynamische Struktur bestimmt das individuelle Verhalten in der jeweiligen Situation. Vereinfacht ausgedrückt: Sage mir, wie ein Mensch eine Situation erlebt – welche anziehenden und abstoßenden Kräfte („Valenzen") sich in ihr befinden – und ich sage Dir, wie er sich verhalten wird!

Übungsvorschlag

Versuchen wir diese Aussage auf unsere Beispiele zu übertragen. Dies können Sie sich als Leser erst einmal in Ruhe überlegen; wenn Sie das Thema in einer Gruppe bearbeiten wollen, dann sollte hier eine Kleingruppenübung stattfinden, bei der die einzelnen Kleingruppen (3 bis 7 Personen) z. B. auch erarbeiten, welche anziehenden und abstoßenden „Valenzen" sie bewogen haben, an diesem Kurs teilzunehmen (oder dieses Buch zu lesen). Die Gruppenergebnisse sollten dann gemeinsam (im „Plenum") betrachtet und diskutiert werden.

Lewin hat bei seinen Arbeiten in Amerika die Prozesse und Phänomene untersucht, die sich in Kleingruppen abspielen und bezeichnete sie als „gruppendynamische Studien". Die Kleingruppe war für ihn das Paradebeispiel für ein soziales Kraftfeld. 1945 gründete er an der Harvard-Universität das Forschungszentrum für Gruppendynamik, für deren Untersuchungen eigentlich der Name Gruppenpsychologie prägnanter gewesen wäre, weil er sich mit seinen Mitarbeitern vorwiegend für die Faktoren, welche das Verhalten in Gruppen bestimmen, interessierte.

Die „Gruppendynamiker" in *Lewins* Umkreis wurden zu Forschern, die gelernt hatten, das Kräftespiel in und zwischen Gruppen zu analysieren und zu durchschauen. Sie versuchten in den folgenden Jahren dieses Wissen durch die Arbeit in „gruppendynamischen Laboratorien" weiterzugeben: In mehrtägigen Seminaren sollten die Teilnehmer durch strukturierte Gruppenübungen/-spiele die Gruppenprozesse selbst erleben, reflektieren und dadurch für sie sensibel gemacht werden.

Die Schüler *Lewins* haben die ursprüngliche Bedeutung des Begriffes Gruppendynamik akzentuiert und verstanden darunter nicht mehr nur das wissenschaftliche Studium der Gruppenprozesse, sondern vor allem die Anwendung dieser Befunde.

Diese Anwendung kann auch ideologisch orientiert sein, um mit den gruppendynamischen Seminaren/Laboratorien die Problematik zwischenmenschlicher Beziehungen zu lösen und die Werte Kooperation, Partnerschaftlichkeit, Konsens und Demokratie zu fördern, wie es in den Sensitivity Trainings, Encountergruppen, T-Gruppen u. ä. angestrebt wird. Diese Seminare dienen auch vorwiegend der Selbstverwirklichung und Weiterentwicklung („persönliches Wachstum") der Teilnehmer, haben aber häufig einen sehr starken „Insel"-Charakter, so daß die Rückkehr in die Realität oft schwer fällt.

Neben dieser eher ideologisch-humanistischen Färbung des Begriffes „Gruppendynamik" wird er von Sozialpsychologen auch als Sammelbegriff für verschiedene Methoden und Techniken aufgefaßt, die es Menschen ermöglichen Gruppenprozesse zu analysieren und zu steuern, um bestimmte Ziele zu erreichen.

Der Begriff Gruppendynamik ist heute leider mehrdeutig. Für unseren Zusammenhang möchte ich ihn so definieren, daß er keine Ideologie beschreibt, sondern die Anwendung der Ergebnisse der Kleingruppenforschung. Auf diesem Weg können natürlich auch Prozesse ablaufen, die dem Beteiligten individuelles Wachstum ermöglichen. Gruppendynamik ist demnach die methodische Anwendung gruppenpsychologischer Erkenntnisse.

1.3 Was versteht man unter einer Gruppe?

Wir haben bisher von Gruppe und Gruppendynamik gesprochen ohne klar zu definieren, was wir überhaupt unter einer Gruppe verstehen. Dies liegt auch daran, daß es unter den Sozialpsychologen keine eindeutige Definition gibt.

Übungsvorschlag

Wir können uns das mit einer kleinen Übung verdeutlichen: Sammeln Sie einfach auf einem Zettel alle Merkmale, die Sie mit einer Gruppe verbinden: Was ist das Typische an einer Gruppe? Schreiben Sie diese Merkmale auf und bitten Sie auch andere, Ihre Assoziationen zusammenzustellen. Sie werden sehen, daß es ein sehr breites begriffliches Umfeld gibt, das von den folgenden sozialwissenschaftlichen Definitionen mehr oder weniger abgedeckt wird. Wenn Sie die Übung in einer Gruppe machen, dann ist es sinnvoll die Einzelergebnisse auf Kärtchen zu sammeln (dicker Filzstift) und diese übersichtlich an einer Pinnwand (siehe Methoden in Kapitel 7.2) zu ordnen.

Hofstätter (1986, S. 29 f) teilt die „Menschen im Plural" in sechs verschiedene Bereiche ein: Menge, Klasse, Familie, Gruppe, Masse und Verband. Treffen sich mehrere Menschen zufällig zur gleichen Zeit an einem Ort (Schaufenster, Straßenbahn, Kino), dann spricht er von einer **Menge**. Es handelt sich dabei um ein zufälliges Nebeneinander-Sein, nicht um eine engere Beziehung. Unter bestimmten extremen äußeren Umständen kann dieses zufällige Nebeneinander jedoch handlungsrelevant werden (Erdbeben, Feuer, Unfall . . .), und aus der Menge entsteht dann entweder eine unstrukturierte, drängende, panikartig und bedrohlich agierende **Masse** oder eine Gruppe. Von **Gruppe** spricht *Hofstätter,* sobald eine Rollenstruktur (Führer- und Geführtenrolle) und ein gemeinsames Ziel beobachtbar ist.

Eine **Masse** ist für ihn demnach eine aktivierte Menge, in der sich noch kein ordnendes und verhaltensintegrierendes Rollensystem entwickelt hat. Sie ist demnach ein relativ seltenes, kurzlebiges soziales Phänomen und zerfällt entweder zur Menge, wenn die aktivierende Ursache beseitigt ist oder geht in die Gruppe über, sobald sich eine Rollenstruktur entwickelt.

Die Menschen werden bei *Hofstätter* noch nach einem weiteren Aspekt aufgeteilt: Menschen, die eine gemeinsame Eigenschaft besitzen, bilden eine **Klasse**, so daß wir z. B. die Klasse der Sozialpädagogen, der VW-Fahrer, der SPD-Wähler usw. unterscheiden können. Die Angehörigen einer Klasse müssen sich persönlich gar nicht kennen, wichtig ist nur, daß sie ein Merkmal gemeinsam haben. Es ist auch hier die Möglichkeit denkbar, daß die Mitglieder der Klasse aktiviert werden, wenn das gemeinsame Merkmal in die Diskussion gerät. Dann bildet sich nach *Hofstätter* ein **Verband**, eine relativ abstrakte Gemeinschaft, die versucht das Ziel, welches durch das aktivierte gemeinsame Merkmal entstand, zu erreichen. Dabei kann es sich um Gehaltserhöhungen, Abschaffung von Kernkraftwerken, Errichtung eines Kindergartens usw. handeln.

Die **Familie** erhält bei dieser Aufteilung einen Sonderstatus; sie unterscheidet sich von der Gruppe dadurch, daß sie ein Bedürfnis befriedigt, ein Ziel erreichen will, das aus ihr selbst stammt. Sie will die Nachkommenschaft erhalten und hat im Unterschied zur Gruppe für *Hofstätter* keine weiteren primären Ziele. Die Gruppe hingegen existiert nicht zum Selbstzweck, sondern ist eine Entdeckung der Menschheit, mit deren Hilfe sich viele unterschiedliche Ziele effektiver als durch individuelle Anstrengungen erreichen lassen.

Diese Definitionen stellen für *Hofstätter* (1986, S. 30) „eine Minimaltypologie der menschlichen Plurale" dar (Abb. 1). Er hält weitere Differenzierungen für möglich, glaubt aber nicht, daß man mit weniger Begriffen auskommen kann.

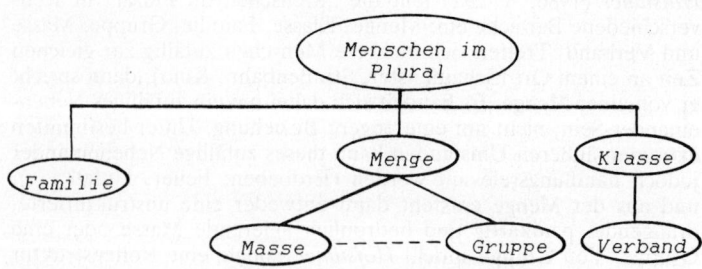

Abb. 1   Menschen im Plural (nach *Hofstätter* 1986, S. 30).

Für *Hofstätter* ist eine Gruppe durch zwei zentrale Merkmale bestimmt:

● Es besteht zwischen den Mitgliedern eine verhaltensintegrierende Ordnung, d. h. es muß in der Gruppe ein Rollensystem vorhanden sein, durch das die Einzelaktivitäten geordnet und geführt werden.

● Die Einzelaktivitäten und -anstrengungen müssen auf ein gemeinsames Ziel hin koordiniert werden.

Cooley (1909) schreibt der Familie nicht wie *Hofstätter* einen Sonderstatus zu, sondern faßt sie mit anderen Gruppen, die einen starken Einfluß auf die individuelle Entwicklung haben zu den „Primärgruppen" zusammen. Diese **Primärgruppen** sind durch die starke Zusammenarbeit und Interaktion der Mitglieder charakterisiert („face-to-face-Gruppe").

Homans (1972, S. 29) versteht unter einer Gruppe „eine Reihe von Personen, die in einer bestimmten Zeitspanne häufig miteinander Umgang haben und deren Anzahl so gering ist, daß jede Person mit allen anderen in Verbindung treten kann und zwar nicht nur mittelbar, sondern von Angesicht zu Angesicht". Diese Definition unterscheidet sich ebenfalls etwas von der *Hofstätters*, da sie den Aspekt der „face-to-face-Gruppe" betont, der für *Hofstätter* eine untergeordnete Bedeutung besitzt.

Für *Newcomb* (1959, S. 426), einen Klassiker der Sozialpsychologie, besteht eine Gruppe „aus zwei oder mehr Personen, die bezüglich bestimmter Dinge und Fragen gemeinsame Normen haben und deren soziale Rollen eng miteinander verknüpft sind".

Lewin (1963) faßt die Gruppe als eine dynamische Ganzheit auf, die durch die wechselseitige Abhängigkeit ihrer Glieder oder Teilbereiche charakterisiert ist. Sie repräsentieren beispielhaft das soziale Kraftfeld.

Man könnte die Liste der Definitionen problemlos erweitern und Kriterien, wie Art und Form der Gruppe, Größe, Dauer, Stabilität, Struktur, Organisationsgrad, Ziel und Zweck, Funktionsweise, u. a. m. aufnehmen.

Als wesentliche Gruppenmerkmale kristallisieren sich insgesamt heraus:
● verhaltensintegrierendes Rollensystem
● enge soziale Interaktion
● gemeinsame Normen und Ziele
● Wirkung des sozialen Kraftfeldes
● Gruppenvorteil
● Wir-Gefühl

Alle sozialen Gebilde, bei denen diese Merkmale vorkommen sind als Gruppen zu bezeichnen.

2 Die „Entwicklungspsychologie" der Gruppe

Die folgenden Voraussetzungen müssen gegeben sein, damit es überhaupt zu einer Gruppenentwicklung kommen kann:

• Die potentiellen Gruppenmitglieder müssen die Möglichkeit haben, miteinander in Beziehung zu treten und zu kommunizieren,

• sie müssen gemeinsame Ziele, Motive und Interessen finden und

• es muß eine gewisse Sympathie und Identifikationsmöglichkeit mit den anderen möglich sein.

Betrachten wir zur Einstimmung in das Thema eine weitere Untersuchung, bei der die Entwicklung etwas gesteuert wurde: Das „Sommerlager-Experiment" von *Sherif* (1956): Dieses Feldexperiment fand mehrmals in einem abseits im Gebirge gelegenen Gelände statt. *Sherif*, der indirekt als der Verwalter des Geländes am Sommerlager teilnahm, beobachtete und variierte das Experiment, an dem jeweils 24 Knaben im Alter von 12 Jahren zusammen teilnahmen. Sie stammten aus ähnlichen sozialen Verhältnissen und waren psychisch unauffällig. Zwei Studenten nahmen als (teilnehmende) Beobachter am Gruppenleben teil, durften sich aber nicht in eine Führerrolle drängen lassen. Das Feldexperiment folgte einem vierphasigen Ablaufschema, wobei jede Phase etwa drei bis vier Tage dauerte.

1. Phase: Hier hatten alle Jungen Gelegenheit sich kennenzulernen und spontane Freundschaftsgruppen zu bilden. Am Ende dieser Phase wurde ihnen mitgeteilt, daß aus äußeren Gründen die Gesamtgruppe in zwei Teilgruppen aufgeteilt werden müsse. Um die Gruppenteilung zu erleichtern, wurden die Jungen gebeten, die Partner zu nennen, mit denen sie zusammenbleiben wollten.

2. Phase: Im Widerspruch zu den Sympathiewahlen bildete *Sherif* nun zwei Untergruppen mit je 12 Jungen. Mit dieser, vom Protest der Betroffenen begleiteten Teilung, wollte man den Sympathiefaktor als gruppenfördernde Variable ausschalten. Damit konnte der Einfluß der Interaktionen auf die sich bildenden Gruppenprozesse klarer beobachtet werden. Obwohl die erzwungene Gruppenbildung anfangs auf starken Widerstand traf, entwickelte sich in den neuen Gruppen rasch eine hohe Aktivität, die von Sympathiegefühlen begleitet wurde und bald trauerte niemand mehr den früheren Beziehungen der ersten Phase nach. Es konnte ein deutliches „Wir-Gefühl" und eine Rollendifferenzierung beobachtet werden, so daß in den einzelnen Gruppen ganz normal die Frage auftauchte, wie es denn den anderen wohl gehen würde. Daraus entwickelte sich die dritte Phase.

3. Phase: Die einzelnen Gruppen hatten jetzt Gelegenheit sich miteinander in sportlichen Wettkämpfen zu messen, wobei es zu erheblichen Aggressionen kam. So endete das Tauziehen in einer Rauferei, jede Gruppe beschuldigte die andere unfair gewesen zu sein, Schimpfnamen flogen hin und her, man überfiel in der Nacht das gegnerische Lager, erbeutete die Fahne der anderen und verbrannte sie feierlich. Die Gruppen hatten sich nicht nur eine Fahne oder sonstige spezifische Verhaltensmuster zugelegt, sondern hatten sich auch mit bestimmten Namen identifiziert („red devils", „bulldogs", „eagles" u. ä.).

Während der einzelnen Kampfpausen sammelten die Beobachter in den beiden Gruppen die Meinungen über die eigene (Selbstbild, Autostereotyp) und die andere (Fremdbild, Heterostereotyp) Gruppe. Das Ergebnis lag in der erwarteten Richtung: Die eigene Gruppe wurde mit positiven Eigenschaften belegt (z. B. mutig, ausdauernd, ordentlich), die andere hingegen wurde deutlich abgewertet (hinterlistig, spielverderberisch, dreckig).

4. Phase: In ihr ging es darum, wie man die zerstrittenen Gruppen wieder zusammenbringen könnte. Dabei zeigten sich, daß die bloße Gemeinsamkeit beim Essen zu keiner Harmonie führte. Es war nötig, ein übergeordnetes Ziel zu finden, das von einer Gruppe allein nicht erreicht werden konnte. Dabei zeigten sich folgende Situationen als wirkungsvoll:

• Der gemeinsame Gegner: Es wurde das Gerücht verbreitet, daß eine andere Jugendgruppe beabsichtigte, das Lager zu überfallen, so daß man eine gemeinsame Wache organisieren mußte.

• Die gemeinsame Not: Die Wasserversorgung aus den Bergen war unterbrochen und man mußte eine „Expedition" organisieren.

• Der gemeinsame Vorteil oder eine Freude, die aber nur erreicht werden konnte, wenn alle mithalfen.

Tatsächlich verringerte sich im Zuge dieser gemeinsamen Interaktionen die soziale Distanz zwischen den Gruppen; auch Auto- und Heterostereotyp näherten sich deutlich einander an. Dabei blieb das Selbstbild weitgehend konstant, das Heterostereotyp wandelte sich hingegen deutlich.

2.1 Phasen der Gruppenentwicklung

In *Sherifs* Experimenten wurde deutlich, daß eine Gruppe verschiedene Entwicklungsstufen durchläuft, in denen bestimmte Themen dominieren (Mit wem möchte ich? Wer übernimmt welche Aufgaben? Was sind wir? Wie sind die anderen? usw.). Gruppen besitzen eine dynamische Entwicklung, und es ist sinnvoll, nach bestehenden Gesetzmäßigkeiten und Phasen zu fragen.

In der sozialpsychologischen und sozialpädagogischen Literatur finden sich dazu verschiedene Phasenmodelle, die für unterschiedliche Gruppen (Therapie-, Trainings-, Lern- oder Selbsterfahrungs-Gruppe) entwickelt wurden. Sie können dem Gruppenleiter Orientierungshilfen über den aktuellen Stand und die Problembereiche „seiner" Gruppe geben. Die dabei herausgearbeiteten Phasen sind aber Abstraktionen von der Realität und dürfen deshalb keinesfalls als **„Muss"** verstanden werden. Im Gegenteil: Jede einzelne Gruppe hat ihre eigene Geschwindigkeit und wird sich „individuell" entwikkeln, wobei einzelne Phasen nur kurz erscheinen, andere „Entwicklungsaufgaben" hingegen in den Vordergrund treten und sich überschneiden; manchmal ist auch ein Rückschritt zu schon abgeschlossenen Phasen beobachtbar.

Trotz dieser Bedenken ist eine Aufteilung der Gruppenentwicklung in einzelne Phasen hilfreich. Im folgenden wird ein System vorgeschlagen, in das verschiedene, „klassische" Vorschläge integriert sind (*Hartley & Hartley* 1955, *Lewin* 1963, *Bernstein & Lowy* 1969, *Tuckman* 1965, *Bennis & Shepard* 1956, *Hück* 1978). Es gilt vor allem für aufgaben- und zielorientierte Gruppen.

Phase 1: Orientierung und Exploration

Zu Beginn der Gruppenentwicklung herrscht bei den potentiellen Mitgliedern Unsicherheit und Angst vor dem was kommen könnte. Man versucht die anderen kennenzulernen und testet die sympathisch Wirkenden; die Kontakte verlaufen eher distanziert und man versucht Ordnung und Überblick zu gewinnen, dabei erhofft man sich Hilfe vom Gruppenleiter, der in seinem Verhalten aber ebenfalls getestet wird. Unverbindliches Verhalten und Ich-Denken dominieren.

Gruppenleiteraufgaben: Er muß zu Beginn für eine möglichst lokkere, ungefährliche Vorstellungsrunde sorgen, das Ziel, den organisatorischen Rahmen und die inhaltlichen Schwerpunkte klar vorstellen. Die Teilnehmer sollten auch die Möglichkeit erhalten in Kleingruppen ihre Erwartungen an das Seminar bzw. die geplante Gruppenarbeit einzubringen und einige (kurzfristige) sachliche Themen zu bearbeiten, um sich dabei näher kennenzulernen. Er muß dabei

Distanz zulassen, zu gegenseitigem Vertrauen ermuntern und Erkundungsprozesse fördern.

Phase 2: Auseinandersetzung und Machtkampf

Die Beziehungen zwischen den einzelnen in der Gruppe sind noch nicht stabil und das Ich-Denken steht im Vordergrund. Die einzelnen haben ihr Grundproblem – ob das Verbleiben in der Gruppe für sie erfolgversprechend und ungefährlich sein könnte – gelöst und versuchen jetzt ihren Platz im Beziehungsgefüge der Gruppe zu finden. Man festigt die vorhandenen teilweisen Identifikationen mit den anderen und erkämpft sich den eigenen Platz in der entstehenden Rangordnung. Eine Parallele zu den Rangkämpfen sozial lebender Tiere (z. B. „Hackordnung" auf dem Hühnerhof) drängt sich auf. Es besteht ein gewisses Konkurrenzverhalten und einzelne Rollen „schälen" sich heraus.

Gruppenleiteraufgaben: Der Gruppenleiter muß den Teilnehmern die Möglichkeit bieten, die vorhandenen Fähigkeiten und Stärken zu zeigen und auftretende Rivalitäten vor einem Sicherheit gebenden Umfeld deutlich werden zu lassen, damit sie auch geklärt werden können. Der Machtkampf um die eigene Position in der Rollenstruktur sollte sich dem gemeinsamen Ziel unterordnen. Die meisten Auseinandersetzungen vollziehen sich dabei sehr emotional, so daß der Gruppenleiter nicht allzusehr einengen darf, um nicht auch seine eigene Position zu gefährden. Er muß hier die Kontrolle über sich selbst behalten, da sonst die Gefahr besteht, daß ungewollte neue Leiterrollen entstehen.

Der Gruppenleiter wird dabei öfters zum Blitzableiter für Gefühle und zum Sündenbock. Dies muß er in Kauf nehmen und zeigen, daß er die einzelnen Mitglieder verstehen und zwischen ihnen vermitteln kann.

Phase 3: Bindung und Vertrautheit

Es bildet sich hier eine starke Identifikation mit der erkämpften Rolle, den gemeinsamen Gruppenzielen und den anderen Mitgliedern. Die einzelnen fühlen sich nun in der Gruppe sicher und geborgen und haben ein klares „Wir-Gefühl" entwickelt. Diese Sicherheit erlaubt es auch, daß man sich dem anderen emotional öffnen kann. Es entsteht ein gemeinsamer Bezugsrahmen, der gruppenspezifische Verhaltensnormen beinhaltet (Symbole, Gruppensprache, Zeremonien, Kleidung usw.). Diese Verhaltensnormen werden zwar als individuell erlebt, sind aber gruppenspezifisch bedingt und fördern den Zusammenhalt. Die Mitglieder fühlen sich miteinander vertraut und geborgen, obwohl zwischendurch auch geschwisterähnliche Rivalitäten auftreten können.

Gruppenleiteraufgaben: Der Gruppenleiter sollte die ablaufenden Prozesse transparent machen, Konflikte im Ansatz erkennen und sie auf kooperative Art mit den Gruppenmitgliedern lösen. Die gruppenspezifischen Verhaltensnormen werden akzeptiert und nur wenn sie sich in problematischer Weise entwickeln zur Diskussion gestellt. Der Gruppenleiter sollte die Entwicklung trotz bestehender Konflikte unterstützen, Aufgaben je nach Tendenz verteilen und Verantwortung schrittweise delegieren, da die Gruppe nun fähig wird selbständig und länger zu planen. Er ist jetzt in Gefahr vom Wir-Gefühl gefangengenommen zu werden, sollte sich deshalb am Thema orientieren, weil er die Gruppe ja wieder loslassen muß.

Phase 4: Differenzierung und Festigung

Die Gruppe hat sich nun voll etabliert und ist „erwachsen" geworden. Sie hat jetzt alle Kräfte frei zu planen und gemeinsam auf ihr Ziel hinzuarbeiten. Sie ist praktisch in ihrer „goldenen" Phase. Die Mitglieder fühlen sich selbstsicher, stark und vergleichen sich mit anderen Gruppen, die der eigenen natürlich unterlegen sind. Es bildet sich deutlich das Autostereotyp (Gruppenselbstbild) und das Heterostereotyp („Die anderen", Fremdbilder) heraus, wobei das Autostereotyp sich meist deutlich im positiven Sinne von den Heterostereotypen abhebt, so daß manchmal auch eine euphorische Stimmung in den Gruppen entsteht. Durch das gemeinsame Fühlen, die gemeinsame Sprache wird der Zusammenhalt in der eigenen Gruppe immer intensiver und die Distanz zu anderen Gruppen immer größer. Als Regel kann hier gelten: Je größer die Distanz zu anderen Gruppen, desto enger ist der Zusammenhalt in der eigenen und umgekehrt.

Die Gruppe hat jetzt ihre größte Stabilität erreicht, eine bestimmte Tradition entwickelt und kann nun auch neue Mitglieder aufnehmen und integrieren.

Diese Übereinstimmung geht bei homogenen Gruppen so weit, daß die einzelnen Gruppenmitglieder die Gemeinsamkeit sogar überschätzen. *Hofstätter* (1986, S. 111) bezeichnet dieses Phänomen als Unifikation und faßt es als eine Art Abwehrmechanismus auf, mit dem das einzelne Gruppenmitglied unbewußt sein Gefühl der Geborgenheit in der Gruppe sichern will.

Das Rollensystem hat sich etabliert und wir können meistens zwei verschiedene Dimensionen unterscheiden: Es bildet sich ein Rollensystem heraus, das sich auf das Erreichen des gemeinsamen Zieles konzentriert und leistungs- bzw. aufgabenorientiert arbeitet. Daneben entsteht ein anderes System, das sich stärker an den Beziehungen und emotionalen Bedürfnissen der Gruppenmitglieder orientiert. Diese beiden Rollensysteme unterscheiden sich meistens deutlich voneinander, wie soziometrische Untersuchungen zeigen. Der erfolgsorientierte Teilnehmer ist nur in seltenen Fällen auch der beliebteste! Diese Verdoppelung finden wir auch in größeren Gruppierungen und Institutionen: In Vereinen gibt es meist einen Vorstand und einen Vergnügungswart, in der Nation einen Kanzler und einen Präsidenten und in der Familie natürlich Vater und Mutter!

Gruppenleiteraufgaben: Der Gruppenleiter kann sich in dieser Phase weitgehend zurückziehen, die Prozesse beobachten und muß nur moderierend eingreifen. Er kann versuchen die Zusammenarbeit mit anderen Gruppen in die Diskussion zu bringen, um gemeinsame, übergreifende Ziele ins Bewußtsein zu rücken. Er sollte die Selbständigkeit der Gruppe fördern und Gelegenheiten aufzeigen, wie die Gruppe auch nach außen handeln kann.

Phase 5: Abschluß und Neuorientierung

Hat die Gruppe ihr Ziel erreicht, dann löst sie sich in der Regel mit mehr oder weniger starker emotionaler Beteiligung auf. Häufig gelingt es aber auch neue, gemeinsame Ziele zu finden, so daß die Gruppe in der bestehenden oder etwas erweiterten bzw. verkleinerten Form weiter existieren kann.

Gruppenleiteraufgaben: Der Gruppenleiter muß hier versuchen den Übergang der Gruppenmitglieder in die neue Situation zu betreuen, bzw. die Möglichkeiten einer Umstrukturierung des Gruppenzieles mit zu erarbeiten und die Übertragung der abgelaufenen Lernprozesse auf die konkrete Realität zu verbessern (Transferhilfe). Er muß nun den einzelnen seinen Weg gehen lassen, Hilfe für die Auswertung der abgelaufenen Prozesse anbieten und für einen angemessenen Abschluß sorgen.

Übungsvorschlag

Erarbeiten Sie bitte die Parallelen zwischen diesem Phasenmodell und dem Feldexperiment Sherifs.

Wenn Sie in einer Gruppe arbeiten, in welcher Phase befinden Sie sich?

Die beschriebenen Phasen sind idealtypisch und müssen nicht bei allen Gruppen so klar hervortreten. Viele Gruppenentwicklungen enden schon in den ersten beiden Phasen, andere wiederholen die unterschiedlichen Phasen auf einer differenzierteren Ebene, d. h. sie entwickeln sich nicht linear sondern bildlich gesprochen wie eine Spirale und erreichen ein immer höheres Niveau.

2.2 Rollenverhalten und Rollentheorie

In jeder funktionierenden Gruppe besteht ein mehr oder weniger differenziertes System von Rollen. Dieser Aspekt wird in allen Gruppendefinitionen betont. Aus diesem Grund werden wir uns im folgenden Abschnitt mit der Entwicklung und Bedeutung des Rollensystems befassen. Doch bevor wir uns mit der Rollentheorie beschäftigen, stimmen wir uns wieder mit einem Experiment ein, bei dem die Versuchsteilnehmer durch Zufall bestimmte Rollen zugewiesen bekamen.

Beim „Stanford-Gefangenen-Experiment" errichteten *Haney, Banks & Zimbardo* (1973) im Keller des psychologischen Instituts der Stanford Universität in Palo Alto/Californien ein „Scheingefängnis", in dem sie das Verhalten freiwilliger Probanden unter Haftbedingungen studieren wollten. Die Teilnehmer wurden über eine Zeitungsanzeige gesucht. Sie sollten für 14 Tage gegen Bezahlung (15 $ pro Tag) an einem Experiment teilnehmen, bei dem die Auswirkungen des Gefängnislebens untersucht werden sollten. Etwa 100 Interessenten bewarben sich. Nach eingehenden psychologischen Untersuchungen wurden 24 Personen, die physisch und psychisch unauffällig waren, für das spätere Experiment ausgewählt. Sie verpflichteten sich, an einem bestimmten Wochenende erreichbar zu sein. Die ausgewählte Gruppe wurde nach dem Zufall in eine Wärter- und eine gleich große Gefangenengruppe unterteilt. Zwischen beiden Gruppen gab es zu Beginn des Experimentes keine meßbaren Unterschiede in den getesteten Persönlichkeitseigenschaften.

Die Polizei von Palo Alto verhaftete an einem ruhigen Sonntagmorgen die überraschten „Gefangenen" in ihren Wohnungen, beschuldigte sie des Diebstahls und des bewaffneten Raubüberfalls, legte ihnen Handschellen an, fuhr sie ins Polizeipräsidium, registrierte die Personalien und Fingerabdrücke, brachte sie in Arrestzellen und überführte sie anschließend mit verbundenen Augen in das „Scheingefängnis" der Stanford Universität. Dort wurden sie entkleidet, entlaust, mit einer Einheitskleidung und Personalnummer versehen und erhielten eine Kette mit Schloß um den Fuß, die sie Tag und Nacht an ihre Gefangenensituation erinnern sollte. *Zimbardo* und seine Mitarbeiter wollten damit nicht eine wirkliche Gefängnissituation imitieren, sondern die funktionalen Faktoren herstellen, die in einem Gefängnis wirksam sind. Um dies zu erreichen, ließen sie sich bei der Untersuchungsplanung auch von einem „knasterfahrenen" Berater unterstützen.

Die Wärter bekamen für ihre Rolle eine uniformähnliche Kleidung und verschiedene Statussymbole (Knüppel, Trillerpfeife, Handschellen, Schlüssel, Sonnenbrille aus Einwegglas). Sie hatten die vage

Rollenanweisung, einen „vernünftigen Grad von Ordnung innerhalb des Gefängnisses aufrecht zu erhalten, damit es effektiv funktioniert" (*Haney* u. a. 1973, S. 74). Sie sollten auf unvorhergesehene Vorfälle angemessen reagieren und dabei körperliche Bestrafungen und Gewalt vermeiden. Drei Wärter verrichteten jeweils eine 8stündige Schicht und konnten dann bis zum nächsten Schichtbeginn nach Hause gehen, die Gefangenen blieben Tag und Nacht im „Gefängnis".

Der Gefängnisdirektor (*Zimbardo*) begrüßte die Gefangenen und informierte sie über die bestehenden 16 Verhaltensgebote (z. B. Sprechverbot, Anrede der Wärter, Essensvorschriften, Meldung nur mit Personalnummer). Der weitere Verlauf des Experiments war offen und wurde mit Video aufgezeichnet. Das Verhalten zwischen den beiden Gruppen eskalierte und zog auch die Beobachter/Forscher zeitweise in das Geschehen mit ein, so daß sie ihre neutrale Haltung verloren. (Eine Zusammenfassung der Aufzeichnungen ist auch in Deutschland als Video-Ton-Bild-Schau beim Bratt-Institut, 4180 Goch 5 erhältlich). Aus der Vielzahl der Beobachtungen sollen die wesentlichen Ergebnisse kurz skizziert werden:

• In relativ kurzer Zeit entwickelte sich eine sehr gestörte Beziehung zwischen den Wärtern und den Gefangenen. *Zimbardo* (1983, S. 587) spricht sogar von einer „pervertierten Beziehung". Nachdem der anfängliche Widerstand der Gefangenen durch nächtliches Strafexerzieren gebrochen wurde, reagierten diese zunächst nur noch passiv auf die eskalierende Aggression der Wärter. Während das Machtgefühl bei den Aufsehern anwuchs – sie organisierten nächtliche Zählappelle, machten den Toilettengang zum Privileg, bestraften durch Liegestütze u. ä. – reagierten die Inhaftierten mit Hilflosigkeit, depressiven Zuständen und selbstabwertenden Äußerungen.

• Am zweiten Tag rebellierten die Gefangenen. Ihr Aufstand wurde allerdings von den Wärtern brutal unter Kontrolle gebracht. Die sich anbahnende Solidarität unter den Gefangenen wurde mit „psychologischen" Maßnahmen verhindert bzw. gebrochen.

• 36 Stunden nach Beginn des Experiments mußte der erste Gefangene entlassen werden, weil er mit Schreikrämpfen, Wutanfällen und depressiven Zuständen reagierte. Drei weitere Gefangene entwickelten in den folgenden Tagen ähnliche Zustände und mußten ebenfalls entlassen werden.

• Am dritten Tag tauchte ein Gerücht von einem geplanten Massenausbruch auf, das die Wärter veranlaßte ihre Schikanen noch zu steigern. Auch die Gefängnisleitung war engagiert bemüht, diesen Ausbruchsversuch zu vereiteln: *Zimbardo* wollte die Gefangenen im städtischen Gefängnis unterbringen und konzentrierte sich nicht – wie er es als Sozialpsychologe eigentlich hätte tun sollen – auf die

Analyse der ablaufenden Prozesse (Gerüchtebildung). Auch bei ihm hatte die Rolle des Gefängnisdirektors ihre Eigendynamik entwickkelt!

● Am Abend des 6. Tages beendeten *Zimbardo* und seine Mitarbeiter das auf 14 Tage angesetzte Experiment, weil für die Beteiligten nicht mehr ersichtlich war, wo die Simulation endete und die experimentell eingeführte, neue Realität begann.

Für *Zimbardo* wurde bei diesem Experiment die Zuschreibung sozialer Macht zur Hauptdimension für das „individuelle" Verhalten. Da anfangs keine Unterschiede zwischen Wärtern und Gefangenen bestanden, kommt der Rollenzuweisung eine wesentliche Bedeutung zu. Jeder Wärter mißbrauchte – auch wenn individuelle Unterschiede beobachtet wurden – seine Autorität. Die meisten schienen dabei ihre Machtstellung, mit der sie die „rechtlosen" Insassen beherrschen und demütigen konnten, zu genießen. Einige Kommentare aus den Aufzeichnungen und abschließenden Gesprächen sollen dies verdeutlichen (*Zimbardo* 1983, S. 588):

● *„Wärter A:* Ich war erstaunt über mich selbst . . . Ich ließ sie sich gegenseitig mit Schimpfnamen nennen und die Toilette mit der bloßen Hand säubern. Für mich waren die Gefangenen wie Vieh und ich dachte ständig, daß ich sie nicht aus den Augen lassen durfte, für den Fall, daß sie irgendwas versuchen sollten.

● *Wärter B:* (während der Vorbereitung für den ersten Besuchsabend): Nachdem wir die Gefangenen davor gewarnt hatten, sich irgendwie zu beschweren, außer sie wollten ein schnelles Besuchsende herbeiführen, ließen wir schließlich die ersten Eltern herein. Ich sorgte dafür, daß ich einer der Wärter im Hof war, denn das war meine erste Chance, die Art von manipulierender Macht zu erleben, die mir wirklich gefällt – nämlich eine allseits geachtete Person mit vollkommener Kontrolle über das, was gesagt wird zu sein.

● *Wärter C:* Sich autoritär zu verhalten kann Spaß machen. Macht kann ein echtes Vergnügen sein."

● Die in diesem Experiment recht harmlos erscheinenden Rollenzuweisungen haben nach den vorliegenden Daten (Videoaufzeichnung, Protokolle, Abschlußinterviews) in kurzer Zeit eine Eigendynamik entwickelt, welche die beteiligten Sozialwissenschaftler überraschte und auch stellenweise überforderte. Die beobachteten Verhaltensweisen der Wärter und Gefangenen konnten durch die Auswahlkriterien in keiner Weise diagnostiziert und vorhergesagt werden. Im Gegenteil, beide Gruppen waren in der Voruntersuchung nicht unterscheidbar. Nach *Zimbardo* (1983, S. 588) ist die hier „beobachtete Pathologie" nicht auf schon vorher vorhandene Persönlichkeitsmerkmale zurückführbar, wie sadistische, psychopathische Wärter oder kriminelle Gefangene mit schwacher Selbstkontrolle, sondern das „abnorme, persönliche und soziale Verhalten in beiden Gruppen muß vielmehr als Produkt von Transaktionen in einer Umgebung angesehen werden, die solches Verhalten verstärkt".

• Welche Aussagekraft besitzen nun diese Ergebnisse? Experimente sind natürlich nicht identisch mit der Realität, sondern sie können die Wirklichkeit in einer mehr oder weniger exakten Form nur simulieren. Sie stellen demnach nur Denkhilfen dar. Akzeptiert man dies, dann kann man u. a. folgern, daß die Situation Gefängnis durch ihre Rollenzuweisungen ein eigenständiges soziales Kraftfeld darstellt, in welchem die handelnden Personen stark beeinflußt werden. Die Rollentheorie – als abstrahierte Erfahrung der Gruppenrealität – soll im folgenden kurz geschildert werden.

Die Rollentheorie

Die Auffassung, daß die Welt ein Theaterstück sei in dem jeder einzelne seine Rolle mehr oder weniger gut spielen müsse, gehört zu den populären Anschauungen. Wir entschuldigen uns damit, daß wir als Lehrer, Mutter, Politiker, Student, Polizist, Bestattungsunternehmer usw. in dieser oder jener Situation (= soziales Kraftfeld) gar nicht anders handeln könnten, weil sonst . . .

Die Rollentheorie versucht nun, diesen allgemeinen Ansatz zu strukturieren und auch empirisch überprüfbar zu machen. Die erste Aufgabe, die sie dabei zu lösen hat, besteht darin, die zentralen Begriffe zu definieren und ihre Zusammenhänge zu beschreiben. Dies soll im folgenden versucht werden.

In Gruppen, Organisationen oder Gesellschaften entwickeln sich mit der Zeit viele unterschiedliche Rollen, die man objektiv definieren kann. Kann man diesen „Ort im Gefüge sozialer Beziehungen" (*Sader* 1969, S. 209) klar bestimmen, dann bezeichnet man ihn als **Position** oder **Status**. So gibt es die Positionen des Seminarleiters in seinem Kurs, die des Briefträgers in seinem Bezirk, des Stationsarztes im Krankenhaus, des Wärters im Gefängnis, des Vorgesetzten in einer Abteilung usw. Unter der **Rolle** versteht man dann den „Satz von Erwartungen (von irgend jemand) bezüglich des Inhabers einer Position" (*Sader* 1969, S. 209).

Übungsvorschlag

Überlegen Sie (zuerst alleine und dann in Kleingruppen), welche Rolle Sie in den verschiedenen Gruppen, denen sie angehören, spielen. In welcher Rolle beschäftigen Sie sich mit diesem Buch/ dieser Thematik? Versuchen Sie anschließend diese Rollen zu systematisieren und vergleichen Sie das System mit den folgenden Grundrollen.

Wir nehmen zumindest eine alters-, geschlechts-, familien-, berufs-
und interessenspezifische Position, die in unterschiedlichem Ausmaß
Aktualität besitzen, ein. Jeder Mensch verteilt nun seine Aktivitäten,
seine Zeit und seine Energie auf verschiedene Positionen, d. h. er
lebt in einem **Positionsgefüge** und sieht sich mit aktuellen, themati-
sierten, aber auch latenten (momentan nicht bedeutsamen) Rollenerwartungen konfrontiert. Er hat also einen ganzen **Rollenhaushalt**
zu verarbeiten. Gerade in unseren modernen Gesellschaften mit
ihren komplexen Rollensystemen wird das Management des persönlichen Rollenhaushaltes schwierig, weil sich damit häufig entgegengesetzte Erwartungen und **Rollenkonflikte** verbinden. Diese Rollenkonflikte können zum einen darin bestehen, daß man an den Inhaber
einer Position unterschiedliche Erwartungen richtet („Intrarollenkonflikt") oder daß ein Mensch verschiedene Positionen besetzt,
deren Rollenerwartungen widersprüchlich sind („Interrollenkonflikt").

> **Übungsvorschlag**
>
> Beschreiben Sie bitte ein konkretes Beispiel für einen Intra-, bzw.
> Interrollenkonflikt aus dem eigenen Erfahrungsbereich.

Als Beispiel für einen Intrarollenkonflikt könnte die Position eines
Gefängniswärters gesehen werden, von der man einerseits annimmt,
daß er für Ordnung, Strafe und Sühne zuständig ist (Erwartung des
Staatsanwaltes), andererseits aber auch erwartet, daß er die Resozi-
alisierung ermöglicht, die nur mit Hilfe von Vertrauen, relativer
Selbständigkeit und Bewährung in Freiheit realisierbar ist (Erwartung von Therapeuten, Reso-Fachleuten). Ein Interrollenkonflikt
findet hingegen dann statt, wenn ein Mensch zwei oder mehrere
Positionen einnimmt, deren Rollenerwartungen widersprüchlich
sind; ein Beispiel dafür wäre der freiwillige Teilnehmer beim „Stan-
ford-Gefängnis-Experiment", der gleichzeitig auch Gefangener sein
muß, oder ein Gewerkschaftsfunktionär, der eine Fabrik besitzt.

Rollenkonflikte sind allerdings jetzt nicht als technische Fehler im
gesellschaftlichen System zu betrachten, sondern sie sind auch eine
notwendige Form der Auseinandersetzung mit den unterschiedlichen
Entwicklungen in einer Gruppe, Organisation oder Gesellschaft. Die
Rollenkonflikte stören nicht nur eine bestehende Ordnung, sondern
sind ein Durchgangsstadium für neue, bessere Organisationen. Dies
werden wir noch konkret beim Thema „Konfliktsteuerung" vertiefen.

Die Erwartungen an den Träger einer Rolle sind im allgemeinen
keine festen und konkreten Verhaltensvorschriften. Sie erlauben
dem Rollenträger sich in einer gewissen Spielbreite mit gewissen

Toleranzgrenzen zu bewegen. So werden dem Positionsinhaber „Oberstudiendirektor an einem Gymnasium einer Kleinstadt" nicht seine Freizeitinteressen genau vorgeschrieben, sondern er kann innerhalb bestimmter Toleranzgrenzen wählen, wobei auch hier zwischen den Möglichkeiten eine gewisse Hierarchie festgestellt werden kann. Er muß, sollte oder darf ganz bestimmte Verhaltensweisen zeigen.

Die Rollenerwartungen stellen ein Bezugssystem von Bewertungen dar, die sich auf einzelne Verhaltensdimensionen des Rollenträgers beziehen. Sie sind wie die meisten allgemeinen Bezugssysteme unscheinbar und werden erst aktiviert, wenn das gezeigte Rollenverhalten nicht mehr mit ihnen vereinbar ist.

Das **Rollenverhalten** kann nicht isoliert betrachtet werden, sondern es bezieht sich grundsätzlich auf andere Rollen, ja ist auf diese angewiesen. So wird der Rollenbegriff zu einem wesentlichen Aspekt des sozialen Kraftfeldes und der Bezugsgruppe, deren Normen die Rollenerwartungen bestimmen.

In der Rollentheorie spielt der Begriff des **Selbst** eine zentrale Rolle. Er ist eigentlich der Gegenbegriff zur Rolle, weil er den Aspekt der individuellen Auslegung und Deutung der Rollenerwartungen umschreibt. In unserem Selbsterleben, in der Introspektion können wir recht gut zwischen Rolle und Selbst trennen. So weiß ich, daß ich mich auch ganz anders verhalten könnte, wenn ich es als Individuum nur möchte. Im Erleben gibt es eindeutig dieses phänomenale Selbst: Ich erlebe mich auch bei einem Rollenwechsel als identisch. Menschen verhalten sich in der gleichen Position verschieden, obwohl sie mit den gleichen Erwartungen konfrontiert sind. Auch werden die Hauptrollen in einem Theaterstück, bei denen das Rollenverhalten ja detailliert vorgeschrieben ist, je nach Schauspieler unterschiedlich interpretiert, so daß die Persönlichkeit des Darstellers das Rollenverhalten durchstrahlt. Auch bei den Wärtern und Gefangenen des Stanford-Experimentes waren individuelle Rollendeutungen deutlich zu sehen.

Der Positionsinhaber steht Rollenerwartungen gegenüber und fühlt sich auch einem gewissen Rollendruck ausgesetzt. Dieser Druck geht meist von den Inhabern der Partnerposition aus, wird aber auch diffus innerhalb des sozialen Kraftfeldes erlebt. Der erlebte Druck wird in der Rollentheorie als **Sanktion** bezeichnet. Je nach der Richtung kann man von positiven (Lob, Unterstützung) oder negativen (Tadel, Bestrafung) Sanktionen sprechen. Diese Sanktionen können objektiv fixiert sein (z. B. Beamtenrecht), sie können aber auch lediglich subjektiv existieren, wenn der Positionsinhaber annimmt, daß manche Bezugspersonen ein bestimmtes Rollenverhalten begrüßen oder ablehnen würden. Es kommt demnach auch hier nicht allein auf die ojektiv gegebenen Fakten, sondern auch auf die subjektiv erlebten und vom Rollenträger verarbeiteten Bedingungen an.

Übungsvorschlag

Versuchen Sie bitte in Kleingruppen das Stanford-Gefangenen-Experiment mit Hilfe der zentralen Begriffe der Rollentheorie zu erklären/beschreiben. Diskutieren und korrigieren Sie Ihre Ergebnisse anschließend im Plenum.

---

3 Interaktion und Kommunikation

Die Interaktion zwischen potentiellen Gruppenmitgliedern ist die zentrale Voraussetzung für alle sozialen Phänomene und Prozesse. Nach *Homans* (1972) führen menschliche Aktivitäten zu Interaktionen, die sich mit Gefühlen verbinden; dadurch wird die Interaktionshäufigkeit im Sinne eines Kreisprozesses beeinflußt. Eine wichtige Aufgabe des Gruppenleiters besteht darin, die Interaktions- und Kommunikationsprozesse zu beobachten, um zu spüren, ob Störungen vorhanden sind. Je sensibler er für diese Vorgänge ist, desto besser kann er Störungen erkennen und eine positive Gruppenentwicklung fördern.

Wir werden im folgenden den Kommunikationsprozeß in seine elementaren Bestandteile „zerlegen", um sensibel für die einzelnen Störquellen zu werden. Die Art unseres Vorgehens und die einzelnen Übungen können vom Leser als Basis für ein Gruppenseminar zum Thema „Kommunikation" herangezogen werden.

3.1 Welche Prozesse sind in einem Gespräch wirksam?

Übungsvorschlag

Beobachten Sie einfach ein Gespräch oder machen Sie im Kurs eine Videoaufzeichnung der gegenseitigen Vorstellungsrunde oder spielen sie – was ich gerne mache – eine Szene von *Loriot* vor. Sammeln Sie ganz einfach freie Beobachtungen über die Gesprächsprozesse.

Wenn Sie die Übung in einer Gruppe machen, dann sollten Sie in diesem Zusammenhang auch die Schwierigkeiten des freien Beobachtens (Subjektivität, jeder setzt andere Schwerpunkte) ansprechen. Bei der Auswertung der freien Beobachtungen sollte der Unterschied zwischen den sachlichen-inhaltsbezogenen („Inhaltsebene") und den gefühlsmäßigen-nonverbalen („Beziehungsebene") Beiträgen herausgearbeitet werden. Anschließend kann man die Beiträge noch weiter aufgliedern, um die Entwicklung eines Beobachtungsschemas zu demonstrieren, bei dem die subjektiven Fehler-

Beobachtungskategorien		Partner	Summe
Inhaltsebene	(1) **macht Vorschläge** zum Verfahren oder zur Problemlösung, gibt Anweisungen		
	(2) **äußert Meinungen,** bewertet, analysiert, bringt Gefühle und Wünsche (sachlich) zum Ausdruck		
	(3) **informiert,** gibt Mitteilungen weiter, klärt		
	(4) **wiederholt,** zentriert die Aufmerksamkeit, strukturiert die Beiträge, ordnet		
	(5) **fragt** nach Meinungen, Bewertungen, Analysen		
Beziehungsebene	(6) **lobt,** erkennt die Leistung anderer an, hilft, erhöht den Status der anderen, zeigt Solidarität		
	(7) **entspannt** die Atmosphäre, scherzt, lacht auf natürliche Weise		
	(8) **versteht,** zeigt passive Beteiligung, stimmt zu, willigt ein		
	(9) **lehnt ab,** hält Gegenposition aufrecht ohne zu verletzen, widerspricht sachlich aber bleibt bei seiner Meinung		
	(10) **zeigt Spannung,** bittet um Hilfe, verkrampft, lacht nervös und unecht		
	(11) **widerspricht,** geht in Opposition, beleidigt, äußert auf aggressive Weise Kritik		
	(12) **ist verstimmt,** zieht sich zurück, zeigt passive Ablehnung, resigniert		
	(13) **schiebt** die **Schuld auf Außenstehende** (Vorgesetzte, Fremde oder andere Gruppen)		

Sonstige Beobachtungen: _____

_____

Abb. 2 Beobachtungsschema qualitativer Interaktionen zwischen Gruppenmitgliedern (modifiziert nach *Bales* 1950 und *Borgotta* 1962, 1963). Die Kategorien 1 bis 5 beziehen sich auf die Inhaltsebene, 6 bis 13 auf die Beziehungsebene, wobei 6 bis 8 die positiven-emotionalen Verhaltensweisen und 9 bis 13 die negativen beinhalten.

quellen reduziert sind. Das Ergebnis kann dann mit dem praxiserprobten Beobachtungsschema in Abbildung 2 verglichen werden.

Aus dieser Übung können mindestens zwei Befunde abgeleitet werden: Menschliche Kommunikation (Interaktion ist eigentlich der exaktere Begriff) vollzieht sich auf zwei Ebenen: Auf der Inhaltsebene informieren wir mit Hilfe der Sprache über die Sache. Die Botschaften auf der Beziehungsebene verlaufen meist sprachfrei (Mimik, Gestik, Körperhaltung, Sprechrhythmus usw.) und zeigen, wie wir unsere Beziehung zum Gesprächspartner sehen und wie dieser das Gesagte verstehen soll.

Die Mehrdimensionalität einer Kommunikation oder Nachricht wurde von *Bühler* (1934) und später von der „Palo-Alto-Gruppe" (*Bateson, Beavin, Jackson, Healey* und als bekanntester Vertreter *Watzlawick*) ausführlich beschrieben. Faßt man beide Auffassungen zusammen, dann kann man die „Anatomie einer Nachricht" (*Schulz von Thun,* 1991) durch Abbildung 3 darstellen.

Der Sender teilt dem Empfänger durch sein Ausdrucksverhalten etwas über seine eigene Persönlichkeit mit, auch wenn er dies im Einzelfall gar nicht möchte. Die Botschaft auf der Inhaltsebene entspricht der sachlichen Mitteilung, die vorwiegend sprachlich-verbal gesendet wird. Auf der Beziehungsebene verlaufen die Prozesse auf „sprachfreie" Weise: Durch Betonung, Gestik, Mimik, kurz durch unsere „Körpersprache" signalisieren wir dem Empfänger, wie die Inhalte zu verstehen sind. Wir teilen ihm aber auch gleichzeitig mit, wie wir die Beziehung zu ihm sehen („So sehe ich Dich und unsere Beziehung"). Kaum eine Nachricht wird nur um ihrer selbst willen „gesendet", fast immer soll mit ihr etwas erreicht werden. Der Empfänger soll gewisse Dinge tun, wissen, unterlassen oder fühlen (Appellfunktion der Nachricht).

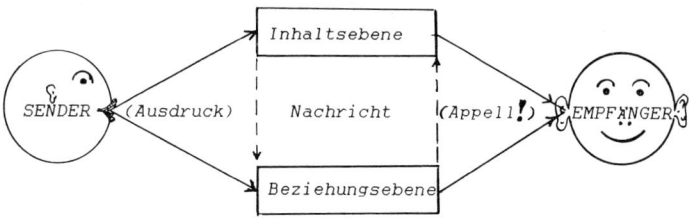

Abb. 3 Die „Anatomie einer Nachricht" (in Anlehnung an *Schulz von Thun* 1981, 1989).

Übungsvorschlag

Wenden Sie die Aussagen über die verschiedenen Botschaften einer Nachricht auf das folgende Beispiel an:

Ein Seminarleiter sagt mit ernster Stimme zu den Teilnehmern: „Wir werden heute abend pünktlich um 18.00 das Seminar beenden!"

Eine Nachricht enthält demnach mehrere Botschaften gleichzeitig, wobei wir die Informationen auf der Inhaltsebene von denen auf der Beziehungsebene (Ausdruck, Beziehung i. e. S. und Appell) unterscheiden können. Erfolgreich kommunizieren heißt demnach, die Prozesse auf der Inhalts- und Beziehungsebene so zu steuern, daß Störungen, Mißverständnisse und Verzerrungen möglichst vermieden oder erkannt, angesprochen und bewältigt werden.

3.2 Steuerung der Kommunikation auf der Inhaltsebene

Bevor wir uns den Vorgängen auf der Inhaltsebene zuwenden, ist es sinnvoll, den Kommunikationsablauf etwas detaillierter darzustellen und einzelne Aspekte dieses Prozesses durch kleine Übungen zu veranschaulichen bzw. zu analysieren. Die dabei auftretenden Kommunikationsstörungen sollen herausgearbeitet werden, damit der Leser bzw. die Seminarteilnehmer sie klar erkennen und in Gesprächen/Vorträgen vermeiden können. Abbildung 4 zeigt schematisch die einzelnen Stationen im Kommunikationsprozeß. Der Sender hat eine Information (Nachricht), die er an den Empfänger weitergeben möchte. Er kann sie ihm aber nicht direkt ins Gehirn übergeben, sondern muß sie erst in ein Medium (Sprache, Schriftstück, Tonband, Film usw.) übertragen. Diese Übertragung wird mit von der aktuellen Situation und seinen persönlichen Interessen beeinflußt. Über dieses Medium erreicht er den Empfänger (oder auch nicht), der die Informationen jetzt (in Abhängigkeit von seiner aktuellen Situation und Interessenlage) entschlüsselt, aufnimmt und weiter verarbeitet. Normalerweise läuft eine Kommunikation nicht einseitig („Einweg-Kommunikation"), sondern als Kreisprozeß ab, d. h. der Empfänger wird im Verlauf ebenfalls zum Sender („Zweiweg-Kommunikation", Feed back) usw.

Eine Kommunikation ist immer dann erfolgreich, wenn die Nachricht unverfälscht beim Empfänger ankommt, d. h. wenn keine Informationsverzerrungen oder -verluste im Kommunikationsprozeß auftreten.

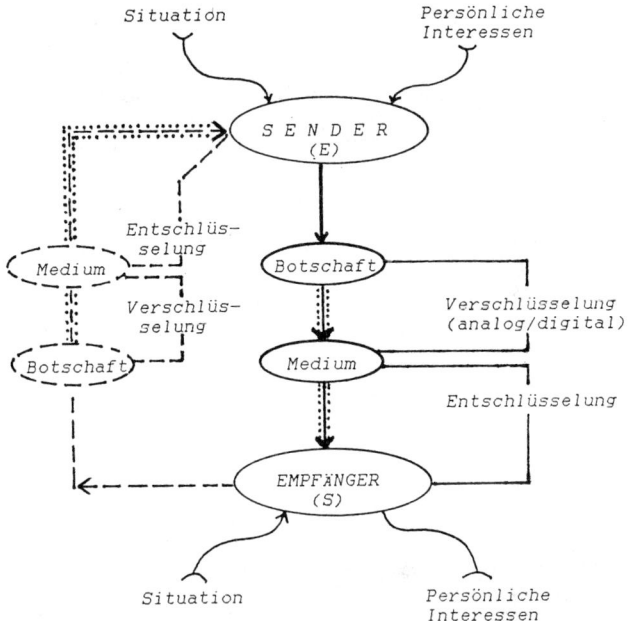

Abb. 4 Schematische Darstellung der Vorgänge bei der Einweg- und Zwei-weg-Kommunikation (→ „Einweg", − − − „Zweiweg" und ..... Beziehungs-ebene).

Übungsvorschlag

Bei der Übung „Einweg-Zweiweg-Kommunikation" (nach *Brocher* 1967, S. 142−153) wird der Einfluß der Kommunikationsrichtung auf den Kommunikationsprozeß (zeitliche Dauer, Fehler bei der Übermittlung, emotionale Befindlichkeit der Teilnehmer) untersucht.

Ein Seminarteilnehmer übernimmt bei dieser Übung die Rolle des Senders. Er versucht seine Informationen den anderen zu übermitteln. Die Übung teilt sich in zwei Phasen auf:

In der ersten Phase erhält er Vorlage I (Anhang 9.1.1.1) und kann das Bild etwa eine Minute betrachten, um sich dabei zu überlegen, wie er das Bild am besten beschreiben kann, damit es seine

Zuhörer richtig aufzeichnen können. Die Zuhörer dürfen in dieser Phase keine Fragen stellen oder irgendwie Rückmeldung geben. Um eine echte „Einweg-"Kommunikation zu ermöglichen empfiehlt es sich, Sender und Empfänger durch eine Stellwand zu trennen. Die Empfänger werden in ihre Aufgabe eingewiesen, die geometrischen Figuren möglichst genau nach der Schilderung zu zeichnen, dabei keine Fragen zu stellen oder irgendwelche Rückmeldungen zu geben, am Ende der Phase zu notieren, wieviele Figuren sie glauben in ihrer Lage zueinander richtig gezeichnet zu haben und wie sie die Übung insgesamt erlebten. Der Leiter beobachtet (Video?) den Vorgang und kontrolliert die Zeit. In der zweiten Phase erhält der Sender Vorlage II und ebenfalls eine Minute Zeit, um sich in die Darstellung einzudenken. Die Zuhörer werden aufgefordert, jetzt bei Bedarf Fragen zu stellen. Es soll sichergestellt werden, daß der Sender seine Informationen möglichst genau übertragen kann. Ansonsten ist das Vorgehen mit Phase I identisch.

Nach Abschluß der beiden Durchgänge werden die Einzelergebnisse gemeinsam ausgewertet (siehe Auswertungsbeispiel Tabelle 1). In dieser Tabelle finden Sie ein „typisches" Ergebnis eingetragen. Sollten Sie keine Gelegenheit zur Gruppenübung haben, dann sollten Sie zumindest diese Tabelle interpretieren und mit dem folgenden Text vergleichen.

Tabelle 1 Ergebnistabelle zur Übung „Einweg-Zweiweg"-Kommunikation (Mw ist der arithmetische Mittelwert).

Teffer	Einweg-Kommunikation		Zweiweg-Kommunikation	
	geschätzt	wirklich	geschätzt	wirklich
0	1	0	0	0
1	2	1	0	0
2	12	10	1	1
3	14	15	3	4
4	6	9	12	16
5	1	1	20	15
Mw	2,7	3,0	4,4	4,3
Zeit	217 sec		423 sec	

Bei der **Diskussion** der Ergebnisse kann normalerweise folgendes herausgearbeitet werden:

Die Einwegkommunikation erweist sich meistens als schneller, der Informationsfluß ist allerdings weniger präzise (Mehrdeutigkeit, Ungenauigkeit). Das Selbstvertrauen des Empfängers bezüglich seiner Leistung ist gering und liegt meistens unter der realen Leistungsgüte. Es besteht die Gefahr, daß Störungen auf die Beziehungsebene ausstrahlen (Konkrete Beobachtungen: Stöhnen, Blicke zum Nachbarn, ablehnende Handbewegungen usw.).

Die Reaktionen auf die beiden Kommunikationsarten sind individuell verschieden; sie sind abhängig von der persönlichen Lerngeschichte und den damit verbundenen Erwartungen an den Sender.

Je besser bei der Zweiwegkommunikation die Rückkoppelung (feedback) gelingt, desto geringer ist der Informationsverlust, desto angenehmer ist normalerweise der Kommunikationsprozeß (Feedback-Schleife!!).

Auffällig ist häufig, daß auch bei der „Zweiweg"-Kommunikation meist nicht alle Teilnehmer motiviert sind zu fragen, obwohl sie das Gefühl haben, nicht alles richtig verstanden zu haben.

Manchmal kann man beim Sender auch die Neigung zu einer Pseudo-Zweiwegkommunikation feststellen, indem er rhetorische Fragen stellt, wie z. B. „habt ihr das jetzt verstanden?", worauf häufig spontan und unehrlich mit „ja" geantwortet wird.

Im Anschluß an die Ergebnisdiskussion sollten die gemachten Erfahrungen zur Verbesserung der Kommunikation erarbeitet und festgehalten werden. Die Sammlung der **„Verständlichmacher"** soll durch die weiteren Übungen ergänzt werden.

Übungsvorschlag

Mit der folgenden Übung soll die Subjektivität der Wahrnehmung als Ursache für Informationsverzerrungen demonstriert werden. Zur Durchführung werden 5 bis 8 Teilnehmer (Experimentiergruppe) und eine Beobachtergruppe (5 bis 10 Personen) benötigt.

Durchführung: Die Experimentiergruppe verläßt den Raum, Beobachter werden instruiert und erhalten den Wortlaut der Meldung (Anhang 9.1.1.2). Der erste Teilnehmer wird in den Raum geholt und bekommt die Meldung 2mal vorgelesen. Ohne die Möglichkeit des Nachfragens berichtet der erste dem zweiten, der zweite dem dritten usw. und schließlich dem letzten Beobachtern, was er vor der Meldung noch in Erinnerung hat. Der Ablauf sollte mit Tonband oder Video dokumentiert werden. Die Beobachter berichten anschließend über das Schicksal der einzelnen Aussagen.

Diskussion: Wie wurde mit problematischeren Inhalten/Tabus umgegangen? Welche Inhalte gehen aus welchen Gründen verloren? Wieso kommt es zu Umdeutungen?

Bei der Diskussion sollen die folgenden Ergebnisse erarbeitet werden:

• Informationen werden bei der Weitergabe häufig entstellt, verzerrt, verändert
• Meist ist die unklare Ausdrucksweise des Senders Ursache der Verzerrung
• Der Empfänger wählt aus den Informationen aus und „verdünnt" damit die Info-menge („Kanalkapazität")
• Die Auswahl/Selektion ist abhängig von der individuellen Persönlichkeit/Lerngeschichte/Motivation/Interessenlage und den situativen Gegebenheiten
• Worte sind wenig präzise
• Die Inhaltsebene strahlt auf die Beziehungsebene aus!!!

Mit der Gruppe werden anschließend weitere „Verständlichmacher" gesammelt.

Übungsvorschlag

Bei „Worte und Vorstellungen" geht es nochmals um die Informationsvermittlung auf der Inhaltsebene: Je zwei Teilnehmer haben gemeinsam die Aufgabe zu lösen, sich zuerst auf einen Gegenstand zu einigen, den sie anschließend – jeder zur Hälfte – auf ein Kärtchen zeichnen sollen. Nachdem sich die Paare auf den Gegenstand geeinigt haben, erhält jeder ein Kärtchen. Jetzt darf nur noch gezeichnet und nicht mehr miteinander gesprochen werden. Die Kärtchen werden anschließend zusammengesetzt und die beobachtbaren Kommunikationsstörungen werden diskutiert.

Was war für Sie hilfreich? Was kann man gegen die Kommunikationsstörungen tun? Wir ergänzen nochmals die Sammlung und versuchen die Beiträge zu ordnen. Die Ordnung kann dabei folgende Struktur erhalten (Abb. 5).

Die Prozesse auf der Inhaltsebene haben wir bisher vorwiegend aus der Sicht des Senders betrachtet und überlegt, welche „Verständlichmacher" dabei hilfreich sind. Dabei wurde der Aspekt des Entschlüsselns der Botschaften durch den Empfänger vernachlässigt. Wir müssen bei jeder Kommunikation aber berücksichtigen, daß nicht nur der Sender mit „vier Zungen" spricht, sondern der Empfänger auch mit „vier Ohren" hört. Je nachdem, ob er sich auf den Sachinhalt konzentriert, die Ausdrucksseiten (Was ist denn mit dem los?)

Beim Sender:

- *Einfache Darstellung* (verständliche, klare und empfängerbezogene Formulierungen, keine fachchinesischen Ausdrücke, mit einfachen Beispielen veranschaulichen, nur eindeutige Begriffe verwenden).

- *Übersichtliche Gliederung* (äußerliche Übersicht vorgeben; innere Übersicht: logischer, folgerichtiger Aufbau, auf Querverbindungen/Zusammenhänge hinweisen, Wesentliches betonen/hervorheben/wiederholen).

- *Kurz* und *prägnant* informieren, Weitschweifigkeit langweilt!

- *Anregend darstellen* (möglichst viele Sinnesgebiete/Informationskanäle ansprechen, „Mehrkanalinformationen" geben, interessant und abwechslungsreich beschreiben, persönliches Engagement am Thema zeigen).

- Bezug zu bekannten Informationen herstellen, Informationsängste abbauen.

- Blickkontakt halten und nonverbale Botschaften aufgreifen.

- Zusammenfassen und wiederholen (lassen).

- Zum Nachfragen motivieren.

- Durch Zwischenfragen Interesse wecken, usw.

Beim Empfänger:

- *Aktiv zuhören,* das Gesagte mit eigenen Erfahrungen verbinden.

- Den Aussagen (wenn auch nur detaillierte) interessante Aspekte abgewinnen.

- Fragen stellen, wenn etwas unklar ist!!!

Abb. 5   Zusammenfassende Darstellung der „Verständlichmacher".

oder den Beziehungsaspekt (Wie geht der mit mir eigentlich um?) beachtet bzw. die Appellseite (Was will der, daß ich tue?) hört, wird er unterschiedliche Botschaften entschlüsseln. *Schulz von Thun* (1981, S. 45) hat diese Situation treffend skizziert (Abb. 6).

Auch der Empfänger ist demnach verantwortlich, daß die Botschaften auf der Inhaltsebene ihn möglichst störungsfrei erreichen. Wenn er bestehende Unsicherheiten durch seine Phantasie bewältigt, dann sind Mißverständnisse vorprogrammiert. Behält er seine Phantasien und Interpretationen für sich, dann können sie ihn isolieren, werden zu einem Käfig und widersetzen sich einer Überprüfung und Korrek-

Was ist das
für einer?
Was ist mit ihm?

Wie ist
der Sachverhalt
zu verstehen?

Wie redet der
eigentlich mit mir?
Wen glaubt er vor
sich zu haben?

Was soll ich tun,
denken, fühlen
auf Grund seiner
Mitteilung?

Abb. 6   Die vier Ohren des Empfängers (*Schulz von Thun* 1981, S. 45).

tur. Bringt man sie hingegen in den Kommunikationsprozeß ein,
dann klären sie die Atmosphäre und fördern die Offenheit.

Eine Ursache für viele Mißverständnisse besteht darin, daß der
Empfänger sich in die Situation hineinversetzt, sich mit ihr identifiziert und die Informationen auf die eigenen Erfahrungen bezieht. Er
denkt schon weiter, hört nicht mehr aktiv zu, da er ja weiß um was es
geht und nimmt an, daß der andere die gleichen Gedanken haben
müsse wie er.

Unsere bisherigen Betrachtungen konzentrieren sich darauf, wie
man als Gruppenleiter Informationen möglichst unverzerrt weitergeben kann. Eine andere Frage ist nun, wie man möglichst viele
Informationen von den Gruppenmitgliedern oder Gesprächspartnern
erhalten kann, um ihre Wünsche, Motive, Einstellungen und Interessen unverzerrt erfassen zu können.

Wie „öffne" ich meine Gesprächspartner?

Übungsvorschlag

Zwei freiwillige Teilnehmer führen ein Gespräch, das auf Tonband oder Video aufgezeichnet wird. Der eine Teilnehmer (A)
hat dabei ein Thema/Problem, über das er bereit ist Auskunft zu
geben; der andere Teilnehmer (B) hat die Aufgabe, im Gespräch
möglichst viel von diesem Thema zu erfahren. Wenn er das
Gespräch direktiv führt, dann wird er nach einigen Minuten vom
Kursleiter abgelöst, der das Gespräch mit „offenen" Fragen wei-
terführt. Anschließend wird die Gesprächsaufzeichnung betrachtet und diskutiert, welches Gesprächsleiterverhalten und welche
Fragen den Gesprächspartner öffneten und aktivierten.

In der Diskussion sollten folgende Punkte als „öffnend" herausgearbeitet werden:

Öffnend fragen heißt:
- W-Fragen (Was, Wie, Worüber . . .?) stellen, die den Partner zum Erzählen bringen und nicht mit Ja oder Nein beantwortet werden können.
- Mit Äußerungen, wie Ja, Hmm, anregen,
- Pausen zulassen („arbeiten" lassen)
- Aktiv zuhören, das Gesagte aufgreifen und den Gesprächspartner bitten mehr darüber zu erzählen (z. B. „Sie haben zu Beginn gesagt, daß . . . Bitte schildern Sie mir das noch etwas ausführlicher")
- Zwischenzusammenfassungen machen und Korrektur- bzw. Ergänzungsmöglichkeiten zulassen
- Fragende Blicke, gestische Unterstützungen

Mit diesem Gesprächsverhalten bekommt der Gesprächspartner Raum und kann seine Gedanken und Einstellungen frei äußern; die Steuerung des Gesprächs und der Gesprächsinhalte durch den Leiter ist dabei gering, da er von sich aus kein Thema einführt, sondern nur das aufgreift, was der Gesprächspartner anbietet.

Ungünstig sind:
- Geschlossene Fragen (die man mit Ja oder Nein beantworten kann) (außer zur Verständniserklärung, bei Zusammenfassungen u. ä.)
- Alternativ-Fragen/Oder-Fragen, weil es meistens mehrere Möglichkeiten gibt
- Suggestiv-Fragen, die eine bestimmte Antwort nahelegen
- Warum-Fragen (als einzige W-Frage, die ungünstig ist), weil sie den Gesprächspartner in eine prüfungsähnliche Situation bringen und „vernünftige" Antworten provozieren. Das Warum, die Motivation, sollte aus den Informationen, die das gesamte Gespräch liefert, erschlossen werden.
- Den Gesprächspartner unterbrechen, ins Wort fallen
- Widersprechen und in eine Diskussion eintreten.

Übungsvorschlag

Einüben der offenen Fragen in Dreiergruppen (A, B und C): Jeder Teilnehmer notiert sich ein Thema/Problem, über das er dann mit einem anderen sprechen möchte. Beginn: A hat ein Thema (sagt es aber nicht ungefragt), B möchte von diesem Thema möglichst viel erfahren und versucht dies mit offenen Fragen etc. C beobachtet, greift ein, hilft und notiert sich die auftretenden Schwierigkeiten im Gesprächsverlauf für die spätere Diskussion im Plenum. Nach 10 Minuten Rollenwechsel. B hat nun das Thema/Problem, C ist der fragende Gesprächspartner und A der Beobachter . . .

Anschließend Erfahrungsaustausch im Plenum. Welche Schwierigkeiten tauchten auf? (Frageart/Pausengestaltung/Zusammenfassungen/Verständnis/Zuhören können)

Wir sind schon wiederholt einer Schwäche beim Gesprächsleiter begegnet: Es fällt oft schwer, dem Gesprächspartner genau zuzuhören. Wie schwierig ist eigentlich das „aktive Zuhören" wirklich? Dies wird durch die nächste Übung eindringlich demonstriert.

Übungsvorschlag

Beim „Kontrollierten Dialog" bilden wir wieder 3-er Gruppen. Je zwei Teilnehmer überlegen sich ein Thema, bei dem sie möglichst unterschiedlicher Meinung sind und führen darüber ein Gespräch. Dabei sind die folgenden Spielregeln zu beachten:

A beginnt mit einer Aussage, anschließend muß B den Satz von A zuerst genau sinngemäß (nicht wortwörtlich!) wiederholen; wurde der Sinn nicht verstellt, dann bestätigt dies A mit „stimmt" und B darf dann auf den Satz von A antworten.

Wurde der Satz nicht richtig wiedergegeben, dann sagt A „falsch" und B muß es nochmals versuchen. Gelingt es ihm dann immer noch nicht, dann formuliert A nochmals seine Aussage und B wiederholt sie sinngemäß.

C beobachtet, überwacht die Zeit und greift ein, wenn die Spielregeln verletzt werden. Er notiert sich auch, wie die Gesprächspartner verbal oder nonverbal „aktives Zuhören" und einfühlendes Verstehen zeigten. Nach 15 Minuten werden die Rollen gewechselt, so daß jeder einmal Beobachter war.

Anschließend berichten die Beobachter im Plenum die aufgetretenen Schwierigkeiten. Meistens werden die folgenden Probleme angesprochen:

Der Sprecher:
• organisiert vorher nicht seine Gedanken
• drückt sich ungenau aus
• versucht zu viel in einem Satz unterzubringen
• A redet zuviel, überfordert B
Der Zuhörer:
• hört nicht konzentriert zu
• denkt schon an seine Antwort, während der andere noch spricht
• pickt sich nur Details heraus (Selektion)

- wendet sein Denk- und Interpretationsschema an (Vorurteil, daß eigene Psychologie auch die des anderen ist)

Aktives Zuhören und offene Fragen geben dem Gesprächspartner das Gefühl, daß man ihn beachtet, zuhört, sich für das interessiert, was er fühlt und denkt. Der Gesprächsleiter sollte bei seinem Verhalten dabei die aus der Gesprächspsychotherapie bekannten und bewährten „*Rogers*-Variablen" beachten:

- Einfühlendes Verstehen: Versuchen die Gefühle und Gedanken des Gesprächspartners voll zu verstehen („Empathie")

- Unbedingte Wertschätzung: Die Aussagen des Gesprächspartners werden akzeptiert und (auch mimisch) nicht bewertet

- Kongruenz (Echt sein, ohne Fassade sein).

Diese Haltung beinhaltet ein Beziehungsangebot und strahlt mit Hilfe der besprochenen inhaltlichen Gesprächsregeln auf die Beziehungsebene („ich finde Dich als Mensch sehr interessant und möchte Dir helfen"/„erzähle mir bitte mehr über Dich"/„ich akzeptiere Dich voll als Partner") aus, die wir im folgenden näher betrachten wollen.

3.3 Steuerung der Kommunikation auf der Beziehungsebene

Bisher haben wir uns darauf konzentriert, wie wir Informationen auf der Inhaltsebene möglichst genau einem Partner übermitteln bzw. wie wir möglichst viele Daten ohne Informationsverluste vom Partner erhalten.

Im folgenden geht es darum, durch welche Vorgänge die Prozesse auf der Beziehungsebene gefährdet werden, wie man dies am ehesten vermeiden kann und wie man bei bestehenden Meinungsverschiedenheiten am sinnvollsten reagieren sollte, damit die Beziehungsebene am wenigsten bedroht wird.

Das beinhaltet auch die Frage, wie ein Seminarleiter oder Lehrer den Teilnehmern seinen Standpunkt klar und dennoch partnerschaftlich darstellt.

Die Botschaften auf der Beziehungsebene sprechen die Gefühle, das „Herz" des Gesprächspartners – und nicht seinen Verstand – an. Sie informieren darüber, wie das Gesagte zu verstehen ist (Tonfall, Blick etc.) und wie der Sender den Empfänger einstuft bzw. zu ihm stehen möchte.

Da wir dauernd Botschaften auf der Beziehungsebene erhalten, wird durch sie auch unser Selbstkonzept stark mit geprägt („ so einer bin ich also").

Die Beziehungsseite einer Nachricht beinhaltet vier Botschaften, durch welche die spezielle Beziehungsart bestimmt wird:

- So sehe ich mich („Selbstoffenbarung").
- So sehe ich (der Sender) Dich (den Empfänger); das halte ich von dir! („Du-Botschaft": „So bist Du"!)
- So sehe ich (der Sender) die Beziehung zu dir (Empfänger) („Wir-Botschaft": „So stehen wir zueinander – nicht wahr?")
- Ich appelliere an Dich: „mach am besten folgendes: . . ."

Mit diesen vier Botschaften verbinden sich häufig einige Schwierigkeiten: So wird die erste Art häufig von Imponier-, Fassaden-, Verbergungs-, aber auch von Verkleinerungstechniken verfälscht. Ziel ist hier Echtheit, Offenheit und „Kongruenz". Beim zweiten Aspekt wird das Bild vom Gesprächspartner häufig durch Projektionen und Übertragungen verzerrt.

Beim dritten Aspekt gibt es unterschiedliche Reaktionsweisen auf die gegebene Beziehungsdefinition:

- Akzeptieren („ so ist es")
- Durchgehen lassen („naja, eigentlich stimmts nicht ganz, aber ist schon O. K.")
- Zurückweisen („was soll denn das? – mit mir geht das so nicht; wer bin ich denn!!?")
- Ignorieren („wer so reagiert, der ist für mich Luft, existiert überhaupt nicht")

Auch die Reaktionsweisen auf den Appell sind sehr unterschiedlich: Reaktanz/Zurückweisung oder Überprüfung/Akzeptanz/Einstellungswandel, d. h. sie gehen von bereitwillig folgend bis abweisend-trotzig.

Im folgenden werden wir uns auf die Beziehungsebene i. e. S. (Aspekte 2 und 3) konzentrieren und überlegen, wie Störungen bewältigt werden können.

Übungsvorschlag

Ein freiwilliger „Sender" erhält ein Formblatt mit 5 Kreuzen auf dem viele, sich überschneidende Felder eingezeichnet sind (Anhang 9.1.1.3). Er soll den Teilnehmern möglichst klar beschreiben, wo sich diese 5 Kreuze auf dem Formblatt befinden. Die Teilnehmer sollen mit dem Sender reden. Verboten ist allerdings: beim Nachbarn ins Blatt schauen, Hilfsmittel wie Lineal o. ä. verwenden und das Formblatt in eine andere Lage bringen bzw. dem Sender die eingetragenen Kreuze zeigen. Alle Kommunikationen müssen verbal ablaufen! Auch diese Übung sollte mit Video aufgezeichnet werden, um im Anschluß die nonverbalen

> Reaktionen demonstrieren zu können. Bei der Übung erhalten nicht alle Teilnehmer das gleiche Formblatt, so daß bei einem Teil Verständnisschwierigkeiten vorprogrammiert sind.

Anschließend werden die Teilnehmer über den Sinn der Übung informiert: Es ging nicht um die Kommunikation auf der Inhaltsebene, sondern um die Provokation von Störungen auf der Beziehungsebene. Bei der Übung kommt es zwangsläufig zu unterschiedlichen Auffassungen und Meinungsverschiedenheiten.

In der Diskussion werden die folgenden Fragen betrachtet: Welche Reaktionen haben Sie bei sich beobachtet? Welche allgemeinen Reaktionsmöglichkeiten bestehen überhaupt (Abb. 7)? Was halten Sie von der Effektivität ihrer eigenen Reaktionen?

Bei dieser Übung wird deutlich, wie Störungen auf der Inhaltsebene die Reaktionen auf der Beziehungsebene beeinflussen und wie groß die Gefahr ist, in einen Teufelskreis von Reaktion und Gegenreaktion zu geraten.

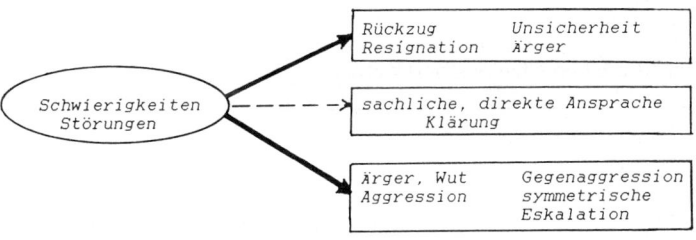

Abb. 7   Reaktionsmöglichkeiten auf Störungen.

Übungsvorschlag zu „angriffsarm formulieren"

Die TN erhalten eine Reihe angriffsvoller Gesprächsaussagen. Sie sollen versuchen, die erste Aussage so zu formulieren, daß eine sachgerechte und möglichst angriffsfreie Alternative entsteht. Diese Formulierungen werden auf Kärtchen geschrieben. Diese Kärtchen werden anonym auf Kleingruppen verteilt, die diese Kärtchen in eine Rangreihe bringen (nach Grad der Angriffsfreiheit).

Die Kleingruppen stellen ihre Ergebnisse vor und begründen die Entscheidung. In der Diskussion werden die Regeln für angriffsarmes Formulieren erarbeitet.

Kriterien für „angriffsarme" Reaktionen im Gespräch:
- Partner nicht abwerten, sondern seine Reaktionen akzeptieren und sein Selbstwertgefühl achten
- beobachtete Vorgänge zuerst beschreiben, dann bewerten (lassen).
- Ich-Aussagen anstelle von Du-Angriffen machen
- auf die Gefühlslage des Partners achten und dafür Verständnis zeigen
- die eigene Gefühlslage darlegen
- echt und offen sein; die eigenen Ansichten ehrlich und klar vertreten
- Gegenargumente zulassen
- Brücken zwischen den Standpunkten bauen
- sich zu notwendigen Entscheidungen bekennen
- . . .

Anschließend versuchen die Teilnehmer die verbleibenden Aussagen nach diesen Regeln zu verbessern.

Die Unterscheidung zwischen **Beschreiben** und **Bewerten** klingt einsichtig und leicht erfüllbar; dies stimmt in der Praxis leider nicht. Wir neigen sehr leicht zu frühzeitigen Bewertungen und Interpretationen die zu Mißverständnissen und Ärger führen. Dies soll durch die nächste Übung demonstriert werden.

Übungsvorschlag

Die Teilnehmer erhalten ein Arbeitsblatt (Anhang 9.1.4.3) und füllen es aus. Dann werden die Verhaltensbeschreibungen am Flip-Chart getrennt nach Beschreibungen und Bewertungen aufgelistet. Anschließend bearbeiten die Teilnehmer das zweite Arbeitsblatt (Anhang 9.1.4.4).

Bewertungen („So bist **Du**!!!") haben einen starken Einfluß auf die Selbstdefinition und damit auf das Selbstwertgefühl des Gesprächspartners. Sie müssen deshalb verständlich und für den Empfänger nachvollziehbar, d. h. durch Verhaltensbeobachtungen belegbar sein.

Wie unterscheiden sich „Ich-Aussagen" von „Du-Angriffen"?

Du-Angriffe sind konfliktträchtig, weil sie häufig als Kritik und Herabsetzung erlebt werden; sie verursachen Schuldgefühle und führen oft zu Widerstand oder Rückzug. **Ich**-Aussagen sind offener und ehrlicher; sie greifen den Gesprächspartner nicht direkt an, sondern zeigen ihm, wie man auf sein Verhalten hin gefühlsmäßig reagiert. Charakteristisch für eine Ich-Botschaft ist es, daß man das ungewünschte Verhalten zuerst beschreibt, dann die entstandenen Gefühle offen darstellt und anschließend die Konsequenzen aufzeigt, die gezogen werden müssen.

Mit Ich-Botschaften erfährt der Gesprächspartner, was sein Verhalten beim anderen bewirkt, und er kann dessen Reaktionen und die Konsequenzen nachvollziehen, so daß die weitere Auseinandersetzung auf einer sachlichen Ebene ablaufen kann.

Eine gute Ich-Botschaft enthält demnach drei Elemente:

Beobachtetes Verhalten + Gefühle + Wirkungen

wobei die Reihenfolge nicht entscheidend ist.

3.4 Die Kommunikationstheorie der „Palo-Alto-Schule"

In Palo Alto/Californien untersuchte *Bateson* mit seinen Mitarbeitern (*Beavin, Jackson, Weakland, Fisch, Watzlawick* u. a.) die allgemeinen Regeln und Gesetzmäßigkeiten („Axiome"), nach denen Menschen miteinander kommunizieren. Kennt ein Kursleiter diese Regeln, dann versteht er das normale und auffällige Verhalten (= Kommunikation = Interaktion) besser und kann die Ursachen von Störungen leichter erkennen und beheben.

Die von *Watzlawick* (1969, 1974, 1983, 1986) herausgearbeiteten Regeln erklären eigentlich nichts, sie haben ihre Erklärung in ihrem Sosein. Sie sind mit den Regeln eines sportlichen Wettkampes vergleichbar und umschreiben den Rahmen, innerhalb dessen das „normale" Verhalten abzulaufen hat. Verstöße gegen die Regeln werden als Verhaltensstörungen betrachtet und führen bei chronischem Verlauf zur Bildung von Symptomen. Damit weist *Watzlawick* auf eine zusätzliche Dimension bei der Entstehung neurotischer Symptome hin, ohne die Bedeutung anderer psychologischer Theorien leugnen zu wollen.

Die zentrale These der Kommunikationstheorie besagt, daß Kommunikationsabläufe nicht linear, sondern immer kreisförmig verlaufen. Damit werden die üblichen Fragen nach Ursache-Wirkung, Gegenwart-Vergangenheit oder bewußt-unbewußt von nachrangiger Bedeutung. Bei linearen Kausalketten spricht man sinnvoll von Anfang oder Ende der Kette, bei Systemen mit Rückkoppelung (Kommunikation) ist dies aber bedeutungslos. Jede Verhaltensform kann demnach nur in ihrem zwischenmenschlichen Kontext gesehen werden, und die Begriffe Normalität/Abnormalität verlieren dabei als Eigenschaften von Individuen ihren Sinn. Symptome erscheinen bei isolierter Sichtweise als auffällig und unnormal, im zwischen-

menschlichen Beziehungssystem erweisen sie sich jedoch als ange-
messene und verständliche Verhaltensweisen, die im gegebenen
Kontext sogar optimal sein können. Dies ist zweifellos eine wichtige
Perspektive mit wesentlichen Auswirkungen auf das therapeutische
Geschehen.

Die **Grundannahme** der Kommunikationstheorie lautet deshalb:
Menschliche Kommunikationsprozesse sind regelhaft und können als
Kreissysteme aufgefaßt werden. Systemstörungen sind Verletzungen
der allgemeinen Systemregeln („pragmatische Axiome") und führen
bei chronischem Verlauf zu krankhaften Kommunikationsformen.

Das menschliche Verhalten (= Interaktion, Kommunikation) richtet
sich nach den folgenden Grundregeln („Axiome"):

Regel 1: Man kann nicht nicht kommunizieren

Für Verhalten gibt es kein Gegenteil, d. h. wir können uns nicht nicht
verhalten. Auch das Schweigen, Augen schließen oder ignorieren ist
Verhalten und damit Kommunikation und sagt aus, daß der Betreffende jetzt nichts aussagen will.

Verhalten drückt immer etwas aus, wie folgendes Beispiel zeigt: Eine
Seminarteilnehmerin ist sehr schweigsam und ruhig; sie möchte die
anderen nicht stören und sich nur informieren. Die anderen Gruppenmitglieder erleben sie aber sehr unterschiedlich („Die fühlt sich
wohl als etwas Besseres", „die ist aber dumm", „ist uninteressiert",
„möchte wohl nicht mit uns reden" usw.).

Unser Verhalten hat demnach immer eine Wirkung, auch wenn wir
versuchen, gar nichts zu tun oder zu sagen. Die anderen interpretieren dann dieses „Nichtverhalten" aufgrund ihrer bisherigen Erfahrungen und reagieren entsprechend.

**Regel 2: Jede Kommunikation hat einen Inhalts- und einen
Beziehungsaspekt**

Diese Aufteilung haben wir ja schon angesprochen: Jede Nachricht
enthält einen Inhalt, aber auch stets einen mehr oder weniger deutli-
chen Hinweis, wie diese Information vom Empfänger verstanden
werden soll. Diese Botschaft stellt eine Kommunikation über eine
Kommunikation („Metakommunikation") dar.

Beispiel: Ein Jugendlicher sagt zu einem anderen: „Du bist mir
vielleicht ein blöder Hund!" Dabei lacht er und klopft ihm freundlich
auf die Schulter. Der Angesprochene weiß, daß die Aussage nicht
beleidigend gemeint ist.

Auf der Beziehungsebene wird ausgesagt, wie der Inhalt zu verstehen ist; sie ist der Inhaltsebene demnach übergeordnet.

Im Idealfall sind sich die Partner auf der Inhalts- und der Beziehungsebene einig. Im Extremfall besteht sowohl auf der Inhalts- als auch
auf der Beziehungsebene Uneinigkeit.

Folgende Varianten sind möglich und beobachtbar:

• Die Partner haben auf der Inhaltsebene unterschiedliche Meinungen, verstehen sich aber persönlich gut und akzeptieren die unterschiedlichen Ansichten. Dies ist zweifellos die reifste Form der
Uneinigkeit.

• Die Partner sind sich auf der Inhaltsebene einig, nicht jedoch auf
der Beziehungsebene. Hier besteht die Gefahr, daß die Beziehung
endet, wenn die Übereinstimmung auf der Inhaltsebene nachläßt. So
zerbrechen häufig Ehen, wenn äußere Schwierigkeiten überwunden
sind, durch welche die Partner zur gegenseitigen Unterstützung
gezwungen waren. Auch auf politischer Ebene gibt es hier viele
Beispiele, daß Koalitionen zerbrechen, wenn die gemeinsame Aufgabe bewältigt ist. In diesem Zusammenhang sei auch auf die Gefahr
bei der Behandlung von „Problemkindern" hingewiesen, durch die
Eltern zum gemeinsamen Vorgehen gezwungen werden; der Sym-
ptombesserung beim Kind folgt häufig die Ehekrise.

• Die Vorgänge auf den beiden Stufen werden vermischt; diese
Konfusionen treten auf, wenn die Partner ein Beziehungsproblem
auf der Inhaltsstufe zu lösen versuchen (oder umgekehrt). Man
streitet sich um Lapalien, anstatt zu sagen, daß man über bestimmte
Verhaltensweisen des Partners verärgert ist (*Freuds* „Verschiebung")
oder als typische Äußerung einer solchen Konfusion: „Wenn du mich
lieben würdest, dann würdest du mir nicht widersprechen".

• Besonders schwierig wird es, wenn Wahrnehmungen auf der
Inhaltsebene geleugnet werden müssen, damit eine wichtige Beziehung bestehen bleiben kann. Diese „Doppelbindungen" werden wir
im Zusammenhang mit der paradoxen Kommunikation nochmals
aufgreifen.

Im vorangegangenen Kapitel haben wir schon darauf hingewiesen,
daß es auf der Beziehungsebene zur Definition der eigenen Person
(„So bin ich, so sehe ich mich") kommt. Auf diese Definition reagiert
der Partner entweder durch **Bestätigung** („Ja, so bist Du"), **Verwer-
fung/Zurückweisung** (die Selbstdefinition wird nicht akzeptiert, der
Partner schon) oder **Entwertung/Ignorieren** („Du existierst für mich
überhaupt nicht"). Durch jede dieser Reaktionen teilt B an A mit
„So sehe ich dich", worauf A wieder reagiert. Damit wird das
Selbstwertgefühl des Partners aufgebaut, bestätigt, aber auch in
Frage gestellt und verunsichert. Diese Aspekte werden wir im Kapitel 3.5 vertiefen.

Übungsvorschlag

Lesen Sie die folgende Szene durch – sie dürfte vielen Eltern/ Kindern bekannt vorkommen – und versuchen Sie festzustellen, warum diese Kommunikation gescheitert ist. Diskutieren Sie Ihr Ergebnis mit den anderen Gruppenmitgliedern.

Tochter Barbara, 16 Jahre alt, will die Wohnung verlassen, um sich mit Freunden zu treffen. Ihre Mutter sieht sie und es entwikkelt sich folgender Dialog:

Mutter: „Zieh dir eine warme Jacke an, es ist kalt draußen!"

Tochter (in leicht trotzigem Ton): „Warum, ist doch gar nicht so kalt".

Mutter (leicht ärgerlich): „Aber Bärbel, es sind nicht mal 10 Grad und außerdem ist ein kalter Wind."

Tochter (gereizt): „Schau nur mal aufs Thermometer, es sind sogar gute 11 Grad!"

Mutter (ärgert sich über den unverschämten, rechthaberischen Ton und beschließt die „unfruchtbare" Diskussion zu beenden): „Du hörst, was ich dir sage. Du ziehst jetzt die warme Jacke an!"

Die Tocher verläßt empört über den Befehlston die Wohnung – natürlich ohne Jacke! (nach *Schultz von Thun* 1981).

Bei der Diskussion sollte herausgearbeitet werden, daß die erste Nachricht der Mutter die bekannten vier Botschaften enthält (Ausdruck: Sorge um die Gesundheit der Tochter, Appell: Jacke anziehen, Inhalt: Draußen ist es kalt und Beziehung: Du bist noch ein Kind und kannst alleine nicht die richtige Entscheidung finden). Die Tochter entschlüsselt dieses Nachrichtenpaket mit ihrem „Beziehungsohr", d. h. sie fühlt sich bevormundet und wie ein kleines Kind behandelt. Die anderen Botschaften entschlüsselt sie nicht.

Ihre Ablehnung richtet sich jetzt gegen die Botschaft auf der Beziehungsebene, nicht gegen den Appell (vielleicht wollte sie ja sogar die Jacke anziehen) oder den Inhalt. Sie reagiert aber auf der Inhaltsebene („Ist doch gar nicht kalt draußen"), d. h. sie trägt den Konflikt da aus, wo er eigentlich nicht hingehört: Man streitet sich um minimale Temperaturunterschiede, obwohl es um die Beziehung, um den Wunsch, selbständig eigene Entscheidungen zu treffen, geht. Hätte die Tochter diesen Beziehungsaspekt angesprochen, dann wäre der Konflikt zwar nicht aus der Welt, aber beide würden sich auf der richtigen Ebene auseinandersetzen.

Regel 3: Alle Ergebnisse werden nach Ursache und Wirkung geordnet: Die Interpunktion von Ereignisfolgen

Wir neigen stark dazu, unser Denken durch „Ursache – Wirkung" zu strukturieren, z. B. bei den klassischen Lernexperimenten mit Reiz, Reaktion und Verstärkung. Wenn diese Interpunktionsform von den Beteiligten angenommen wird, dann ist man sich einig und „versteht sich". Kann man sich über die ursächlichen Auslöser aber nicht einigen, dann wird die Beziehung gestört.

Interpunktionen sind abhängig von kulturellen Normen und Einstellungen. „Die Natur einer Beziehung ist durch die Interpunktion der Kommunikationsabläufe seitens der Partner bedingt" (*Watzlawick* 1969, S. 61).

Einige Beispiele für Verstöße gegen diese Regel: Menschliche Kommunikationssysteme sind Rückkoppelungssysteme. Jedes Kommunikationsverhalten ist gleichzeitig Reiz und Reaktion. Die Interpunktion hat einen ordnenden Einfluß. Wenn über die Interpunktion keine Einigkeit besteht, dann entstehen Beziehungskonflikte (z. B. Eheproblem „Nörgeln – Rückzug – Nörgeln – Rückzug – . . ."; auch das Wettrüsten der Großmächte, oder die aktuelle Krise in Jugoslawien kann auf die unterschiedlichen Interpunktionen zurückgeführt werden).

Widersprüchliche Interpunktionen von Ereignisabläufen führen leicht zu Konflikten, die in gegenseitigen Vorwürfen und „Verrücktheitserklärungen" gipfeln. Man kann sich nicht darüber einigen, was Ursache oder Wirkung ist.

Die „Sich-selbsterfüllende Prophezeiung" entsteht als besonderes Phänomen der Interpunktion: Wer z. B. überzeugt ist, daß ihn niemand mag oder schätzt, der wird selbst ein mißlauniges, wütendes und abweisendes Verhalten an den Tag legen, auf das seine Umwelt höchstwahrscheinlich unfreundlich reagiert und damit beweist, daß seine Überzeugung richtig ist. Hier spielen vor allem unsere unüberprüften Phantasien eine entscheidende Rolle.

Der Ausweg aus dieser Situation besteht darin, daß man über die gegenseitige Beziehung und die Phantasien redet („Metakommunikation": Wie gehen wir eigentlich miteinander um?)

Regel 4: Digitale und analoge Kommunikation

Wir können über Gegenstände in unterschiedlicher Weise sprechen, entweder nennen wir klare Fakten/Daten („Alles-oder-Nichts-Prinzip": digitale Information), oder wir verwenden Bilder/Analogien, die Ähnlichkeiten mit dem bezeichneten Gegenstand haben. Eine Fremdsprache, die wir nicht gelernt haben, verstehen wir nicht. Mit der Zeichen- oder Gebärdensprache kommen wir hingegen besser zurecht. Die analoge Kommunikation hat ihre Wurzeln in der frühen Entwicklungsgeschichte des Menschen und besitzt damit allgemeinere Gültigkeit als die viel jüngere verbale (digitale) Sprache. Der Mensch scheint das einzige Lebewesen zu sein, das beide Kommunikationsformen anwendet. Die Informationen auf der Inhaltsebene werden dabei meist digital, die auf der Beziehungsebene vorwiegend analog übermittelt. Immer wenn die Beziehung zum zentralen Thema der Kommunikation wird, verliert die digitale Kommunikation an Bedeutung.

Diese „Zweisprachigkeit" bereitet oft Schwierigkeiten, da wir ständig von der einen in die andere Sprache übersetzen müssen. Jede Übersetzung vom Digitalen ins Analoge beinhaltet aber einen Informationsverlust. Die analoge Kommunikation ist mehrdeutig (z. B. ein Geschenk, eine geballte Faust, ein Lächeln); die digitale ist präziser, beinhaltet aber, wie wir gesehen haben, auch noch eine Reihe von Störquellen, die auf die Beziehungsebene ausstrahlen können.

Bei der Übersetzung digitaler und analoger Kommunikationen können leicht Probleme (Regelverstöße) entstehen: Ein Geschenk kann als Zeichen der Zuneigung, Käuflichkeit oder Wiedergutmachung angesehen werden. Das Ausdrucksgeschehen ist mehrdeutig. Besitzt jemand ein starres Übersetzungsschema, dann können analoge Botschaften leicht falsch entschlüsselt und mißverstanden werden.

Regel 5: Beziehungen beruhen entweder auf Gleichheit oder Ungleichheit der Partner

In komplementären Beziehungen gibt es zwei verschiedene Rollen: Ein Partner übernimmt die primäre, übergeordnete Stellung, der andere die untergeordnete; dies darf nicht mit gut-schlecht, stark-schwach o. ä. verwechselt werden. Beide Partner verhalten sich (ohne Zwang) so, daß das Verhalten des einen (Mutter, Arzt, Seminarleiter) das des anderen (Kind, Patient, Seminarteilnehmer) voraussetzt, gleichzeitig aber auch bedingt. Bei einer „gesunden" Kommunikationsstruktur wechseln symmetrische und komplementäre Interaktionen zwischen den Partnern ab.

Beispiele für Regelverstöße

Beide Interaktionsarten sind für sich störanfällig (symmetrische Eskalation und starre Komplementarität):

Die Tendenz zu mehr Gleichheit führt zur Eskalation, die häufig so lange andauert, bis die Partner einen Punkt körperlicher oder psychischer Erschöpfung erreichen, dem dann eine Zeit des unsicheren Waffenstillstands folgt, bis die nächste Runde beginnt. Bei der Eskalation kommt es meist zu einer Verwerfung, d. h. der Partner wird akzeptiert, nicht aber seine Selbstdefinition: Jeder will siegen, Recht haben und nicht nachgeben.

Störungen der Komplementarität führen häufig zur Entwertung der Selbstdefinition des Partners (Du bist für mich ein Nichts, existierst überhaupt nicht). Mutter und Kind gehören z. B. zusammen, aber die Formen der Beziehung verändern sich im Laufe der Zeit. Bleibt die Beziehungsstruktur starr, d. h. entwickelt sie sich nicht mit dem Kind, dann sind Störungen vorprogrammiert. Dies gilt in übertragener Hinsicht auch für die Beziehung Schüler–Lehrer oder Seminarleiter–Teilnehmer. In komplementären Beziehungen kann eine große Stabilität vorhanden sein, wenn diese Beziehung von beiden Partnern so akzeptiert wird. Die Entwertung eines Partners führt aber auf Dauer gesehen zu krankhaften Störungen.

Ein sehr subtiles Arrangement auf der Beziehungsphase sind die „Kollusionen", durch die man sich von anderen als die Person bestätigen läßt (gut, hilfreich, edel), die man gerne sein möchte. Die Rolle, die der andere spielen muß, um mich wirklich zu machen, ist die Rolle, die er selbst spielen will, um seine eigene Wirklichkeit herzustellen. Diese starre Komplementarität darf sich nicht verändern, um weiterhin perfekt zu sein, wie man es in vielen langdauernden, starren Partnerbeziehungen beobachten kann. So ist – als überzeichnetes Beispiel einer Kollusion – ein Sadist jemand, der zu einem Masochisten lieb ist.

Paradoxe Kommunikation als Störung

Eine Paradoxie ist ein Widerspruch, der sich durch folgerichtige Ableitung aus widerspruchsfreien Prämissen ergibt. Paradoxien in zwischenmenschlichen Beziehungen kommen häufiger vor als man annimmt. Beispiele dafür sind Aufforderungen, wie „sei spontan", „Sei nicht so gehorsam", „Ich möchte, daß du mich mehr beherrschst" oder „Du sollst deine Mutter lieben".

Als eine besondere Form der paradoxen Kommunikation beschreibt *Watzlawick* die Doppelbindungs-Situation („double bind"). Sie ist durch folgendes Arrangement charakterisiert:

• Die beteiligten Personen stehen zueinander in einer sehr engen Beziehung, die für einen oder auch für alle eine sehr starke psychische oder physische Existenzbedeutung hat (z. B. Eltern und Kind, Liebe und materielle Abhängigkeit).

• In diesem Kontext wird eine Mitteilung eingebracht, die zwei Aussagen enthält, die nicht vereinbar sind (= paradoxe Kommunikation).

• Gleichzeitig kann der Empfänger dieser Botschaft nicht über diese Widersprüchlichkeit reden oder sich aus der Beziehung zurückziehen. „Obwohl also die Mitteilung logisch sinnlos ist, ist sie eine pragmatische Realität: Man kann nicht nicht auf sie reagieren, andererseits aber kann man sich ihr gegenüber auch nicht in einer angebrachten (nichtparadoxen) Weise verhalten, denn die Mitteilung selbst ist paradox" (*Watzlawick* 1969, S. 196).

Ein Mensch, der in einer Doppelbindung gefangen ist, läuft demnach Gefahr, für richtige Wahrnehmungen bestraft und darüber hinaus als bösartig oder verrückt bezeichnet zu werden, wenn er angibt, daß ein Unterschied zwischen dem, was er wahrnehmen „sollte" und dem, was er tatsächlich wahrnimmt, besteht. Gefährlich und pathogen wird diese Situation vor allem, wenn sie zu einer chronischen Erscheinung und zu einer gewohnheitsmäßigen Erwartung wird. Dies gilt natürlich verstärkt für Doppelbindungen in der Kindheit.

Doppelbindungen sind demnach paradoxe Handlungsaufforderungen, die in Systemen auftreten, die komplementär organisiert sind und denen sich der Betroffene nicht entziehen kann. Darin besteht auch der wichtigste Unterschied zu einer widersprüchlichen Handlungsvorschrift, bei der man eine Alternative wählen muß, die andere dabei verliert. Bei der Doppelbindung ist eine Wahl nicht möglich!

Die Doppelbindung verursacht aber nicht Schizophrenie! Man kann lediglich sagen, daß dort, wo Doppelbindungen zur zentralen Beziehungsstruktur werden, das Verhalten der betroffenen Person dem klinischen Bild der Schizophrenie entspricht.

Übungsvorschlag

Der folgende Szenenausschnitt (nach *Loriot*) zeigt gewisse Kommunikationsstörungen. Bitte versuchen Sie diese Störungen mit Hilfe der Kommunikationstheorie zu erklären.

„Bürgerliches Wohnzimmer: der Hausherr sitzt im Sessel, hat das Jackett ausgezogen, trägt Hausschuhe und döst vor sich hin. Seine Frau ist in der Küche sehr aktiv (Geschirrklappern usw.). Folgender Dialog entsteht:

SIE:	**ER:**
„Herrmann??!!	Ja.
Was machst Du?	Nichts.
Nichts?! Wieso nichts?	Ich mache nichts!
Gar nichts?	Nein, gar nichts!
Überhaupt nichts?	Nein,... ich sitze hier
Du sitzt da?	Ja...
Aber irgendetwas machst Du doch?!	Nein... (Pause).

Denkst Du irgendwas?	Nichts Besonderes.
Geh doch mal spazieren!	Nein…, nein.
Ich bringe Dir den Mantel!	Nein, danke.
Aber ohne Mantel ist es doch zu kalt!	Ich geh ja nicht spazieren.
Aber eben wolltest Du doch noch!	Nein, Du wolltest, daß ich spazieren gehe.
Ich?, Mir ist es doch ganz egal, ob Du spazieren gehst…!	Gut…
Ich meine nur, es könnte Dir nichts schaden, wenn…	Nein, schaden sicher nicht
Also, willst Du nun?	Nein, ich möchte sitzen und…
Du kannst einen ja wahnsinnig machen!!!	Ach…!"

3.5 Das Selbstbild als „Feed-back"-Ergebnis

Im Alltag beobachten wir laufend Reaktionen der anderen auf unser Verhalten: Man nickt uns zu, sieht an uns vorbei, lacht, zieht die Stirn in Falten, stöhnt, lobt, kritisiert usw. Diese Rückmeldung geschieht häufig nonverbal, zeigt aber, was der andere von unserem Verhalten (anscheinend) hält. Geschehen diese Rückmeldungen – die Lernpsychologen bezeichnen sie als Verstärkungen – übereinstimmend und regelmäßig, dann lernen wir mit der Zeit, wer wir eigentlich sind. Das Feed-back ist demnach die Grundlage sozialer Lernprozesse und damit für die Arbeit mit und in Gruppen von zentraler Bedeutung.

Unser Selbstbild (Selbstkonzept, Selbsteinschätzung) hängt jetzt nicht davon ab, wie andere uns wirklich sehen, sondern davon, wie wir glauben, daß die anderen uns sehen, d. h. wie wir ihre Reaktionen (in unserer Phantasie) bewerten und erleben! Dadurch sind im Alltag natürlich Mißverständnisse vorprogrammiert. Wir reagieren dann nicht mehr auf das Verhalten des anderen, sondern auf die Phantasien, die wir mit diesem Verhalten verbinden: So wird ein alter Freund nicht besucht, weil wir glauben, ihn vielleicht zu stören, während er in Wirklichkeit seit Wochen auf ein Zeichen von uns wartet.

Durch die Art, wie wir mit diesen Phantasien umgehen, beeinflussen wir die Beziehungen zu Gesprächspartnern und Gruppenmitgliedern. Die Phantasien entstehen immer im eigenen Kopf und können mehr oder weniger zutreffen oder sogar vollkommen falsch sein. Es gibt jetzt zwei Möglichkeiten mit diesen Phantasien umzugehen:

• Ich bin von ihnen überzeugt, spreche nicht darüber, aber verhalte mich ihnen entsprechend.

• Ich versuche sie in der Realität zu überprüfen, d. h. ich versuche mit dem Betreffenden ein offenes Gespräch und melde ihm zurück, wie sein Verhalten gewirkt hat.

Bin ich nun von den eigenen Phantasien überzeugt und gebe darüber keine Rückmeldung, dann isoliere ich mich. Damit baue ich um mich einen Käfig der gegen die anderen abschirmt und die eigenen Phantasien konserviert. Sie können dann nicht mehr korrigiert werden, beeinflussen unsere (selektive) Wahrnehmung und entwickeln eine Eigendynamik, die zur „Sich-Selbst-erfüllenden-Prophezeihung" wird:

So wird ein Chef, der überzeugt ist, daß alle Angestellten sich von der Arbeit drücken wollen und an allem Möglichen, nur nicht an der Arbeit interessiert sind, seine Mitarbeiter streng führen, dauernd überwachen und keine verantwortlichen Arbeiten an sie delegieren. Dies führt dazu, daß die Mitarbeiter sich autoritär behandelt fühlen, mißmutig werden, keine Eigeninitiative mehr entwickeln und jede Möglichkeit nützen, der unangenehm gewordenen Arbeit zu entgehen. Ist ein Chef hingegen überzeugt, daß Mitarbeiter sich auch am Arbeitsplatz weiter entwickeln wollen, daß sie bereit sind, Verantwortung zu übernehmen und mitzudenken, dann führt dieses Arbeitsklima dazu, daß sie auch ohne Kontrolle ihre Aufgaben selbständig erledigen und die Vorstellung des Chefs bestätigen.

Wir können aber auch mit dem jeweiligen Partner über unsere Phantasien und Bedenken reden und damit die Isolation vermeiden. Dabei merken wir sehr schnell, daß dadurch bestehende Spannungen und Unsicherheiten abgebaut werden. Auch bei negativer Rückmeldung wird die Kommunikation offener und freier, weil unausgesprochene Phantasien die Beziehung belasten und verkrampfen. Niemand kann wissen, wie der andere auf das eigene Verhalten reagiert; nur durch Rückmeldung kann hier Klarheit entstehen.

Schulz von Thun (1981, S. 77) beschreibt dies treffend: „Phantasien über innere Vorgänge eines Gesprächspartners können entweder zum Bau von Käfigen oder aber als Kontaktbrücken benutzt werden".

Um eine offene Kommunikation zu ermöglichen und Mißverständnisse zwischen Gruppenmitgliedern zu vermeiden ist es demnach wichtig, die individuellen Phantasien und Interpretationen anzusprechen, d. h. dem Partner ein direktes, klares Feed-back zu geben. Der mögliche Umfang und die Tiefe dieser Rückmeldung ist allerdings vom gegenseitigen Vertrauen und der Gruppenreife abhängig.

Übungsvorschlag

Aufteilung der Gruppe in Paare. Beim Paarinterview besprechen zwei Gruppenteilnehmer die Gruppenvorgänge und ihr Verhalten in der letzten Sitzung.

Die folgenden Fragen sollten vorgegeben werden:
1. Wie hat sich der Partner in der letzten Sitzung gefühlt?
2. Wie hat er sich nach seiner Meinung verhalten?
3. Wie passen sein Verhalten und seine Gefühle zueinander?
4. Welche Probleme existieren für ihn in der Gruppe?

Der Partner erhält folgende Rückmeldung:
1. Wie haben Sie sein Verhalten gesehen?
2. Wie glaubten Sie, hat er sich gefühlt?
3. Welchen Eindruck hat er auf Sie gemacht?
4. Welche Probleme glaubten Sie, hat er in der Gruppe?

Fragen Sie möglichst so lange, bis Sie auch wirklich die Gefühle und Sichtweise des anderen verstanden haben.

Regeln für das Geben von Feed-back

Das Feed-back soll
- erbeten sein, nicht aufgezwungen werden
- möglichst unmittelbar dem beobachteten Verhalten folgen
- beschreibend und nicht bewertend sein
- als Ich-Botschaft formuliert werden
- an den Bedürfnissen und der Belastbarkeit des Empfängers ausgerichtet sein
- hilfreich sein, d. h. sich auf Verhalten beziehen, das verändert werden kann
- keinen Unfehlbarkeitsanspruch beinhalten
- offen und echt wirken
- umkehrbar formuliert sein
- keinen Veränderungszwang beinhalten
- die Gefühle des Senders beim Feed-back beinhalten

Regeln für das Empfangen von Feed-back

Der Empfänger soll
- Feed-back nur annehmen, wenn er sich dazu in der Lage fühlt
- konkret angeben, über welches Verhalten er Feed-back möchte
- aktiv der Rückmeldung zuhören, nachfragen und klären
- nicht diskutieren, argumentieren oder sich rechtfertigen
- dem Sender sagen, wie er das Feed-back erlebte (hilfreich, verletzend . . .)

Die Regeln orientieren sich – dies hat der aufmerksame Leser/ Gruppenteilnehmer sicher schon bemerkt – an unseren Ausführungen zur Reaktion auf Beziehungsstörungen.

Die Rückmeldungen im Alltag sind meist spontan, nonverbal, unbewußt und mehrdeutig. Das direkte Feed-back ist eindeutig, klärt bestehende Beziehungen und zeigt die Bereitschaft zu offener Partnerschaft. Damit öffnet es auch die Chance, das Selbstbild aber auch das Fremdbild weiter zu differenzieren, zu objektivieren und individuelles Wachstum zu ermöglichen.

Das „*Johari*-Fenster" – benannt nach *Joe Luft* und *Harry Ingham* – stellt die Veränderungen des Selbst- und Fremdbildes im Verlauf einer Gruppenentwicklung (mit Feed-back) dar: Das Johari-Fenster ist ein Quadrat, das in vier Rechtecke A, B, C, D eingeteilt ist. Wie aus Abbildung 8 zu erkennen, bezeichnet die Basis das Selbstbild, also die Aspekte der eigenen Person, die dem Selbst bekannt bzw. nicht bekannt (unbewußt) sind. Durch die Senkrechte des Quadrats werden die Persönlichkeitseigenschaften symbolisiert, die der Öffentlichkeit, z. B. den Gruppenmitgliedern bekannt/unbekannt sind (Fremdbild). Die einzelnen Fensterflügel bezeichnen demnach ganz bestimmte Sichtweisen unserer Person, die uns und anderen mehr oder weniger bekannt sind.

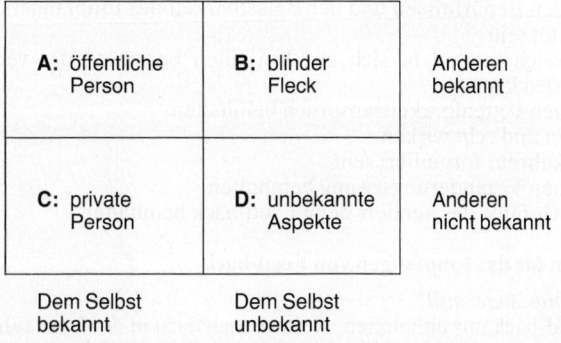

Abb. 8 Das „Johari-Fenster" (nach *Luft* 1971).

A beinhaltet den Teil unserer Person, der sowohl uns als auch den anderen bekannt ist: die öffentliche Persönlichkeit. Er bezieht sich auf die Verhaltensweisen, die wir offen und frei zeigen, bei denen wir nichts verbergen wollen (z. B. Vorstellungsrunde, Bewerbungsunterlagen).

B ist in unserem Verhaltensfenster der „blinde Fleck": Andere wissen durch ihre Beobachtungen oft mehr über uns, als wir uns selbst eingestehen. Dieser Bereich enthält alle unsere unbewußten Gewohnheiten, Vorurteile und Wünsche, die andere bemerken, wir selbst aber vor unserem Bewußtsein abschotten. Wir sind meist sehr erstaunt, überrascht und manchmal auch verärgert, wenn andere uns auf diese Verhaltensweisen aufmerksam machen und uns damit „die Augen öffnen".

C entspricht dem Bereich der „privaten Person", also unserem Denken und Handeln, das wir anderen nicht gerne offenbaren; hier liegen unsere „empfindlichen Stellen", unsere geheimen Wünsche und Schwächen, die wir gerne für uns behalten wollen.

D ist der Bereich des Unbewußten, der uns selbst, aber auch den anderen nicht bekannt ist. Hier tummeln sich vorwiegend die Tiefenpsychologen, für die konkrete Gruppenarbeit ist der Bereich weniger bedeutsam.

Die Situation zu Beginn einer neuen Gruppe kann man mit diesem Modell so darstellen, daß der Bereich des freien Handelns (A) klein ist und die Bereiche B (blinder Fleck, Fremdbild) und C (private Person) dominieren. Mit Hilfe der Feed-back-Prozesse kann bei der Arbeit in Gruppen erreicht werden, daß der Flügel A sich vergrößert, B und C verkleinert werden und der Bereich des freien Handelns des einzelnen deutlich erweitert wird.

Um den Freiraum A zu vergrößern, muß ich bereit sein, andere über mich zu informieren, den anderen Feed-back zu geben, private Gefühle und Gedanken preiszugeben und auch Feed-back von anderen zu fordern und anzunehmen. Wie tiefgehend dies möglich ist, hängt vom Vertrauen des einzelnen zu den Mitgliedern der Gruppe ab.

Es gilt: Nur wenn ich Informationen von mir preisgebe und über mich einhole, kann ich den Raum meines freien Handelns erweitern. Verhalte ich mich in gleicher Weise auch gegenüber den anderen, d. h. gebe ich ihnen Rückmeldung und bitte ich um Informationen, dann wird die Beziehung offener und vertrauensvoller.

Übungsvorschlag

Eine klassische Feed-back-Übung in Gruppen ist der „heiße Stuhl". Dabei soll jeder in der Gruppe die Möglichkeit erhalten, anderen positive und negative Rückmeldungen zu geben, bzw. diese Rückmeldung von anderen zu erhalten. Wer von den Gruppenteilnehmern Feed-back haben möchte, setzt sich auf den leeren Stuhl, der im Zentrum des Stuhlkreises steht und sagt zu den anderen, daß er von ihnen hören möchte, was ihnen von seinem bisherigen Verhalten in der Gruppe gefällt bzw. nicht gefällt.

Diejenigen, die ihm Rückmeldung geben wollen, stehen auf und treten vor den Empfänger hin und geben nacheinander ihre Rückmeldung. Die Entfernung zum Heißen Stuhl können sie selbst bestimmen. Der Teilnehmer auf dem heißen Stuhl hört sich alle Rückmeldungen schweigend an. Wenn keine Gruppenmitglieder mehr kommen, kann der Empfänger des Feed-backs Gruppenmitglieder, die noch nichts gesagt haben, bitten, ihm noch Rückmeldung zu geben. Hat er genügend Feed-back erhalten, dann sollte er sich für die Rückmeldung bedanken und seine momentane Situation schildern. Anschließend können andere Teilnehmer auf den „Heißen Stuhl".

Wichtig bei dieser Übung ist, daß zwei selbständige Partner aufeinandertreffen; der eine hat die Freiheit die Dinge zu sagen, die er gesehen und erlebt hat, der andere, sich die Rückmeldung anzuhören, um dann zu entscheiden, was er damit anfangen will.

Auch für den Seminarleiter ist es sehr wichtig, Rückmeldung von den Teilnehmern zu erhalten. Dazu kann er einerseits die ablaufenden verbalen und nonverbalen Prozesse beobachten und ansprechen, er sollte andererseits in regelmäßigen zeitlichen Abständen systematisch ein Feed-back erheben. Zu diesem Zweck sind eine Reihe skalierter Fragebögen entwickelt worden (siehe *Antons* 1992), deren Auswertung allerdings meist zeitaufwendig und nicht immer effektiv ist. Wir werden im Kapitel 7 einige praktikable Methoden vorstellen.

4 Spezielle Aspekte der Gruppendynamik

Nachdem wir die grundlegenden Prozesse Kommunikation und Interaktion analysiert und in ihren Auswirkungen auf die Wahrnehmung und das Selbstbild betrachtet haben, konzentrieren wir uns in diesem Kapitel auf spezielle Gruppenphänomene wie Gruppenvorteil, Konformitätsdruck, Kooperation, Konflikt, Führungsverhalten, Gruppenstruktur, Gruppenatmosphäre und Risikobereitschaft. Auch hier werden die Inhalte durch Übungen ergänzt, so daß der Leser sie in der Gruppe nachvollziehend erleben kann.

4.1 Die Leistungsvorteile der Gruppe

Wenn es die Gruppe nicht geben würde, dann müßten wir sie erfinden, da in ihr Ergebnisse erzielt werden können, die der individuellen Leistung der einzelnen Gruppenmitglieder überlegen sind. Dieser Gruppenvorteil tritt jedoch nur auf, wenn wir gewisse Regeln beachten. Wir versuchen dies mit einer einfachen Wahrnehmungsübung zu demonstrieren.

Übungsvorschlag

Betrachten Sie Abbildung 9 und versuchen Sie möglichst alle Dreiecke, die in der Figur enthalten sind, zu finden; notieren Sie sich die Anzahl der gefundenen Dreiecke. Suchen Sie sich dann ein oder zwei Partner, die dieselbe Aufgabe auch schon für sich gelöst haben und diskutieren sie über ihre Vorgehensweise und ihre Ergebnisse. Wieviele Dreiecke sehen Sie jetzt als „Gruppe"?

Bei der anschließenden Diskussion sollte herausgearbeitet werden, daß der Gruppenvorteil – die Gruppe erzielt ein besseres Ergebnis als jeder einzelne – nur dann sicher erzielt wird, wenn die folgenden Regeln eingehalten werden:

Regeln für den Gruppenvorteil

• Die Gruppenmitglieder sollen motiviert sein, die Fragestellung miteinander zu beantworten.

• Jedes Gruppenmitglied muß sich zuerst allein, also völlig unabhängig von den anderen, um die Problemlösung bemühen.

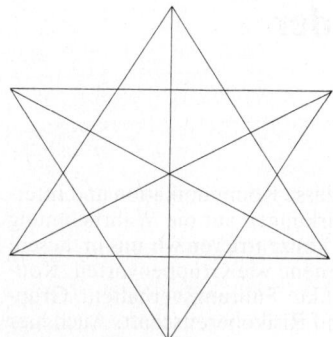

Abb. 9   Wieviele Dreiecke sind in dieser Figur enthalten?

• Über die einzelnen Ergebnisse muß anschließend ausführlich diskutiert werden, so daß die anderen das Vorgehen nachvollziehen können. Jeder muß seine Gedanken einbringen und jeder muß auch dem anderen „aktiv zuhören".

• Die Lösungen der einzelnen müssen akzeptiert werden; dies gilt auch für die vermeintlich „schwächeren" Gruppenmitglieder, deren Fragen Erklärungen herausfordern, die häufig eine neue Sichtweise öffnen.

• Die Gruppenlösung sollte von allen Mitgliedern getragen werden können (wenn möglich keine Abstimmung).

(Abbildung 9 enthält übrigens 56 Dreiecke).

Nachdem die Regeln erarbeitet worden sind, kann man mit der Gruppe eine schon etwas schwierigere Übung angehen

---

Übungsvorschlag

Sie erhalten jetzt eine Aufgabe (nach *Dantscher* 1977), bei deren Lösung Sie sicher überfordert sein werden. Es geht nämlich darum, die Entfernung verschiedener Städte nach Nürnberg zu schätzen (Luftlinie). Auch diese Übung sollen Sie in der ersten Phase in Einzelarbeit und anschließend in der Gruppe (3 bis 6 Teilnehmer) durchführen. Das Aufgabenblatt und die genaue Instruktion finden Sie auf der nächsten Seite (Abb. 10).

Bilden Sie bitte eine Rangreihe der Entfernungen (Luftlinie) zwischen Nürnberg und den in der Liste aufgeführten Städten. Die Stadt, die von Nürnberg nach Ihrer Meinung am weitesten entfernt liegt, erhält den Rangplatz 1 usw., so daß die Stadt, die Nürnberg am nächsten liegt, den Platz 11 erhält. Diese Rangplätze tragen Sie bitte in die Spalte „Rangplätze Einzelarbeit" ein. Wenn Sie alle Rangplätze verteilt haben, dann kreuzen Sie bitte bei der Skala „Leistung geschätzt" den entsprechenden Skalenpunkt an: 7 würde bedeuten, daß Sie glauben alle Rangplätze richtig zu haben, 4, daß Sie etwa die Hälfte richtig haben und 1, daß Sie glauben alles total verkehrt zu haben. Kreuzen Sie dann noch auf der nächsten Skala an, wie Sie sich bei der Arbeit gefühlt haben.

Anschließend bearbeiten Sie die Aufgabe in der Gruppe nach den Regeln für den Gruppenvorteil; diskutieren sie die Gruppenlösung wirklich aus. Wenn die Gruppenlösung feststeht, dann kreuzt jeder Teilnehmer für sich allein die Skalen „Leistung geschätzt" und „Arbeitsatmosphäre" an.

	Rangplätze Einzelarbeit	oR	D	Rangplätze Gruppenarbeit	oR	D
Zürich						
Kiel						
Brüssel						
Kempten						
Leipzig						
Mailand						
Prag						
Düsseldorf						
Straßburg						
Wien						
Wuppertal						
	Summe:			Summe:		

Leistung geschätzt:
```
          ---              +++
          1--2--3--4--5--6--7        1--2--3--4--5--6--7
```

Arbeitsatmosphäre:
```
          ---              +++
          1--2--3--4--5--6--7        1--2--3--4--5--6--7
          unange-          sehr
          nehm             angenehm
```

Abb. 10   Arbeitsblatt zur Übung „Entfernungen schätzen".

Erst nach Bearbeitung der Übung weiterlesen! Die Auswertung wird in der Gruppe durchgeführt. Zuerst schreiben die Teilnehmer die richtige Lösung in die Spalte oR („objektive Rangreihe"). Sie lautet von oben (Zürich) nach unten (Wuppertal): 7-1-2-11-10-3-9-5-8-4-6. Anschließend bestimmt jeder die Differenz zwischen dem eigenen und dem objektiven Rangplatz und trägt diese Differenz in die Spalte D ein, ohne das Vorzeichen zu berücksichtigen und zählt diese Differenzen zusammen („Summe"). In gleicher Weise wird das Gruppenergebnis ausgewertet. Die weitere Auswertung wird gemeinsam an der Tafel oder am Flip-Chart nach folgendem Schema durchgeführt (Tab. 2). In diesem Schema ist ein „typisches" Ergebnis eingetragen:

Bei der Diskussion der Ergebnisse kann normalerweise herausgearbeitet werden, daß die Ergebnisse der Gruppenarbeit besser sind als die individuellen Leistungen und daß die Atmosphäre als angenehmer aber auch erfolgreicher erlebt wird.

Sollte das Gruppenergebnis schlechter ausfallen, dann ist die Ursache zu erforschen; sie liegt meist in der Dominanz einzelner Teilnehmer und in der Zurückhaltung anderer, d. h. an „Regelverletzungen".

Im Anschluß an die Auswertung sollte der Bezug zu alltäglichen Aufgaben hergestellt werden.

Hofstätter (1986) gliedert die Leistungsvorteile der Gruppe auf in den Vorteil vom

• Typus des Hebens und Tragens, bei dem es zu einer annähernden Addition der individuellen Kräfte kommt, wenn ein Gruppenmit-

Tabelle 2   Auswertungsschema zur Übung „Entfernungen schätzen".

Summe der Einzelarbeiten:	48,	36,	28,	37,	32,	36
Summe bei der Gruppen- arbeit:			22			
Leistung geschätzt: Einzelarbeit Gruppenarbeit	2, 5,	2, 4,	3, 6,	3, 4,	2, 5,	4 7
Arbeitsatmosphäre: Einzelarbeit: Gruppenarbeit:	2, 4,	3, 6,	1, 5,	2, 3,	2, 3,	4 6

glied die Koordination des Krafteinsatzes übernimmt. Damit kann die Gruppe Leistungen vollbringen (Heben schwerer Gegenstände usw.), die der einzelne nicht hätte bewältigen können.

• Typus des Suchens und Findens: Die Gruppenmitglieder stehen vor einem schwierigen, objektiv aber lösbaren Problem, wie wir es bei unseren letzten beiden Übungen vorliegen hatten. Die Probleme können in der Gruppe besser und zufriedenstellender gelöst werden, wenn jeder nur etwas Richtiges einbringt. Diese Allwissenheit wird allerdings durch die auftretenden Kommunikations- und Akzeptierungsschwierigkeiten in den erforderlichen Großgruppen begrenzt.

• Typus des Bestimmens, bei dem die Gruppe das anstehende Problem nicht objektiv lösen kann. Dies mag daran liegen, daß die Gruppe überfordert ist oder es gar keine objektive Problemlösung gibt. Die Gruppe einigt sich auf eine subjektive Lösung, auf eine Norm, die für ihre Mitglieder als verbindlich betrachtet wird (z. B. Religion, Einehe, Aufrüstung, Bedrohung durch Kernkraftwerke, Asylbewerber usw.). Diese Lösungen sind zweifellos Meinungen und Vorurteile; ihr Gruppenvorteil liegt darin, daß der einzelne seine Unsicherheit gegenüber dem bestehenden Problem verliert und sich mit seiner Lösung akzeptiert fühlt. Dieser Gruppenvorteil dürfte im Alltag am häufigsten vorkommen.

Daneben existiert noch der Leistungsvorteil vom „Typus des Wettstreits", der darin besteht, daß die meisten Menschen in einer Wettbewerbssituation oder auch nur unter Beobachtung aktiviert werden und meist bestrebt sind, ihre Leistung zu verbessern.

Als letzten Aspekt können wir noch den emotionalen Gruppenvorteil anführen, der darin besteht, daß die Mitglieder ein Gefühl der Zusammengehörigkeit und Sicherheit entwickeln.

4.2 Gruppennormen und Konformitätsdruck

Natürlich kommt es nicht immer zum Leistungsvorteil. Oft wird auch die objektive Gruppenleistung nach dem Sprichwort „Viele Köche verderben den Brei" verschlechtert. Dabei sind meist der Gruppen- und Autoritätsdruck, das Austragen von emotionalen Spannungen auf der Inhaltsebene, Sympathieeffekte oder der Einfluß von Dauerrednern Schuld daran, daß die Bedingungen für den Gruppenvorteil nicht realisiert werden können. Einige Experimente sollen dies veranschaulichen:

Bei *Sherifs* (1935) Experiment zum „autokinetischen Phänomen" handelt es sich um den Einfluß des sozialen Kraftfeldes auf individuelle Einstufungen bzw. Meinungen zu einem ganz bestimmten Ereignis. Unter dem autokinetischen Phänomen versteht man den Sachverhalt, daß ein kleiner und schwacher Lichtpunkt, der in einer unbekannten Entfernung für eine kurze Zeit dargeboten wird, sich zu bewegen scheint. Dies liegt daran, daß unsere Augenachsen auch bei intensiver Anstrengung nie völlig ruhig bleiben. Deshalb scheint sich dieser schwache Lichtpunkt – obwohl er objektiv fixiert ist – subjektiv zu bewegen.

Die Versuchsteilnehmer haben nun nicht die Möglichkeit zu erkennen, daß der Lichtpunkt fixiert ist, sie wissen auch nicht genau in welcher Entfernung er im verdunkelten Versuchsraum erscheint, und sie müssen nun in mehreren Einzelversuchen schätzen, wie viele cm der Lichtpunkt sich bewegt haben dürfte. Nach den Einzelschätzungen werden die Teilnehmer in Dreiergruppen eingeteilt. Nun werden die individuellen Schätzungen nicht diskutiert, sondern jeder spricht seine Schätzung laut und deutlich aus. Nach einigen Wiederholungen dieses Versuchsdurchgangs zeigt sich eine deutliche Annäherung der geäußerten Urteile in Richtung auf einen gemeinsamen Bezugspunkt, d. h. es bildet sich eine Norm bezüglich der Bewegung des Lichtpunktes. Diese Norm ist nun nicht einfach das arithmetische Mittel der Einzelbewertungen, sondern entspricht nach *Hofstätter* (1986, S. 66 f) dem harmonischen Mittel. Wesentlicher ist allerdings, daß die gemeinsame Norm (das Vorurteil) auch nach einer längeren Pause, in der neutralisierende Rechenaufgaben zu erledigen waren, verhaltensbestimmend wirkt. Bei den anschließenden Einzelschätzungen orientierten sich die Teilnehmer an dieser Norm.

Bei diesem Experiment baute sich – obwohl die Personen nebeneinander und nicht miteinander arbeiteten – ein soziales Kraftfeld auf, das dem einzelnen seine Unsicherheit bezüglich eines beobachteten Phänomens nahm. Es handelt sich demnach um eine Variante des Gruppenvorteils vom Typus des Bestimmens. Man fand zwar nicht die richtige, aber eine subjektiv befriedigende und beruhigende Lösung.

In funktionierenden Gruppen besteht ein starker Konformitätsdruck auf die Meinungen der Gruppenmitglieder; er kann es verhindern, daß richtige Ideen sich durchsetzen. Dies zeigt sich sehr schön in dem „klassischen" Experiment von *Asch* (1952, 1956). Die Versuchsteilnehmer hatten dabei leichte Aufgaben zu lösen: Sie sollten aus drei unterschiedlich langen Linien diejenige heraussuchen, welche mit einer Standardlinie identisch ist. Im Einzelversuch arbeiteten die Probanden praktisch fehlerfrei. Läßt man die Versuchsteilnehmer ihre Lösung zusammen mit mehreren „instruierten" Teilnehmern machen (die absichtlich Fehler nennen), dann werden die „naiven" Teilnehmer verunsichert und ihre Fehlerzahl steigt deutlich an.

Dabei erwies sich die Größe des Gruppenkonsensus als wichtiger Faktor. Bestand die Gruppe aus einem „instruierten" und einem „naiven" Teilnehmer, dann blieb der Proband unbeeinflußt. Hatte er zwei oder drei Teilnehmer gegen sich, dann stieg die Konformitätsbereitschaft deutlich an, stagnierte aber bei noch mehr „Gegnern". Wurde in die Gruppe ein Partner eingeführt, der konsequent die richtigen Antworten gab, dann neutralisierte dieser den vorher so mächtigen Gruppendruck.

Crutchfield (1955) hat ein ähnliches Experiment zum Konformitätsdruck durchgeführt. Bei seiner Versuchsanordnung sitzen jeweils fünf Versuchsteilnehmer, durch Sichtblenden voneinander getrennt, vor Signaltafeln, auf denen sie die Reaktionen und Einstellungen der anderen vier Teilnehmer ablesen und die eigene Haltung anzeigen können. Die zu beurteilenden Vergleichsreize oder Statements werden auf eine Leinwand projiziert. In Wirklichkeit stehen die Signaltafeln aber nicht miteinander in Verbindung, wie die Teilnehmer annehmen, sondern werden vom Versuchsleiter manipuliert.

Die Reihenfolge, in welcher die Teilnehmer ihre Antwort gaben, wechselte systematisch, so daß man für jeden einzelnen ein Konformitätsmaß bestimmen konnte. Auch bei diesem Experiment war das Ausmaß des Konformitätsverhaltens erstaunlich hoch. Bei leichten Wahrnehmungsaufgaben und einfachen Rechenaufgaben lassen sich 30 Prozent beeinflussen. Erscheint die Rechenaufgabe sehr kompliziert, dann werden 80 Prozent dazu verleitet eine offenkundig unlogische Lösung zu akzeptieren, auf die sich der Rest der Gruppe angeblich geeinigt hat. Auch bei persönlichen Aussagen zeigte sich der Konformitätsdruck: So hielten sich im Einzelversuch z.B. alle untersuchten Offiziersanwärter für einen guten Führer; unter Gruppendruck änderten 37 Prozent ihre Meinung.

Die Untersuchungen zur Konformität erbrachten insgesamt folgende Ergebnisse:

• Gruppendruck bewirkt eindeutig ein Nachgeben beim einzelnen Teilnehmer, das er ohne diesen Druck nicht zeigen würde.

• Je schwieriger die Problemsituation, desto größer ist die Konformitätsbereitschaft.

• Je bedeutsamer die Problemsituation für den Betroffenen, desto stärker hält er an den eigenen Ansichten fest.

• Je größer der Gruppenzusammenhalt (Uniformitätsdruck, Bedrohung von außen) ist, umso höher ist der Konformitätsgrad.

• Zwischen Status und Konformitätsverhalten besteht eine kurvilineare Beziehung: Personen mit mittlerer Statushöhe zeigen die größte Konformitätsbereitschaft.

• Bei allen Untersuchungen zeigen sich große individuelle Unterschiede zwischen den Versuchsteilnehmern, wobei die individuell gezeigte Konformitätsneigung in den Untersuchungen weitgehend konstant blieb.

Andere Experimente zeigen, daß der Konformitätsdruck die Gruppenentscheidungen stark beeinflußt und den Gruppenvorteil vom Typus des Suchens verhindert. Es kommt zum „Gruppendenken", einem Phänomen, das *Janis* (1972) durch die Analyse von politischen Fehlentscheidungen erhellen konnte. Er wertete zu diesem Zweck eine Reihe historischer Aufzeichnungen zu politischen Entscheidungen aus, die sich später als fehlerhaft herausstellten. Diese schwerwiegenden Entscheidungen wurden in Gruppen getroffen, die das Gefühl hatten loyal in einer kritischen, „aufgeheizten" Atmosphäre zusammenhalten zu müssen. Die Autoren (*Janis* 1972, *Janis & Mann* 1977) beschreiben die Situationen, in denen das Gruppendenken beobachtet wurde wie folgt: Es besteht eine hohe Solidarität und Konformitätszwang; man ist zu höherem Risiko bereit und lehnt widersprüchliche Argumente ab.

Kampf dem „Gruppendenken": Die Janis-Regeln

Janis schlug der amerikanischen Regierung vor, die folgenden Regeln bei schwerwiegenden Gruppenentscheidungen zu beachten, um ein „Gruppendenken" zu verhindern:

• Der Gruppenleiter sollte ausdrücklich zur Kritik auffordern.

• Der Leiter und andere einflußreiche Mitglieder sollten ihre Meinung anfangs zurückhalten und erst die anderen sprechen lassen.

• Günstig ist es, wenn bei wichtigen Entscheidungen zwei Gruppen unabhängig voneinander einen Entscheidungsvorschlag ausarbeiten, der dann der Gesamtgruppe unterbreitet wird.

• Alle Gruppenmitglieder sollen aufgefordert werden, die Entscheidungsprobleme mit anderen Personen, die nicht in der Entscheidungsgruppe sind, zu diskutieren.

• Außenstehende sollen aufgefordert werden, ihre Auffassungen unabhängig von der Gruppe zu entwickeln und einzubringen.

• Ein Gruppenmitglied sollte bewußt die Gegenposition zur Gruppenmehrheit beziehen.

• Die Gruppe sollte sich zwischendurch in Kleingruppen aufteilen, die unabhängig voneinander zentrale Fragen bearbeiten.

• Wenn sich die Gruppe auf eine Lösung geeinigt hat, dann sollte das Ergebnis bewußt noch einmal in Frage gestellt werden.

Diese Empfehlungen überschneiden sich mit unseren Regeln zum Gruppenvorteil und ergänzen sie.

Als Abschluß des Themas Konformitätsdruck sollen die bekannten, aber in ihren Ergebnissen noch immer bedrückenden Experimente von *Milgram* (1974) dargestellt werden. Sie haben – ähnlich wie das Stanford-Gefangenen-Experiment – eine Verbindung zu weiteren Themenkreisen (Gehorsam, Aggression, Rollendruck), veranschaulichen aber auch sehr gut die Bedeutung des sozialen Kraftfeldes im allgemeinen und des Gruppendrucks im besonderen.

Milgram (ein ehemaliger Mitarbeiter von *Asch*) suchte über Zeitungsanzeigen freiwillige Versuchsteilnehmer, die bereit waren, für ein Honorar, bei einer Untersuchung über den Zusammenhang zwischen „Bestrafung und Lernen" mitzumachen. Es meldeten sich ungelernte Arbeiter, Angestellte, Geschäftsleute, freiberuflich Tätige usw., die im Alter zwischen 20 und 50 Jahren waren. Bei den Experimenten gab es einen verantwortlichen Versuchsleiter und ein „Lernopfer", dessen Rolle von einem Buchhalter, den die meisten als liebenswert und freundlich erlebten, übernommen wurde. Zu Untersuchungsbeginn trafen sich das „Lernopfer" und der freiwillige, „naive" Teilnehmer im Warteraum des Instituts. Anschließend wurde zwischen ihnen „ausgelost", wer die Rolle des Lehrers zu übernehmen habe. Da bei beiden Losen „Lehrer" stand, war es kein Problem, den freiwilligen Versuchsteilnehmer zum Lehrer zu machen, ohne daß er diese Manipulation bemerkte.

Nach der Verlosung gingen Lehrer und Lernender in einen Nebenraum, in dem eine Apparatur stand, die an einen elektrischen Stuhl erinnerte. Auf diesem Stuhl wurde der Lernende festgeschnallt und mit Elektroden verbunden. Im Nebenraum befand sich ein elektrisches Schockgerät, das mit Knöpfen versehen war, die von Null bis 450 Volt reichten. Mit diesem Gerät mußte der Lehrer den Lernenden für jeden gemachten Lernfehler – es waren Wortpaare zu lernen – bestrafen und dabei stets zur nächsthöheren Stromstärke übergehen (15 VoltSchritte). Zu Beginn der „Lernversuche" wurde der Lehrer von der Schmerzhaftigkeit eines 45 Volt Stromschlags überzeugt. Beim Experiment selbst wurden die Elektroschocks natürlich nur simuliert.

Da in den Vorversuchen, bei denen die Lehrer keine Informationen über die Reaktionen der Lernenden nach der Bestrafung erhielten, alle Teilnehmer bis zum 450 Voltschock voranschritten (!!), hat man bei den Hauptexperimenten eine mit bestimmten Schockstärken gekoppelte Rückmeldung eingeführt, z. B. bei 75 Volt ein leichtes Murren, bei 150 V: Schreien und um Befreiung vom Experiment bitten, 270 V: qualvolles Brüllen und ab 315 V erfolgte keine Reaktion des Lernenden mehr; dies mußte als Lernfehler registriert und bestraft werden. Wollte der Lehrer das Experiment abbrechen, dann antwortete der Versuchsleiter in einer schrittweise intensiveren Form, daß die Untersuchung es dringend erfordern würde, daß man weitermache.

Und etwa 62 Prozent aller Versuchsteilnehmer führten – trotz individueller Bedenken zu verschiedenen Zeiten – das Experiment bis zum Ende durch, d. h. sie bestraften das Lernopfer mit einem 450 Volt-Schlag.

Dieses bestürzende Ergebnis – man sprach vom Eichmann-Phänomen und der Aggressionsmaschine – erforderte weitere Untersuchungen und Variationen des Versuchsplans. Dabei zeigten sich folgende Ergebnisse (*Milgram* 1977, *Frey & Greif* 1987):

• Je näher das Opfer (der „Lernende"), desto geringer ist die durchschnittliche Schockstärke. Bei „Berührungsnähe" mit dem Lernenden gingen aber noch 30 Prozent der Teilnehmer bis zur maximalen Schockstärke von 450 Volt.

• Die Gehorsamsbereitschaft nimmt deutlich ab, wenn die Autorität (Versuchsleiter) den Raum verläßt und Anordnungen nur noch telefonisch mitteilt. Die Lehrer verteilen dann wesentlich schwächere Elektroschocks, obwohl sie dem Versuchsleiter telefonisch mitteilen, daß sie sich anweisungsgemäß verhalten würden.

• Wenn die Teilnehmer die Schockstärke selbst bestimmen können, dann bleiben sie bei sehr niedrigen Schockstärken. Dies spricht gegen die Interpretation der Verhaltensweisen durch einen allgemeinen Aggressionstrieb.

• Wenn der Lernende seinen „Herzfehler" betont, ein anderer Versuchsleiter die Untersuchung überwacht oder der Lernende durch eine andere Person ersetzt wird, hat dies keinen Einfluß auf die Ergebnisse.

• Werden Frauen zu „Lehrern" bestimmt, dann bleiben die Ergebnisse gleich. Sie stufen lediglich im Anschluß an das Experiment ihr erlebtes Konfliktniveau höher ein.

• Je höher das Ansehen des Instituts war, in dem das Experiment durchgeführt wurde, desto größer war die Bereitschaft, die maximale Schockstärke zu verwenden.

• Das intellektuelle Niveau scheint wenig hemmenden Einfluß zu besitzen: Bei einer Abiturientenstichprobe gingen 85 Prozent bis zur Schockstärke von 450 Volt!

• Wenn der „Lehrer" das Gefühl hat, nur ein Teil einer größeren Maschinerie zu sein, d. h. wenn der Versuchsteilnehmer neben einem anderen „eingeweihten" Lehrer assistiert, dann wird in 92,5 Prozent der „Schocker" nicht kritisiert bzw. behindert. Auch in einer australi-

schen Versuchswiederholung spielten die Probanden die Assistenten-
rolle häufiger bis zum Ende durch als beim Standardversuch. Die
Gehorsamsbereitschaft in Australien lag allerdings deutlich niedriger
(*Frey & Greif* 1987, S. 448).

• Der Autorität des Versuchsleiters folgen die Teilnehmer auch,
wenn dieser sich in die Schülerrolle begibt. Wenn er darum bittet,
aus dem Experiment entlassen zu werden, wird dies generell akzeptiert.

• Alle Probanden verweigerten die weitere Mitarbeit, sobald zwei
statusgleiche Versuchsleiter über die Fortführung des Experiments
uneinig waren und widersprüchliche Anweisungen erteilten.

• Beobachtet ein Proband den Widerstand anderer gegen das Experiment, dann steigt auch bei ihm die Tendenz, den Gehorsam zu
verweigern.

Bei diesen Experimenten zeigten sich individuelle Unterschiede im
Verhalten der Versuchsteilnehmer. Es ist deshalb interessant zu
untersuchen, ob es nicht persönlichkeitsspezifische Unterschiede
zwischen den Teilnehmern, die gehorchen und denen, die verweigern
gibt.

Nach *Frey & Greif* (1987, S. 449) haben die Gehorsamen eine
deutlich autoritärere Einstellung als die Verweigerer. Daneben deu-
ten die Ergebnisse darauf hin, daß sie länger beim Militär gedient
haben (die Offiziere verhielten sich allerdings ungehorsamer als die
Mannschaftsdienstgrade!), jünger sind und häufiger naturwissen-
schaftlich-technischen als sozialen Berufen angehören. Diese Unterschiede ließen sich allerdings nur bei einem Teil der Experimente,
bei denen eine räumliche Nähe zum Lernenden bestand, nachweisen.
Milgram schließt daraus, daß die Situation einen starken Einfluß auf
die individuelle Handlungsweise besitzt.

Milgrams Untersuchungen wurden von den Massenmedien bereitwillig aufgegriffen und erzielten eine große Resonanz. Wir sollten
allerdings auch kritisch bemerken, daß mit diesen Untersuchungen
die Grenze der Forschungsethik erreicht oder vielleicht schon über-
schritten wurde. Wir müssen uns die Frage stellen, woher ein Forscher das Recht nimmt, seine Versuchsteilnehmer zu täuschen und
mögliche psychische Gefahren in Kauf zu nehmen. Schließlich stellte
Milgram seine Probanden unter sehr hohen Streß und erreichte bei
ihnen ein Verhalten, das ihr Selbstwertgefühl deutlich in Frage
stellte.

Milgram begegnet diesen Vorwürfen durch eine Nachuntersuchung
über die Folgen des Experiments. Danach bedauern weniger als zwei
Prozent, an der Untersuchung teilgenommen zu haben; viele äußer-
ten sich sogar positiv und betonten die gewonnene Selbsterkenntnis.

Er argumentiert – wie auch andere Kollegen – mit der „Kosten-Nutzen-Abwägung", mit der man bei problematischen Experimenten die Entscheidung treffen muß. Eine Lösung, die aber auch nicht auf alle möglichen Situationen übertragen werden kann.

Übungsvorschlag

Beantworten Sie zuerst wieder für sich selbst die folgenden Fragen und diskutieren Sie anschließend ihre Antworten in der Gruppe

1. Welche konkreten Erfahrungen zum Konformitätsdruck haben Sie aus ihrem persönlichen (beruflichen) Alltag?

2. Welche Möglichkeiten sehen Sie, den Konformitätsdruck im Alltag zu bewältigen?

4.3 Kooperation und Konflikt

Mit anderen harmonisch in Gruppen zu kooperieren ist der Wunsch aller. Doch die Praxis zeigt, daß die Zusammenarbeit häufig von Konflikten begleitet wird bzw. zu ihnen führt. Deshalb sollen beide Aspekte unter einer Überschrift behandelt werden. Betrachten wir aber zuerst einmal den harmonischeren Teil, die Kooperation in Gruppen.

4.3.1 Kooperation in Gruppen

Steigen wir in das Thema am besten mit einem einfachen, auflokkernden Spiel ein:

Übungsvorschlag

Die Gruppenmitglieder sitzen paarweise nebeneinander und haben einen Bleistift und ein DIN A4-Papier vor sich liegen. Sie haben die Aufgabe, ohne miteinander zu sprechen, gemeinsam den Stift in die Hand zu nehmen und ein Haus, einen Baum und einen Hund zu zeichnen. Anschließend sollen sie sich nonverbal auf einen Künstlernamen einigen und das Bild damit signieren.

In der Diskussion sollte deutlich werden, wie leicht/schwierig es für den einzelnen war, sich führen zu lassen. Wie hat man zusammengearbeitet und was kann aus diesem Spiel für das Thema Kooperation abgeleitet werden?

Nach dieser „Aufwärm"-Übung können wir uns einer etwas komplexeren, in der Zwischenzeit schon klassisch gewordenen Übung zuwenden: Der „Quadrat-Übung" (Brocher 1967, S. 160 ff).

Übungsvorschlag

Bei der Quadrat-Übung – das Material dazu ist im Anhang 9.1.2 beschrieben – werden die Gruppenmitglieder zuerst aufgefordert, sich zu überlegen, welche unerläßlichen Voraussetzungen gegeben sein müssen, damit es zur Kooperation kommen kann. Die Beiträge werden gesammelt und für alle sichtbar notiert.

Folgende Punkte sind dabei festzuhalten: Man muß die Aufgabe, die Problemstellung kennen, wissen, was der einzelne zu welchem Zeitpunkt zur Problemlösung beitragen kann und ob man vielleicht mit seinen Aktivitäten warten muß, bis die anderen ein Teilergebnis erbracht haben.

Anschließend werden 5-er Gruppen gebildet, die sich um einen Tisch setzen und die Übung durchführen. Jeder Teilnehmer erhält einen Umschlag mit verschiedenen Pappteilchen und hat die Aufgabe, daraus ein Quadrat zusammenzusetzen. In der Gruppe sollen fünf gleichgroße Quadrate hergestellt werden; die Übung ist erst dann beendet, wenn alle Mitglieder ein vollständiges und identisches Quadrat vor sich liegen haben.

Folgende Regeln sind strikt einzuhalten:

Bei der Übung ist den Teilnehmern untersagt
• miteinander zu sprechen,
• einen anderen Teilnehmer um ein Teilstück zu bitten oder in irgendeiner Weise zu signalisieren, daß sie ein bestimmtes Teilstück brauchen.
• Teilstücke in der Mitte des Tisches zu montieren und
• direkt in die Figur eines anderen einzugreifen.

Jeder kann, wenn er will, Teilstücke in die Mitte des Tisches legen oder an ein anderes Mitglied geben.

Die Regel, daß die Teilnehmer nicht miteinander kommunizieren dürfen hat einen Grund: Nur auf diese Weise kann man sicherstellen, daß alle aufeinander angewiesen sind und niemand dominiert. Damit sind die Teilnehmer – wenigstens theoretisch – untereinander gleichberechtigt.

Wenn mehrere Gruppen parallel die Übung bearbeiten (was den Wettstreit erhöht), dann ist es empfehlenswert, daß pro Gruppe mindestens ein Beobachter anwesend ist, der die Einhaltung der Regeln überwacht und besondere Phänomene registriert.

Nach der Übung sollten die Teilnehmer zuerst frei ihre Beobachtungen, Gefühle und Erlebnisse diskutieren. Wie haben sie sich
gefühlt, als andere ein wichtiges Teilstück nicht zur Verfügung
stellten, wie dachten sie über die zufriedenen „Fertigen" und wie
fühlten sich diese? Wie passen die Verhaltensweisen während der
Übung zu den Gedanken, die anfangs diskutiert und an der Tafel/
Flip-Chart festgehalten wurden? Welche Parallelen gibt es zum
Alltag? usw.

Die Schwierigkeit bei dieser Übung besteht darin, daß Teilnehmer
aus ihrem Material ein Quadrat problemlos erstellen können, sich
dann selbstzufrieden zurücklehnen, die anderen beobachten und
wenig Bereitschaft zeigen, sich von ihren Teilstücken zu trennen, die
von den anderen aber dringend benötigt werden. Obwohl diese
Übung unter dem Thema Kooperation angekündigt ist und der
Begriff vorher mit den Teilnehmern ausführlich diskutiert und die
Voraussetzungen für kooperatives Verhalten an der Tafel schriftlich
festgehalten werden, bereitet es doch große Schwierigkeiten wirklich
kooperativ zu sein, eigene Lösungen aufzugeben und zuerst den
anderen zu helfen, bevor man selbst seine Arbeit beenden kann.

Bei dieser Übung wird meist sehr deutlich, was Kooperation wirklich
beinhaltet, wie schwierig es ist, ein gemeinsames Ziel im Auge zu
behalten, sich gemeinsam mit anderen auf dieses Ziel hinzubewegen
und deren berechtigte (Teil-)Interessen zu berücksichtigen.

Der Begriff Kooperation hat heute im Zusammenhang mit „Teamar-
beit" eine sehr hohe, vielleicht sogar überhöhte Bedeutung gewonnen. Er besitzt einen ideologischen Wert, wobei man leicht über-
sieht, daß eine dauerhafte Kooperation in einer Gruppe (oder Team)
sehr schwierig ist, weil dabei andere Bedürfnisse – wie beispielsweise
Wettstreit – unterdrückt werden müssen. Die dauerhafte Kooperation scheint ein Ideal zu sein, das in der Praxis durch individuelle
Motive bedroht wird.

Eine weitere Gruppenübung soll die Erfahrungen der Teilnehmer
mit dem Thema Kooperation abrunden. Bei diesem Spiel geht es,
neben der Zusammenarbeit, auch um andere Themenbereiche, wie
Leistungsvorteil, Führungsverhalten, Kommunikation, Entschei-
dungsfindung usw.

Übungsvorschlag

In dieser Übung sollen die Teilnehmer erfahren, wie gut sie
unterschiedliche Informationen in die Gruppe einbringen und
verarbeiten. Die Aufgabe besteht darin, aus fünf Verdächtigen,
die wahrscheinliche Flugzeugentführerin zu entlarven (nach *Gud-*

jons 1990, S. 192 f). Die sechs Teilnehmer der Arbeitsgruppe (A bis F) erhalten auf Kärtchen die folgenden, unterschiedlichen Informationen:

A: Das Flugzeug wurde am Abend des 14. August entführt. Der Flugkapitän wurde gezwungen über die Insel Fani zu fliegen. Er erreichte die Insel in der Abenddämmerung. Obwohl es schon ziemlich dunkel war, sprang die Entführerin über der Insel mit dem Fallschirm ab.

B: Zwei Tage nach der Entführung verhaftete die Polizei von Fani fünf Amerikanerinnen, auf welche die Beschreibungen teilweise paßten. Eine davon war *Anni Murkel,* die sich äußerst stark für die religiösen Feste der einheimischen Fanis interessierte. Eine andere Verdächtige ist Archäologin; sie versucht Beweise dafür zu finden, daß der Ursprung menschlichen Lebens auf den Fani-Inseln stattfand.

C: *Bettina Berg* ist, wie auch *Anne Dirks,* eine der Verdächtigen. Frau *Berg* wird in den USA polizeilich gesucht, weil sie mit Rauschgift gehandelt hat. Frau *Dirks* hat in den USA einen Studenten von der Fani-Insel kennengelernt und sich unsterblich in ihn verliebt; daneben hat sie als Hobby das Hochseesegeln. Ferner ist bekannt, daß die Archäologin schwarzes Haar und blaue Augen hat.

D: *Mechthild Maler* ist ebenfalls verdächtig. Sie ist *Bettina Bergs* Sekretärin und kam das erste Mal am 16. 8. dieses Jahres auf die Insel. Als die Polizei *Petra Lange* festnahm, löste sie gerade einen Fallschirm vom Baum. Von Frau *Dirks* weiß man, daß sie eine begeisterte Hochsee-Seglerin ist.

E: Die Polizei berichtet, daß vor einem Monat eine junge Frau mit einem großen, seltsam aussehenden Hund in einem Segelboot auf der Insel ankam. Dieses Boot hat sie von San Francisco aus zur Fani-Insel allein gesteuert. Ferner gibt die Polizei an, daß die Entführerin hellbraunes Haar und braune Augen hat und aus einer Nervenheilanstalt in den USA geflohen ist.

F: Die Schwester von *Bettina Berg* ist als Entwicklungshelferin und vom Auswärtigen Amt nach Fani geschickt worden; sie wohnt dort seit einem Jahr. Ihre Schwester und deren Sekretärin kamen vom Westen Amerikas über die Phillipinen per Boot auf die Fani-Insel. Die Frau, die sich in den Fani-Studenten verliebt hat, besitzt einen Mischlingsrüden (Bernhardiner-Collie), den sie „Robert" nennt und der sehr zutraulich ist.

Bei der anschließenden Diskussion sollte analysiert werden, wie die Gruppe an die Aufgabe heranging, wie sie die Arbeit organisierte, wie Sackgassen bewältigt wurden, von wem Führungsim-

> pulse ausgingen, wie man „aktiv zuhörte", welche Rollen beob-
> achtbar waren und wie man welche Entscheidung fand (Alle
> Frauen bis auf *Anni Murkel* haben gute Alibis!).

In einer weiteren, komplexeren Übung soll demonstriert werden, wie
stark Kooperation und Konflikt zusammenhängen. Auch diese
Übung ist schon ein Klassiker und wurde in den sechziger und
siebziger Jahren so oft variiert, daß eine amerikanische Fachzeit-
schrift offiziell erklärte, keine Veröffentlichung mehr zum „Gefange-
nen-Dilemma" anzunehmen (nach *Lück* 1985, S. 109). Dennoch
kann mit dieser Übung gut gezeigt werden, daß Entscheidungen, an
denen zwei und mehrere Personen beteiligt sind, nicht nur durch das
Motiv zur Kooperation, sondern durch verschiedene, gegenläufige
Motive bestimmt sind. Damit führt uns diese Übung auch direkt zum
Thema Konflikt.

Im folgenden soll zuerst die Spielsituation beschrieben werden,
bevor wir sie ausführen. Bei der Übung geht es um eine Situation, in
welcher der eigene Erfolg den des Partners mitbestimmt. Im Unterschied zu den meisten Spielen, bei denen einer gewinnt und der
andere verliert – man nennt sie die „Null-Summenspiele", weil sich
Gewinn und Verlust zu Null summieren – handelt es sich hier um ein
„Nicht-Nullsummenspiel". Es entspricht eher der Realität, weil bei
den meisten alltäglichen Entscheidungen nicht nur einer gewinnen
oder verlieren kann, sondern häufig auch die Situation denkbar ist,
daß beide profitieren oder beide verlieren.

Ein bestimmter Grad an Vertrauen ist unerläßlich, damit man
zukünftige Ereignisse und Verhaltensweisen abschätzen kann. Nur
mit diesem Vertrauen ist sichergestellt, daß zukunftsorientiertes
menschliches Verhalten möglich ist. Gibt beispielsweise A einen
Scheck an B, dann weiß nur A wirklich, ob dieser Scheck gedeckt ist.
B kann ihm entweder vertrauen oder mißtrauen. In einer Ehe weiß
nur der Mann bzw. die Frau genau, ob eine Absicht vorhanden ist,
den Partner zu betrügen. Dem Partner bleibt nur übrig zu vertrauen
(oder zu mißtrauen). Die Grundlage vieler unserer Entscheidungen
ist Vertrauen, das durch bisherige Erfahrungen erlernt wurde.

In zwischenmenschlichen Beziehungen, in denen die Partner aber
wenig Erfahrung miteinander haben oder glauben, kurzfristig
Erfolge für sich selbst erzielen zu können, kommt es leicht zu
Konflikten. Diese Zwickmühlen und Paradoxien begegnen uns im
Leben sehr häufig und können gut im Gefangenendilemma demon-
striert werden (*Antons* 1992, S. 127 ff, *Hofstadter* 1983, S. 8 ff,
Herkner 1986, S. 427 ff).

Die Originalübung bereitet anfangs etwas Schwierigkeiten, deshalb
soll zuerst eine Variante vorgestellt werden (*Hofstadter* 1983). Neh-

men wir an, Sie besitzen viel Geld und möchten dafür eine bestimmte Menge eines anderen Wertgegenstandes (Diamanten, Schmuck, Antiquitäten) erwerben. Sie kennen auch einen Händler, mit dem sie ein Tauschgeschäft arrangieren. Sie vereinbaren mit ihm – aus Gründen die hier nicht wichtig sind – daß der Tausch geheim abgewickelt wird. Sie und auch der Händler deponieren Geld und Ware in einem Sack (zur gleichen Zeit) an einem vereinbarten (nicht identischen) Ort. Außerdem ist Ihnen und dem Händler klar, daß sie sich nie begegnen und auch keine weiteren Geschäfte miteinander machen werden.

Eine schwierige Situation! Jeder muß natürlich befürchten, daß der andere einen leeren Sack deponiert. Andererseits, wenn sich beide an die Verabredung halten, sind auch beide zufrieden. Aber noch zufriedener ist vielleicht derjenige, der einen leeren Sack deponiert und einen vollen dafür abholen kann! Die Logik in dieser Situation ist gemein. Liefere ich einen leeren Sack ab, dann bin ich gut dran: Bringt der Händler seine Ware, dann habe ich maximal gewonnen, bringt der Händler auch einen leeren Sack, dann hat man mich wenigstens nicht übers Ohr gehauen. Mit dem leeren Sack bin ich also viel besser dran, egal was der Händler macht.

Nun der Händler macht sich natürlich auch seine Gedanken, die sich von denen des Käufers nicht unterscheiden. Also deponieren beide aufgrund ihrer vernünftigen Überlegungen einen leeren Sack und gehen beide auch leer aus. Hätten sie vertrauensvoll kooperiert, dann hätten sie beide das bekommen, was sie sich gewünscht hatten. Muß man, wenn man logisch denkt, sich auch egoistisch verhalten? Um diese Frage dreht sich das Gefangenendilemma:

Übungsvorschlag

Die Übung hat den eigenartigen Namen aus der folgenden Situation: Stellen Sie sich vor, sie und ein Bekannter, der ihnen persönlich nichts bedeutet, haben gemeinsam eine Straftat begangen. Sie sind beide verhaftet worden, sitzen getrennt voneinander im Untersuchungsgefängnis und haben keine Möglichkeit, miteinander in Beziehung zu treten. Der Staatsanwalt ist überzeugt davon, daß sie zusammen die Straftat begangen haben (was in der Tat auch stimmt), hat aber nur wenige Beweise, mit denen er sie beide allerdings für kurze Zeit ins Gefängnis bringen könnte (etwa für ein Jahr).

Er schlägt Ihnen nun einen Handel vor und Sie wissen auch, daß ihr Partner das gleiche Angebot bekommt: Wenn Sie gestehen, dann erhalten Sie nur eine geringe Strafe (3 Monate auf Bewährung = 0), ihr Partner allerdings die Höchststrafe (5 Jahre = –5). Wenn Sie und ihr Partner nicht gestehen, dann werden sie wegen der vorliegenden Indizien zu einem Jahr Gefängnis (–1) verurteilt. Gestehen beide, dann kommt es zum Prozeß und zu einer Strafe, die bei drei Jahren Gefängnis für beide (–3) liegen dürfte. Die Tabelle 3 zeigt die Gewinn-Verlust-Matrix.

Tabelle 3   Die Gewinn-Verlust-Matrix beim Gefangenendilemma.

		Der Partner	
		schweigt	gesteht
Ich	schweige	−1/−1 (4/4)	−5/0 (0/5)
	gestehe	0/−5 (5/0)	−3/−3 (2/2)

Diese Ausgangssituation ist den Teilnehmern an der Übung zu erläutern und man kann daraus eine Punktematrix errechnen, die in Tabelle 3 in Klammern eingetragen ist. Durch ihre Entscheidungen können die Übungsteilnehmer unterschiedlich viel Punkte sammeln, wobei sich die Gesamtpunktzahl pro Durchgang nicht zu Null addiert („Nicht-Nullsummenspiel"). Die Teilnehmer werden bei dieser Übung auf zwei (vier, sechs...) Gruppen aufgeteilt, wobei es wegen der erforderlichen Gruppenentscheidung günstig ist, eine ungerade Teilnehmerzahl pro Gruppe zu wählen.

Die Übung hat drei Spielvarianten:
Zuerst bekommt jeder Teilnehmer für jeden der 10 Durchgänge einen Zettel, auf den er seine Entscheidung (schweigen oder gestehen) notiert. Nachdem sich jeder Teilnehmer entschieden hat, werden die Zettel pro Gruppe ausgewertet und eine Gruppenmeinung gebildet, die mit dem Ergebnis der anderen Gruppe verglichen wird. Anschließend werden die Punkte entsprechend der Matrix verteilt. Die Gruppe, die nach 10 Durchgängen die meisten Punkte hat ist Sieger.

Bei der zweiten Variante wird in 10 Durchgängen jeweils das Gruppenergebnis durch Diskussion erzielt, mit dem der anderen Gruppe verglichen und entsprechend der Matrix die Gewinn- bzw. Verlustpunkte verteilt.

In der dritten Version bestimmt jede Gruppe einen Unterhändler, der vor dem 1., 4., 7. und 10. Durchgang mit dem Unterhändler der anderen Gruppe verhandelt, bevor die Gruppe durch Diskussion ihre Entscheidung fällt.

Nach der Übung wird mit den Teilnehmern diskutiert, wie die Entscheidung gefällt wurde, wie das Vertrauen zu den anderen war und welche Vorstellungen/Phantasien die Entscheidung beeinflußten. Welche Parallelen können zu alltäglichen Entscheidungen gezogen werden?

Beim Gefangenendilemma beinhaltet das kooperative Verhalten das Streben nach einem guten Ergebnis für beide Spielpartner, nicht das nach optimalem eigenen Gewinn. Um sich hier kooperativ zu verhalten, muß man dem „Gegner" Vertrauen schenken und erwarten, daß auch er kooperativ ist; verhält sich der Partner nicht nach dieser Erwartung, wählt er die „bessere" Alternative, dann erzielt man selbst das ungünstigste Ergebnis.

Diese Übung erlaubt einen Vergleich mit vielen Verhandlungssituationen, bei denen es häufig darum geht, einen für beide Seiten möglichst günstigen Kompromiß zu finden (z. B. Streik, Abrüstung, Vertragsverhandlungen). In vielen realen Situationen kann ein befriedigender Kompromiß nur gefunden werden, wenn auf beiden Seiten Vertrauen, Kooperationswille und die Bereitschaft auf maximalen Gewinn zu verzichten vorhanden sind. Auch ein Vergleich zu zwischenmenschlichen Beziehungen und Konflikten liegt nahe. Sind Partnerbeziehungen „Nicht-Nullsummenspiele" oder gleichen sich Gewinn und Verlust aus? Letzteres kann von einem Partner so gesehen und definiert werden, und er wird danach streben maximalen Gewinn zu erzielen, wobei der andere zum maximalen Verlierer – wenn er sich das gefallen läßt – definiert wird. Man kann aber durch Kooperation Vertrauen und eine gewisse Risikobereitschaft gemeinsam gewinnen.

Welche Strategie ist nun beim Gefangenendilemma – theoretisch betrachtet – auf Dauer gesehen am erfolgreichsten? Diese Frage versuchte *Axelrod* in Computerturnieren an der Universität in Michigan zu beantworten (nach *Hofstadter* 1983). Er forderte prominente Spieltheoretiker, die sich mit dem Gefangenendilemma beschäftigt hatten auf, möglichst viele Strategien zu entwickeln. Diese Strategien sollten in einem Turnier gegeneinander antreten. Sieger sollte die Strategie sein, die im Kampf (jeder gegen jeden) insgesamt die meisten Punkte erreichte. Die Strategien wurden als Computerprogramme eingereicht und sollten auf kooperatives bzw. egoistisches Verhalten mit Kooperation oder Egoismus reagieren. Das kürzeste Programm bestand aus vier, das längste aus 77 Zeilen in BASIC. Das Siegerprogramm war gleichzeitig das kürzeste und orientierte sich an der Strategie „Wie Du mir, so ich Dir" („Tit for Tat"). Es lautete: Kooperiere beim ersten Zug, reagiere dann so, wie der Gegner im letzten Zug reagierte oder im übertragenen Sinn „Sei nett, provozierbar und versöhnlich!". Bei einem weiteren Turnier, für das auch in Computerzeitschriften geworben wurde, trat Tit for Tat gegen 62 Strategien (aus sechs Ländern) an und wurde wieder Gesamtsieger. Das Bemerkenswerte dabei war, daß dieses Programm keinen Rivalen im direkten Zweikampf besiegte, sondern bestenfalls unentschieden spielte oder geringe Verluste hatte. Die paradox klingende Folgerung aus diesen Turnieren lautet demnach: Der kluge Egoist kooperiert!

Die Computersimulationen sprechen für die kooperative Strategie. Wie reagieren aber „echte" Versuchsteilnehmer bei dieser Übung? Bei den praktischen Experimenten mit dem Gefangenendilemma wurde das kooperative Verhalten relativ selten beobachtet. Man kann seine Häufigkeit durch die Veränderung der Gewinn-Verlust-Matrix beeinflussen und damit die einzelnen Komponenten (Wettstreit, Kooperation) verstärken. Als bedeutsamer Faktor für das Ausmaß an Kooperation erwies sich die Einstellung der Versuchsteilnehmer zum Wettstreit und das erwartete Verhalten der Partner/ Gegner (*Herkner* 1986).

Variiert man die Matrix in der Weise, daß die Gewinne nicht mehr symmetrisch, sondern ungleich sind, dann bestehen zwischen den Spielern unterschiedliche Machtverhältnisse. Bei diesen asymmetrischen Matrixen zeigt sich eine noch geringere Kooperationsbereitschaft, wobei der stärkere Partner in der Regel egoistischer entscheidet. Auch eine Veränderung der Matrix in der Weise, daß ein Teilnehmer für seine Entscheidungen überhaupt keine Punkte erhält, kann ihm viel Macht verleihen, weil seine Entscheidungen den Gewinn des anderen bestimmen.

Kooperation und Wettbewerb sind widersprüchliche Tendenzen in unserem Sozialverhalten. Ihre Polarität führt aber auch zu positiven Effekten, wie die Leistungsverbesserungen im Mannschaftssport oder in betrieblichen Arbeitsgruppen zeigen.

Nachdem wir gesehen und erlebt haben, daß die Zusammenarbeit in Gruppen nicht so „ideal" verläuft, wie man es sich gerne wünschen würde, weil die Teilnehmer ganz einfach Menschen sind, die unterschiedliche Bedürfnisse und Motive haben, ist es sinnvoll, das Thema Konflikte etwas näher zu betrachten.

4.3.2 Konflikt und Konfliktbewältigung

Im Zusammenhang mit den Übungen zum Thema Kooperation sind wir häufig mit konflikthaften Situationen konfrontiert worden. Diese Situationen, aber auch andere typische Konfliktsituationen des beruflichen oder privaten Alltags sollten in der folgenden Übung gesammelt werden.

Übungsvorschlag

Die Teilnehmer sollen sich an die vorangegangenen Übungen erinnern und die erlebten Konfliktsituationen auf Kärtchen notieren. Diese Situationen sind durch alltägliche (berufliche, private) zu ergänzen. Die Kärtchen werden auf einer Pinnwand übersichtlich dargestellt. Die Gruppe sollte dann versuchen, das Gemeinsame an diesen Situationen herauszuarbeiten und mögliche Gruppierungen vorzunehmen.

Dabei sollten die folgenden Punkte erarbeitet werden:

Ein Konflikt entsteht immer, wenn zwei oder mehrere (gleich starke) Motive Ziele anstreben, die nicht miteinander vereinbar sind.

Liegen diese unvereinbaren Motive innerhalb einer Person, dann spricht man von einem „intraindividuellen" Konflikt („Zwei Seelen wohnen ach in meiner Brust!"). Jemand hat beispielsweise ein Ziel (beruflicher Erfolg, Geld verdienen), das gleichzeitig unvereinbare Motive (Leistung, Entspannung) aktiviert oder er strebt Ziele an, die unvereinbar sind (Freiheit und Bindung).

Von einem „interindividuellen" Konflikt spricht man, wenn Personen, die voneinander abhängig sind, unvereinbare Motive haben. Dies kann durch unterschiedliche Wertvorstellungen, Normen, Persönlichkeitseigenschaften, unterschiedliche Information oder Wahrnehmung bedingt sein.

Bei den Diskussionen ist meistens zu beobachten, daß Konflikte negativ geschildert werden. Sie sind unangenehm und man möchte sie am liebsten vermeiden. Dabei wird übersehen, daß Konflikte wichtig sind, in allen Gruppen und Organisationen vorkommen und die Basis für jede Weiterentwicklung darstellen. D. h. Konflikte sind normal, überall vorhanden und können häufig positive Entwicklungen bewirken! So können sie die Betroffenen miteinander ins Gespräch bringen, das Verständnis füreinander verbessern, bestehende Konfliktauslöser deutlich und bewältigbar werden lassen, neue Ideen anregen, Verhaltensgewohnheiten in Frage stellen und Entwicklungen ermöglichen.

Wenn man Konflikte unter dieser positiven Perspektive sieht, dann fällt es auch leichter, sie konstruktiv anzugehen. Wir werden uns im folgenden auf Konflikte zwischen Personen konzentrieren, weil diese Situation im Alltag, aber auch in Seminaren häufiger auftritt. Wie geht man jetzt sinnvollerweise bei der Konfliktbewältigung vor? Das Handwerkszeug dazu haben wir schon im Zusammenhang mit dem Thema Kommunikation und Interaktion kennengelernt.

Systematisches Vorgehen bei einer partnerschaftlichen Konfliktsteuerung/-lösung

Eine konfliktfreie Gruppe gibt es nicht; es gibt bestenfalls Gruppen oder Gruppenmitglieder, die ihre Konflikte nicht wahrhaben wollen und verdrängen. Dies ist auch verständlich, da jeder Konflikt bestehende Motive hemmt, frustriert und uns zeigt, daß die gewünschte Sicherheit und Harmonie getrübt ist. Der Umgang mit bestehenden Konflikten ist individuell sehr verschieden und hängt von der Lerngeschichte, der Lebenserfahrung und damit der „Reife" der Beteiligten ab. So kann man konfliktträchtige Partner verspotten, abwerten, ignorieren oder eliminieren, man kann Konflikte durch Abstimmung und Mehrheitsbeschlüsse unterdrücken, man kann Allianzen bilden, Kompromisse suchen, die Beteiligten bei der Lösung in die Pflicht nehmen, integrieren und versuchen die Probleme partnerschaftlich, zum gemeinsamen Vorteil, zu lösen. Allerdings müssen wir dabei auch akzeptieren können, daß nicht alle Konflikte lösbar sind und es auch „partnerschaftliche Trennungen" gibt, die für die Beteiligten aber nachvollziehbar sind.

Im folgenden werden die einzelnen Schritte dargestellt, die eine Konfliktlösung im Sinne einer partnerschaftlichen Lösung, eines „Nicht-Nullsummenspiels", ermöglichen. *Böning* (1991) bezeichnet das Vorgehen einprägsam als **„Dallas"**-Methode:

• *Definieren des Problems und Analyse der Situation:* Ein Konflikt entsteht, wenn eine bestehende („Ist-") Situation mit einer vereinbarten, gewünschten („Soll-") Situation nicht übereinstimmt. Wichtig ist es zuerst, das bestehende Problem klar herauszuarbeiten, ein Problembewußtsein bei den Betroffenen zu schaffen, damit eine Bereitschaft entsteht, sich damit produktiv auseinanderzusetzen.

• *Aktivieren und motivieren der Beteiligten:* Hier ist zu klären, wie hoch eigentlich die Bereitschaft der einzelnen „Konfliktpartner" ist, sich emotional und intellektuell mit dem Konflikt auseinanderzusetzen und wie sie den Unterschied zwischen der Ist- und der Soll-Situation bewerten. Welche Wünsche stehen hinter den Vorwürfen? Welche Vorteile/Nachteile hätten die Beteiligten, wenn sie sich engagieren? Wie können die Betroffenen motiviert werden und welche gemeinsamen Ziele bestehen?

• *Lösungsmöglichkeiten erarbeiten:* Welche Lösungsmöglichkeiten wurden bisher schon mit welchem Erfolg versucht? Welche Lösungsmöglichkeiten sehe ich, die anderen (Brainstorming: sammeln aller Einfälle, ohne sie zu werten)? Schließen sich Lösungswege aus oder ergänzen sie sich? Sinnvollerweise werden die Lösungsvorschläge gesammelt und auf einer Pinnwand visualisiert.

• *Lösungsmöglichkeiten bewerten und Entscheidung treffen:* Hier kann eine individuelle Bewertung der Vorschläge (z. B. mit jeweils drei Klebepunkten) durchgeführt werden, um die Gruppenmeinung darzustellen. Werden noch weitere Informationen benötigt? Welche Lösungsvorschläge sind realisierbar und mit welchen Konsequenzen muß gerechnet werden? Welche Kompromisse erscheinen möglich, damit alle Betroffenen die Entscheidung mittragen und realisieren können? Kann die Entscheidung klar und eindeutig gefällt werden?

• *Ausführen der Entscheidungen:* Welche Anweisungen müssen wie detailliert an wen weitergeleitet werden, damit die Handlungsanweisung allen Betroffenen klar ist. In welcher Zeitspanne sind welche Kontrollen vorgesehen?

• *Situation neu bewerten:* Nach entsprechend vereinbarter Zeit sind die Kontrollen (Verhaltensänderungen) zu bewerten, d. h. ein erneuter Ist-Soll-Vergleich wird durchgeführt. Der Konflikt ist bewältigt, wenn die Ist-Situation sich der Soll-Situation angeglichen hat. Dies sollte in jedem Fall zu einer positiven Rückmeldung führen. Welche neuen Probleme sind möglicherweise bei wem entstanden.

Übungsvorschlag

Die Gruppenmitglieder schreiben auf Kärtchen aktuelle Konfliktsituationen, die sie demnächst angehen wollen. Die Beschreibungen werden gesammelt und an einer Pinnwand („Klagemauer") dargestellt. In Kleingruppen (drei bis vier Teilnehmer) werden einzelne Situationen ausgewählt und das Vorgehen bei der Konfliktsteuerung nach dem vorgeschlagenen **„Dallas"**-Schema durchgesprochen. Anschließend berichten die Gruppen über ihre Erfahrungen mit dem Schema.

Danach bereiten die Kleingruppen ein Rollenspiel zu einem persönlichen Konfliktfall vor. Das Rollenspiel wird auf Video aufgezeichnet, so daß eine konkrete Rückmeldung des Konfliktlösungsverhaltens möglich ist.

Bei der Rückmeldung sollten folgende Punkte herausgearbeitet werden:
• Wie haben sich die Konfliktpartner beim Rollenspiel gefühlt?
• War eine sinnvolle Systematik zu erkennen?
• Hört der Gesprächsleiter aktiv zu, versucht er die Wünsche, Motive, Befürchtungen des Gesprächspartners zu verstehen?
• Verwendet er Ich-Aussagen anstelle von Du-Angriffen?
• Ist er um eine Beziehungsklärung bemüht?
• Was war besonders gut an der Gesprächsführung?
• Welche Empfehlungen möchten die Beobachter dem Gesprächsleiter geben?

4.4 Gruppenstruktur und Gruppenatmosphäre

Während der Arbeit mit Gruppen kommt es zu einer Differenzierung und Strukturierung der Rollen, die von den einzelnen Gruppenmitgliedern übernommen werden. Zuerst bildet sich die Führerrolle – die anfangs meist durch den formalen Gruppenleiter vorgegeben ist – und anschließend weitere Spezialistenrollen. In etablierten Gruppen finden wir ein differenziertes, hierarchisches Rollensystem, das oft an die bekannte „Hackordnung" im Hühnerhof erinnert. In betrieblichen Gruppen ist die Aufgaben- und Rollenstruktur sogar schriftlich fixiert; allerdings bilden sich dort weitgehend unabhängig von den vorgeschriebenen Kommunikationsbahnen auch spontane, informelle Gruppierungen.

4.4.1 Analyse der Gruppenstruktur

Zur Analyse der aktuellen Gruppenstruktur bieten sich zwei sozialwissenschaftliche Methoden an: Systematische Beobachtung und Soziometrie. Da beide Verfahren auch gut zur Prozeßanalyse in der Gruppenarbeit verwendet werden können, sollen sie kurz skizziert werden.

Systematische Beobachtung

Die einfachste Form der systematischen Beobachtung besteht darin, die Interaktionen zwischen den einzelnen Gruppenmitgliedern in einer Beobachtungsmatrix festzuhalten (siehe Tabelle 4). Diese Strichliste zeigt uns, wer in der Beobachtungszeit am aktivsten war und an welches Gruppenmitglied die meisten Aktivitäten gerichtet wurden. Diese Ergebnisse können wir dann weiter graphisch verarbeiten (ähnlich wie beim Soziogramm). Die Führerrolle nimmt in der Regel derjenige ein, von dem die meisten Aktivitäten ausgehen und auf den sich die Aktivitäten der anderen konzentrieren.

Übungsvorschlag

Interpretieren Sie die Aufzeichnungen in der Interaktionsmatrix; welche Rollen sind erkennbar?

Allerdings erhalten wir bei dieser Beobachtung keine Informationen über die Inhalte der beobachteten Interaktionen. Wir können natürlich jetzt versuchen, die Inhalte zu berücksichtigen und zu diesem Zweck eine Reihe weiterer Beobachtungskategorien entwickeln, welche die Beobachtung einer ganzen Gruppe allerdings komplizieren und in der Regel mehrere Beobachter erfordern. Als Beispiel für ein solches Beobachtungsschema haben wir die überarbeitete Form

Tabelle 4   Interaktionsmatrix einer Arbeitsgruppe.

aktiv: \ passiv	A	B	C	D	E	F	G	Gruppe	Summe aktiv	Rang aktiv
A ⟶		|				|||		|	5	4
B ⟶	|		|	||		|||	|		8	2
C ⟶	|			|	|	||		|	6	3
D ⟶						|			1	6,5
E ⟶				|		|			2	5
F ⟶	|	|	|	||	|		|||	|	10	1
G ⟶					|				1	6,5
Summe passiv	3	2	2	6	2	11	4	3		
Rang passiv	4,5	7	7	2	7	1	3	4,5		

der „Interaktionsprozeßanalyse" (*Bales* 1950, *Borgotta* 1962) schon in Kapitel 3 kennengelernt. Mit diesem Schema können die unterschiedlichen Beiträge auf der Inhalts- und der Beziehungsebene erfaßt werden. Dabei wird für jedes Gruppenmitglied ein Beobachtungsblatt ausgefüllt, in dem auch aufgenommen wird, an welches andere Gruppenmitglied die jeweilige Aktivität gerichtet war.

Je nach Fragestellung können wir die Anzahl der Kategorien verändern, um den Beobachtungs- und Auswertungsaufwand in Grenzen zu halten.

Der Vorteil einer differenzierteren Beobachtung besteht darin, daß wir die Interaktionen in den einzelnen Kategorien getrennt auswerten können. Dabei wird dann deutlich, von wem die meisten problemlösenden Impulse ausgingen, wer die Situation entspannt, am meisten oppositionell oder aggressiv ist bzw. auf wen sich diese Aktivitäten beziehen. Wir können demnach sehr gut die dominierenden Kommunikationswege und die spezifischen Rollen (z. B. Führer, Sympathieträger, Opponent, schwarzes Schaf usw.) in der beobachteten Gruppe analysieren.

Soziometrie

Die Soziometrie ist eine Befragungstechnik, bei der die einzelnen Gruppenmitglieder Fragen der folgenden Art zu beantworten haben: Mit wem möchten Sie am liebsten zusammenarbeiten (oder ins Kino gehen.....)? Mit wem am wenigsten gerne.....? Bei diesem „soziometrischen Test", wie diese Fragen von *Moreno* bezeichnet wurden (nach *Höhn & Schick* 1976), geht es primär darum, das „emotionale Beziehungsgeflecht" in der Gruppe zu analysieren. Die positiven und negativen Wahlen werden dann in eine Soziomatrix übertragen und anschließend graphisch (Soziogramm) oder mit Hilfe statistischer Kennwerte (Statusindex, Kohäsionsindex u. ä.) weiter verarbeitet. Das Vorgehen sei an einem Beispiel demonstriert (aus *Höhn &*

Tabelle 5 Soziomatrix einer Arbeitsgruppe (+ bedeuten positive, − negative Wahlen).

Wählende:

	Gewählte													Anzahl der abgegebenen Wahlen		
	1	2	3	4	5	6	7	8	9	10	11	12	13	+	−	Gesamt
1	/	+	+	+	+		−						−	4	2	6
2	+	/	+		+								−	3	1	4
3	+	+	/										−	2	1	3
4	+		+	/									−	2	1	3
5	+			+	/									2	−	2
6	+				+	/							−	2	1	3
7	−						/	+	+				−	2	2	4
8							+	/	+					2	−	2
9							−	−	/				−	−	3	3
10							+	+		/			−	2	1	3
11							+	+			/			2	−	2
12	+							+				/	−	2	1	3
13		−	−				−					−	/	−	4	4
+	6	2	3	3	3	−	4	2	2	−	−	−	−			
−	1	1	1	−	−	−	3	1	−	−	−	1	9			
Σ	7	3	4	3	3	−	7	3	2	−	−	1	9			

Erhaltene Wahlen

Schick 1976, S. 33). Die Fragestellung lautete dabei: Mit welchem Gruppenmitglied möchten Sie am liebsten (+) bzw. am wenigsten gern (−) in der nächsten Arbeitsgruppe zusammenarbeiten? Die Einzelergebnisse wurden in Tabelle 5 zusammengefaßt.

Diese Soziomatrix zeigt schon einige Schwerpunkte, ist aber insgesamt wenig übersichtlich. Meist versucht man diese Matrix graphisch, in der Form des Soziogramms, darzustellen. Die Wahlen werden darin durch Pfeile angedeutet. Positive Wahlen sind mit durchgezogenen, negative mit gestrichelten Linien symbolisiert. Dicker gezeichnete Linien entsprechen gegenseitigen (negativen oder positiven) Wahlen.

Übungsvorschlag

Abbildung 11 zeigt das Soziogramm der untersuchten Arbeitsgruppe. Bitte überlegen Sie sich, welche Annahmen Sie aufgrund des Soziogramms über die möglichen Schwierigkeiten in dieser Gruppe machen können.

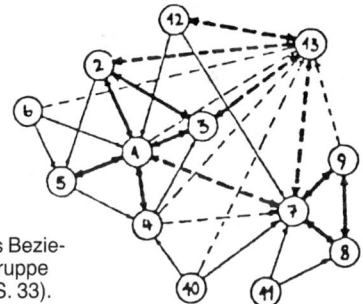

Abb. 11 Soziogramm des Beziehungsgeflechtes in einer Gruppe (aus *Höhn* & *Schick* 1976, S. 33).

Bei der Diskussion sollte herausgearbeitet werden, daß zwei auffallende Positionen existieren: Der Star (1) und der Oppositionsführer (7), die Cliquen um sich gebildet haben und sich gegenseitig ablehnen. 13 wird von den meisten abgelehnt und ist der Außenseiter in der Gruppe („schwarzes Schaf"). 6 sucht Anschluß an die Clique des Stars und 11 an die des Oppositionsführers.

10 und 12 schwanken zwischen den beiden Cliquen; sie wählen zwar selbst, werden aber nicht gewählt („Randfiguren"). Völlig isoliert (weder positive noch negative Wahlen) ist in der Gruppe niemand.

Die Probleme der Gruppe dürften zu diesem Zeitpunkt in den beiden rivalisierenden Gruppen, der Existenz von Randfiguren und des Außenseiters liegen.

Mit Hilfe des Soziogramms können wir auch gut zeigen, daß in den meisten Gruppen eine Rollendifferenzierung nach Leistung und Beliebtheit stattfindet (Divergenztheorem nach *Hofstätter* 1986), wenn man die Fragen entsprechend formuliert (z. B. fachlicher Vorgesetzte(r) bzw. Begleiter(in) auf einer einsamen Insel).

4.4.2 Gruppenstruktur, Gruppenleistung und Atmosphäre

Die Gruppenstruktur beeinflußt die Kommunikationsdichte zwischen den Gruppenmitgliedern und damit auch die Arbeitsatmosphäre. *Bavelas* (1950) hat in einem Experiment die Art und Weise, in der Gruppenmitglieder kommunizieren können, variiert und die Auswirkungen auf Leistung und Atmosphäre untersucht. Bei diesem Experiment sitzen fünf Personen, durch Sichtblenden voneinander getrennt, an einem Tisch und haben relativ leichte Aufgaben zu lösen. Jeder erhält eine Karte, auf der fünf von sechs möglichen Symbolen (Dreieck, Stern, Quadrat, Kreuz, Raute und Kreis) abgebildet sind (siehe Ellipse in Abb. 12).

Die Aufgabe besteht darin herauszufinden, welches Symbol auf den verteilten Karten bei allen vorhanden ist. Die Teilnehmer dürfen sich jetzt allerdings nicht über ihre Symbole unterhalten, sondern können nur Informationen auf Zetteln in ganz bestimmten Kommunikationsmustern (Kreis, Kette, Stern, siehe Abb. 13) weitergeben. Sobald sie glauben, die Lösung gefunden zu haben, können sie diese dem Versuchsleiter melden. Insgesamt wurden 15 verschiedene Aufgaben bearbeitet und dabei die entsprechende Dauer, Fehlerzahl, Organisationsentwicklung, Führerrolle und anschließend die subjektive Aufgabenzufriedenheit der Teilnehmer erfaßt. Die Ergebnisse sind in Abb. 13 dargestellt.

Bei diesem Experiment zeigte sich die zentrale Kommunikationsstruktur am leistungsfähigsten, wobei allerdings die Atmosphäre bei den peripheren Gruppenmitgliedern sehr negativ geschildert wird.

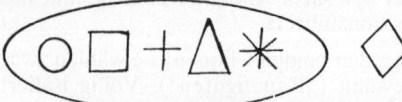

Abb. 12 Symbole für die „Kartensymbol"-Übung von *Bavelas* (1950).

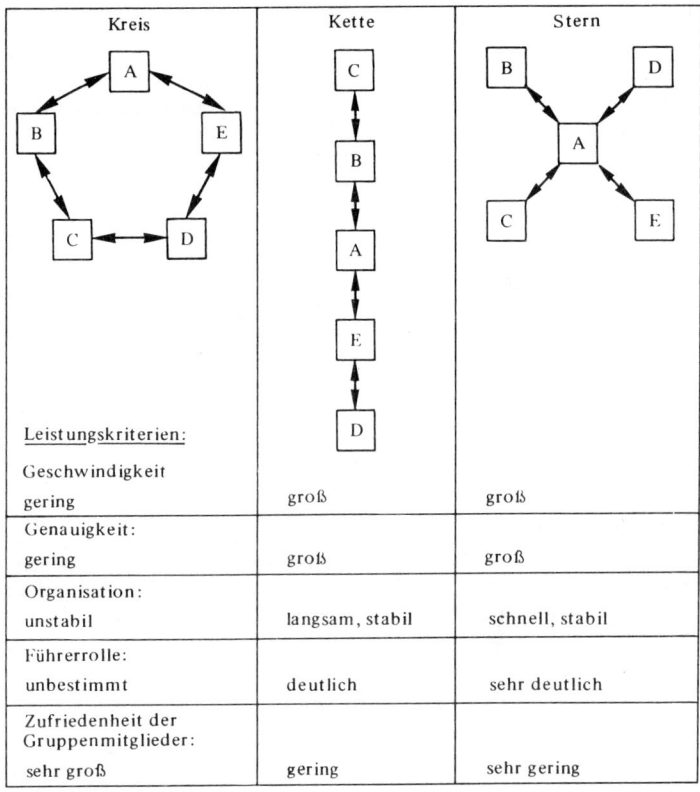

Kreis	Kette	Stern
Leistungskriterien:		
Geschwindigkeit: gering	groß	groß
Genauigkeit: gering	groß	groß
Organisation: unstabil	langsam, stabil	schnell, stabil
Führerrolle: unbestimmt	deutlich	sehr deutlich
Zufriedenheit der Gruppenmitglieder: sehr groß	gering	sehr gering

Abb. 13 Zusammenhang zwischen Gruppenstruktur und Gruppenleistung (*Bavelas* 1950).

Die positivste Atmosphäre schildern die Teilnehmer beim „Kreis", der allerdings mit einer recht hohen Fehlerquote und großem Zeitaufwand arbeitet.

Dieses Experiment wurde häufig wiederholt und variiert (*Bastine* 1972, S. 1667). Dabei zeigte sich, daß bei komplexeren Aufgabenstellungen die Kommunikationsstrukturen „Kreis" und „Kette" leistungsfähiger als der „Stern" sein können, da sich hier mit der Zeit eine selbständige Organisation entwickelt, bei welcher der fähigere Teilnehmer zum Kommunikationsmittelpunkt wird, während der

Führer im „Stern" durch die Schwierigkeit der Aufgabenstellung
überfordert sein kann.

Dieses Experiment stellt – wie jedes andere auch – nur eine mehr
oder weniger realitätsnahe Simulation von vorgegebenen Kommunikationsbahnen dar. Es ist aber eine legitime Denkhilfe bei der
Erklärung von Auswirkungen streng hierarchischer Kommunikationsstrukturen innerhalb von Organisationen.

4.4.3 Kontakt und Distanz

Nach amerikanischen Untersuchungen (*Forgas* 1987, S. 144 ff) teilen
wir unsere soziale Umgebung in vier ziemlich abgegrenzte Regionen
ein, die unseren Körper wie unsichtbare Blasen umgeben:

- intime Zone (bis etwa 50 cm): Freunde, gute Bekannte
- persönliche Zone (60 bis 120 cm): Bekannte, „Cocktail-Party-
  Distanz"
- gesellschaftliche oder sozial-konsultative Zone (130 bis 350 cm):
  Chef, Handwerker
- und öffentliche Zone (ab 350 cm): Politiker, Vortragender.

Für jede dieser Distanzzonen existieren bestimmte unterschiedliche
Erwartungen, Normen und Verhaltensweisen. So ist Blickkontakt
innerhalb der sozialen und persönlichen Zonen nur zwischen
Bekannten, nicht aber zwischen „Fremden" erlaubt.

Übungsvorschlag

Machen Sie auf der Straße ganz einfach folgendes Experiment:
Gehen Sie einfach die Straße entlang und halten Sie mit den
Passanten Blickkontakt bis diese auf etwa 3 Meter Entfernung
herangekommen sind. Wenn Sie das bei etwa 10 Personen
gemacht haben, dann verändern Sie ihr Verhalten und behalten
den Blickkontakt bei, bis die Passanten an Ihnen vorbeigegangen
sind. Welche unterschiedlichen Reaktionen konnten Sie beobachten?

Solange ein Fremder sich in der „öffentlichen Zone" befindet, können wir ihn ungestört ausführlich betrachten; wird die Distanz geringer, dann meiden wir den Blickkontakt oder zeigen durch ein
Lächeln, daß ein sozialer Kontakt stattgefunden hat („Kennen wir
uns?").

Sympathie und Statusunterschiede beeinflussen die räumliche
Distanz. Sie unterliegt auch sehr stark kulturellen und schichtspezifi-
schen Einflußfaktoren: So ist in den Kulturen des mittleren Ostens

oder südlicherer Länder die persönliche Distanz meist geringer als bei uns. Untersuchungen in den USA zeigten, daß schwarze Schulkinder in den Schulhöfen näher beieinander stehen als weiße; gleiches gilt für Unterschicht- bzw. Mittelschichtkinder.

Verletzen wir absichtlich die impliziten Raumregeln, dann können wir unseren Gesprächspartner systematisch durch den Raum „treiben", indem wir schrittweise die ihm angenehme Distanz („Beziehungsdistanz") unterschreiten. Auch das können Sie leicht durch eine Übung demonstrieren. Sie brauchen nur auf einer Parkbank von der „gesellschaftlichen" Distanzzone immer näher an einen Unbekannten heranrücken, bis sie seine persönliche oder intime Zone bedrohen; in der Regel wird er wegrücken, sein Territorium verteidigen oder aufgeben.

Innerhalb der Distanzzonen ist, wie gesehen, das „Wieviel" an Blickkontakt subtil geregelt. Diese „visuelle Balance" ist abhängig von Geschlecht, Bekanntheitsgrad, Entfernung usw. Zuviel an Blickkontakt ist ebenso ungewöhnlich/unangenehm wie zuwenig (Übung mit gutem Freund/-in demonstriert dies überzeugend). Nach Feldexperimenten fahren bei „Rot" angestarrte Autofahrer mit signifikant höherer Geschwindigkeit los, als nicht angestarrte. Auch bei einigen Tierarten wirkt das Anstarren bedrohlich und löst aggressives Verhalten aus.

In diesem Zusammenhang wurde eine sehr interessante Hypothese aufgestellt, nach der jede Beziehung und Interaktion ein ganz bestimmtes Intimitätsniveau besitzt, das die Partner durch ein laufendes Senden von Intimitätssignalen (Blicke, Lächeln, Distanz) im Gleichgewicht halten wollen. Nach dieser „Intimitätsgleichgewichts-Theorie" (*Forgas* 1987, S. 147 ff) führt eine Steigerung der Intimitätssignale in einer Modalität (z. B. geringere interpersonale Distanz im Aufzug oder Straßenbahn) zu einer Rücknahme in einer anderen (z. B. Blickkontakt, Gesprächsführung), um das Gleichgewicht wieder herzustellen.

Argyle & Dean (1965) ließen männliche und weibliche Probanden mit instruierten Personen interagieren, wobei letztere unterschiedliche interpersonale Distanzen einnahmen: Bei geschlechtsspezifisch homogenen Paaren ist der Blickkontakt generell länger und steigt mit der Entfernung zwischen den Partnern deutlich an. Der gleiche Verlauf zeigte sich bei heterogenen Paaren, allerdings auf niedrigerem Niveau (Abb. 14).

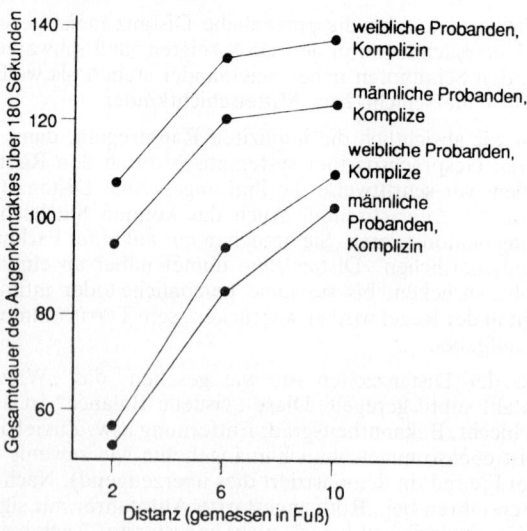

Abb. 14 Zusammenhang zwischen Blickkontakt und sozialer Distanz (aus *Forgas* 1987, S. 148).

Übungsvorschlag

Erstellen Sie in einer Gruppe ein „lebendiges Soziogramm", bei dem die Beziehungen zwischen den Mitgliedern sichtbar werden: Es bestehen Paare, Gegner, Cliquen, Außenseiter usw. Dieses Beziehungsnetz wird von den einzelnen recht unterschiedlich wahrgenommen, was durch diese Übung deutlich gemacht werden kann: Dazu stellen sich alle Gruppenmitglieder im Raum auf.

Ein Gruppenmitglied beginnt nun, die anderen und sich selbst im Raum zu verteilen, so wie er das Beziehungsgeflecht sieht. Personen, die gut miteinander „können", werden zusammengestellt, Gegner Rücken an Rücken, Isolierte weit außerhalb; derjenige, der das „Soziogramm" erstellt, sollte sich zusätzlich auch als „Bildhauer" betätigen und die Gruppenmitglieder in eine Haltung bringen, die ihr Verhalten anderen gegenüber charakterisiert (erhobene Faust, ablehnende Handbewegungen, kniende Haltung usw.). Dann kommt das nächste Gruppenmitglied an die Reihe und kann das Soziogramm verändern, wie es seinem Erleben entspricht usw. Wichtig dabei ist, daß die ganze Zusammenstellung schweigend abläuft.

Bei dieser Übung werden die erlebten sozialen Distanzen in der Gruppe deutlich. Daneben erhält jedes Gruppenmitglied viel Rückmeldung darüber, wie es in der Gruppe von anderen gesehen wird. Deshalb sollte sich an die Übung eine ausführliche Diskussion anschließen.

4.5 Gruppenführung

Durch die gegenseitige Beeinflussung der Gruppenmitglieder entsteht eine Dynamik, eine Bewegung in Richtung auf bestimmte, gruppenspezifische Ziele. Diejenigen, welche diese Dynamik bestimmen und die zielgerichteten Aktivitäten initiieren, werden als Gruppenführer bezeichnet.

Führung ist demnach eine zentrale Gruppenfunktion, ohne die Stillstand eintreten würde und die von verschiedenen Gruppenmitgliedern in unterschiedlichen Situationen wahrgenommen werden kann. Je mehr Gruppenmitglieder sich in unterschiedlichen Situationen in der Führerrolle abwechseln, umso leistungsfähiger und anpassungsfähiger dürfte die Gruppe sein.

In der gruppenpädagogischen Literatur unterscheidet man häufig zwischen der **Leitung** und **Führung** von Gruppen. Dadurch will man hervorheben, daß die Führerrolle eigentlich von jedem Gruppenmitglied übernommen werden kann, sobald es zielorientiert die Einzelaktivitäten initiiert und koordiniert. Die Leitungsfunktion ist hingegen an eine Person gebunden, die formal in diese Funktion eingesetzt wurde. Dabei können die Wünsche und Erwartungen der Gruppenmitglieder berücksichtigt worden sein, müssen es aber nicht. Diese unterschiedlichen Rollen werden auch in der Sozialpsychologie betont; hier bezeichnet man sie als formale oder informelle Führung. In unserem Zusammenhang soll unter einem Führer/Leiter das (formale oder informelle) Gruppenmitglied verstanden werden, das innerhalb der Gruppe in der jeweiligen Situation die zielorientierten Aktivitäten der Gruppenmitglieder am meisten bestimmt.

4.5.1 Formale und informelle Gruppen

Die Unterscheidung von Gruppenleitung und Gruppenführung entspricht der Tatsache, daß in größeren Gruppen und bestehenden Organisationen neben der offiziell festgelegten Handlungsstruktur (formale Gruppierungen im Organigramm) eigenständige, informelle Gruppen entstehen. Die formale Struktur soll garantieren, daß die betrieblichen, leistungsorientierten Ziele erreicht werden.

Die informellen Gruppen kommen hingegen den individuellen, emotionalen und sozialen Bedürfnissen der Gruppenmitglieder entgegen.
Die soziale Realität entspricht meist nicht der formalen Organisationsstruktur, sondern den informellen Gruppierungen mit ihren
gruppendynamischen Begleiterscheinungen (Wir-Gefühl, Gruppennormen usw.).

Die Bedeutung der informellen Arbeitsgruppen wurden erst in den
30er Jahren durch die anfangs schon erwähnten „HawthorneExperi-
mente" *Mayo* u. a.) erkannt. Diese Untersuchungen führten auch zu
einem neuen Menschenbild des Arbeitnehmers. Herrschte bis zu
dieser Zeit das Bild vom nur am Geld interessierten Mitarbeiter
(„economical man") vor, so wandelte es sich nun zur Vorstellung
vom „social man", dem Mitarbeiter, der auch seine sozialen Bedürfnisse bei der Arbeit befriedigen will. Heute sieht man den Mitarbeiter als „complex man", als einen Menschen, der eine differenzierte
Motivstruktur besitzt (z. B. Streben nach Anerkennung, Sicherheit,
sozialen Kontakten, Selbstbestimmung).

Die Bedeutung der informellen Gruppen für das Funktionieren der
formalen Organisation wird gut in einer Untersuchung von *Coch &
French* (1948) demonstriert. In einer Bekleidungsfabrik mußte die
Produktion umgestellt werden und die Firmenleitung wollte überprüfen, durch welches Vorgehen die bestehenden Widerstände am
besten verringert werden können. Zuerst beobachtete man die
betroffenen Arbeitsgruppen und registrierte das bestehende Lei-
stungsniveau. Dann bereitete man drei vergleichbare Aufgabengrup-
pen unterschiedlich auf die Umstellung vor: Eine Gruppe wurde mit
der Notwendigkeit konfrontiert und hatte die Möglichkeit bei den
anstehenden Planungen mitdiskutieren und entscheiden zu können.
Aus der zweiten Gruppe konnten nur Delegierte an der Entschei-
dungsfindung teilnehmen und die dritte Gruppe hatte keine Mitspra-
chemöglichkeit und wurde mit der Umstellung direkt konfrontiert.

In Abb. 15 wird das Untersuchungsergebnis graphisch dargestellt.
Das Ausmaß der Beteiligung und Mitbestimmung spiegelt sich deutlich im Leistungsverhalten der Gruppenmitglieder wieder. Je größer
die Möglichkeit, die Belange der eigenen Arbeit mit zu beeinflussen,
desto leicher fällt es, sich auf die neuen Arbeitsbedingungen umzu-
stellen. Bei der Gruppe, die nicht mitbestimmen konnte, zeigte sich
nicht nur ein konstanter Leistungseinbruch, sondern auch eine
höhere Beschwerde- und Fluktuationsrate.

Nach einer weiteren Untersuchung mußten *French, Israel & As*
(1960) dieses Ergebnis allerdings relativieren: Mitbestimmung stei-
gert nur dann die Leistung, wenn die Betroffenen die Entscheidung
auch für richtig halten, die Mitbestimmung persönlich als wichtig
betrachten und sich von der Firmenleitung als echte Partner akzeptiert fühlen, d. h. wenn so etwas wie ein echtes „Wir-Gefühl" besteht.

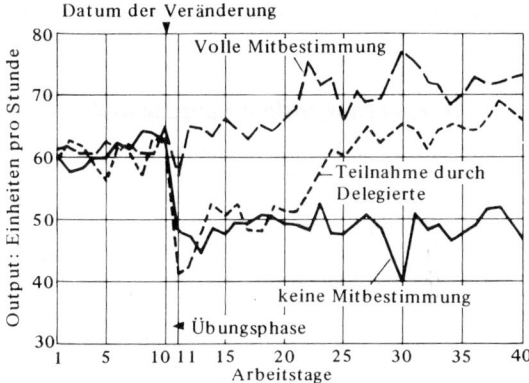

Abb. 15 Gruppenmitbestimmung und Produktionsrate (*Coch* & *French* 1948).

Übungsvorschlag

Versuchen Sie die formale und informelle Organisationsstruktur ihrer aktuellen Arbeitsstelle zu skizzieren. Wer ist der Boß, wer ist an Entscheidungen beteiligt, welche Konfliktpunkte tauchen auf, wie werden Entscheidungen gefällt und welche Reaktionen sind zu beobachten? In welchem Zusammenhang kann man den aktuellen Begriff der „Corporate Identity" mit diesen Betrachtungen verbinden?

4.5.2 Effektive Gruppenführung

4.5.2.1 Gibt es die Führerpersönlichkeit?

Führung findet nicht isoliert, sondern stets in einem sozialen Kraftfeld statt. Aus diesem Grunde hat man in der Sozialpsychologie auch jahrzehntelang vergeblich versucht die Eigenschaften des „big man", der Führerpersönlichkeit zu analysieren. Auch wenn man häufiger fand, daß Führer sich von Nicht-Führern durch ein intelligenteres, anpassungsfähigeres, extravertierteres, dominanteres, sozial sensibleres und konservativeres Verhalten unterscheiden, so gab es auch eine große Anzahl widersprüchlicher Forschungsergebnisse. Dies ist eigentlich auch nachvollziehbar, wenn man die unterschiedlichen

Gruppensituationen (z. B. politische Partei, Sportverein, Alten-club ...) bedenkt.

4.5.2.2 Gibt es den erfolgreichen Führungsstil?

Im „Windschatten" der Eigenschaftstheorie wurden eine Reihe von Untersuchungen durchgeführt, bei denen nicht die Persönlichkeitsei-genschaften, sondern das Führungsverhalten mit seinen Auswirkun-gen auf die Gruppe untersucht wurde. Das klassische Experiment dazu stammt von *Lewin, Lippitt & White* (1939) und „demonstriert" die Überlegenheit des „demokratischen" gegenüber dem „autoritä-ren" und „laissez-faire"-Führungsstil.

Bei diesem Experiment kamen zehn- und elfjährige Schüler wöchent-lich einmal nachmittags zu einer Spielstunde, die von Erwachsenen geleitet wurde. Die Leiter waren angewiesen für sechs Wochen einen bestimmten Führungsstil (demokratisch, autoritär oder laissez-faire) zu praktizieren. Nach sechs Wochen wechselten die Führer und auch der praktizierte Führungsstil in den Gruppen. Während der einzel-nen Gruppensitzungen wurde das Verhalten der Kinder und der Leitung von mehreren Beobachtern aufgezeichnet. Nach 12 Sitzun-gen wurde über das weitere Vorgehen abgestimmt.

Die generellen Ergebnisse waren:

• Zwischen den einzelnen Führungsstilen und dem Erleben und Verhalten der Kinder existiert ein enger Zusammenhang.

• Der praktizierte Führungsstil ist nicht abhängig von den Persön-lichkeitseigenschaften des Leiters, d. h. ein und dieselbe Person kann nach Unterweisung die unterschiedlichen Stile mit ihren speziellen Wirkungen realisieren.

• Der Führungsstil, den die Kinder in der Vergangenheit erfahren haben, bestimmt für eine gewisse Zeit ihr Verhalten gegenüber einem neuen Stil.

Folgende „führungsstilspezifischen" Ergebnisse wurden beobachtet:

Der **Autoritäre Stil** wurde durch starke Lenkung und Kontrolle realisiert. Es herrschten Anordnungen, Vorwürfe, Drohungen vor; Verständnis für die Geführten wurde nicht gezeigt. Diese psychische Einengung der Gruppenmitglieder führte zu starken Spannungen, zu gereiztem, aggressivem Verhalten und zu einem Streben nach Beach-tung durch den Führer. Die Arbeitsaktivität war abhängig von der Anwesenheit des Leiters. Für Fehler bei den Basteleien wurden „Sündenböcke" gesucht und verantwortlich gemacht. Die Worte „ich, mir, mein" werden relativ häufig benützt. Die Jugendlichen wünschen unter dieser Führung keine weitere Fortsetzung der Treffen.

Beim **Demokratischen Führungsverhalten** wurde viel Wert auf Verständnis und Toleranz gelegt; zu ergreifende Maßnahmen wurden gemeinsam beraten und entschieden. Der Umgangston war freundlich und kooperativ. Die Geführten zeigten sich nicht mehr „bedrohungsorientiert", sondern reagierten vertrauensvoller und freundlicher. Die Gruppe arbeitete auch weiter, wenn der Leiter den Raum verließ, gruppendienliche Vorschläge wurden häufiger beobachtet (auch die Wörter „wir, uns, unser"), Sündenböcke wurden bei Fehlern nicht gesucht/benötigt. Insgesamt zeigte sich ein hoher Aktivitätsgrad und auch die Bereitschaft Verantwortung zu übernehmen. Folgte der demokratische Stil dem autoritären, dann war anfangs eine gewisse Verhaltensunsicherheit bei den Jugendlichen feststellbar. Folgte der autoritäre dem demokratischen, dann zeigte sich eine Erhöhung der psychischen Spannung und Reizbarkeit.

Beim **Laissez-Faire-Führungsstil** gab der Leiter keine Anweisungen, so daß die Gruppenmitglieder praktisch tun und lassen konnten, was sie wollten. Die Gruppe zeigte dabei zwar eine hohe Aktivität, plante viel, erreichte aber nur selten ihr Ziel. Diese Führungslosigkeit wurde häufig dadurch unterbrochen, daß ein Jugendlicher die Leitung übernahm und den anderen vorschrieb, was sie tun sollten.

Nach diesem Loblied auf den demokratischen Führungsstil sollten wir den Themenkreis mit einer Übung vertiefen:

Übungsvorschlag

Lesen Sie bitte die Beschreibung der „Norton-Street-Bande" (*Whyte* 1943) durch und versuchen Sie die Fragen zuerst allein und dann in der Gruppe/Plenum zu beantworten.

Eine Gruppe aus 13 jungen Männern traf sich regelmäßig an der Ecke der Norton-Street. Sie hatten alle als Kinder schon in der Nachbarschaft gelebt und die gleiche Schule besucht. *Doc, Nutsy* und *Mike* waren mit 29 Jahren die ältesten, *Tommy* mit 20 der jüngste. Die meisten Mitglieder der Bande waren arbeitslos, nur *Carl* und *Tommy* arbeiteten regelmäßig in einer Fabrik. *Dany* und *Mike* besaßen einen Spielautomatensalon in der Nähe der Norton-Street.

Doc, Nutsy, Joe, Frank, Alec, Carl und *Tommy* waren alte Kameraden und bildeten das Grundgerüst der Gruppe; zu ihnen stießen *Angelo, Fred* und *Lou. Dany* und *Mike* waren alte Freunde von *Doc* und kamen mit der Gruppe in Kontakt, als sie ihren Spielsalon eröffneten. *Long John* war ein Freund von ihnen und schloß sich auch *Doc* an. Die Gruppe traf sich immer häufiger und schließlich regelmäßig in ihrem Stammcafe an der Norton-Street. Samstag abends wurde immer gekegelt. Wenn *Doc* bei den Gruppenmitgliedern etwas durchsetzen wollte, dann besprach er sich vorher mit *Mike* und *Dany*, manchmal auch mit *Long John*. Kam ein entscheidender Vorschlag von *Long John*, dann wurde er nicht befolgt, so daß er auf die Gesamtgruppe keinen Einfluß nehmen konnte. Kam ein Vorschlag von *Mike* und *Dany*, dann ging er an *Nutsy* weiter, der seinerseits *Frank*, *Joe* und *Alec*, aber auch *Carl* und *Tommy*, die unzertrennlich waren, überzeugte.

Wenn die Entscheidung allein von *Dany* erfolgte, dann konnte sie an *Angelo* weitergehen, der Einfluß auf *Fred* und *Lou* hatte. Wenn *Tommy* einen Vorschlag hatte, dann konnte er über *Carl* und *Nutsy* zu *Doc* gelangen. *Tommy* hatte, ebenso wie *Alec* und *Lou*, den niedrigsten Status in der Gruppe. *Doc* war hingegen der Boß, *Mike* und *Dany* – die Spielsalonbesitzer – konnten zwar aus geschäftlichen Gründen nicht regelmäßig am Gruppenleben teilnehmen, verfügten aber über viel Ansehen und Einfluß und standen in der Hierarchie gleich hinter *Doc*. Sie waren die Geschäftsleute, die anderen lebten auf Kosten anderer.

Doc, *Mike* und *Dany* wurden wegen ihrer Diskussionsgewandtheit auch von anderen Banden akzeptiert. *Long John* hatte eine Sonderstellung: Er verstand sich sehr gut mit den Anführern, unterstützte sie immer, hatte aber keinen Einfluß auf den Rest der Gruppe.

Wenn *Doc* nicht in der Gruppe war, dann spaltete sie sich in zwei gegnerische Cliquen auf, die von *Nutsy* bzw. *Angelo* angeführt wurden. War *Doc* anwesend, dann hielt die Gruppe zusammen, man sprach miteinander und unternahm gemeinsame Aktivitäten. Die Kommunikation in der Gruppe war auf *Doc* konzentriert, d. h. wenn er nicht mehr zuhörte, dann hörten die anderen zu sprechen auf. Die einzelnen Gruppenmitglieder vertrauten sich bei Problemen *Doc* an, der auch am besten über die Vorgänge in der Gruppe unterrichtet war. Wenn gestritten wurde, dann kannte er auch am besten die Hintergründe und konnte umfassend Stellung beziehen und urteilen. Er entschied allein über die Gruppenunternehmungen und entsprach damit den Erwartungen. Die Gruppenmitglieder konnten zwar Vorschläge einbringen, die Ausführung war aber von *Docs* Zustimmung abhängig, die er häufig erst nach Beratung mit *Mike* und *Dany* gab. Die Qualität der Entscheidungen *Docs* wurde daran gemessen, wie gut sie den Erwartungen und Normen der Gruppe entsprachen. *Docs* Verhalten orientierte sich auch sehr eng an den Gruppennormen, während die rangniedrigeren Gruppenmitglieder zwischendurch gefahrlos davon abweichen konnten.

Ihre Aufgaben:
• Entwickeln Sie aus den Daten ein Schema, in dem die Beziehungen zwischen den Gruppenmitgliedern deutlich werden.
• Wie kann man den Führungsstil *Docs* beschreiben und welche Verbindungen können Sie zu den Untersuchungen von *Lewin, Lippitt* und *White* herstellen?

Bei der Diskussion sollte zuerst die Führungsstruktur erarbeitet werden (Abb. 16) bevor die Führungssituation charakterisiert wird. Dabei sollte deutlich werden, daß

• der stark lenkende, autoritäre Führungsstil Docs erfolgreich ist,
• der autoritäre Stil den Erwartungen entspricht,
• die Gruppe die „feste Hand" Docs braucht, da sie sonst auseinanderbricht,
• sich der Führer strenger an die Normen halten muß als die meisten andern.

Bei der Diskussion kann zusätzlich ein anderes Experiment angesprochen werden: *Meade & Whittacker* (nach *Höger* 1972) haben *Lewins* Untersuchung in Indien durchgeführt und kamen dort zu völlig entgegengesetzten Ergebnissen. Der kulturelle Hintergrund fördert hier anscheinend die Wirksamkeit der autoritären Führung: die Leistungen waren besser, die Gruppenmoral höher und die Jugendlichen wollten bei diesem Führungsstil die Treffen beibehalten.

Diese widersprüchlichen Ergebnisse zeigen, daß neben der Führerpersönlichkeit, dem Führungsstil noch eine Reihe situativer Einflußgrößen zu berücksichtigen sind.

Doch bleiben wir zunächst noch kurz bei der Führungsstilforschung, die einen weiteren, wichtigen Aspekt noch herausgearbeitet hat. Man ließ Mitarbeiter das Führungsverhalten ihrer Vorgesetzten beschreiben und wertete diese Beschreibungen statistisch weiter aus. Dabei zeigte sich, daß Führungsverhalten durch zwei, voneinander unabhängige Verhaltensdimensionen beschreibbar ist. Die eine entspricht der Orientierung am Mitarbeiter (Wertschätzung, emotionale Zuwendung), die andere der Orientierung an der Leistung (Dominanz, Struktur, Aufgabenorientierung). In Abb. 17 sind die Führungsstile mit Hilfe dieser beiden Dimensionen dargestellt. Dabei wird auch deutlich, daß es unterschiedliche, stark lenkende Führungsstile gibt, die vom gefühlskalten Befehlshaber bis zum autoritären (liebevollen) Patriarchen reichen.

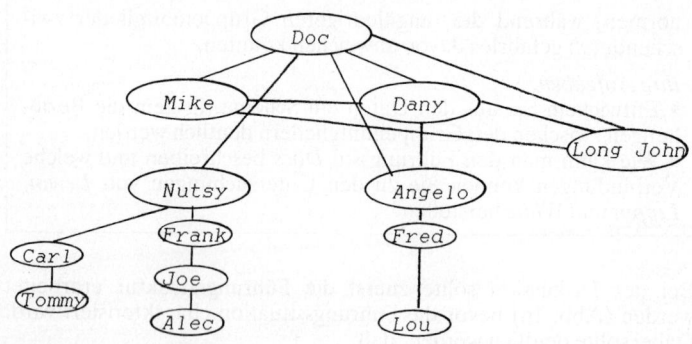

Abb. 16 Die Ranghierarchie der Norton-Street-Bande.

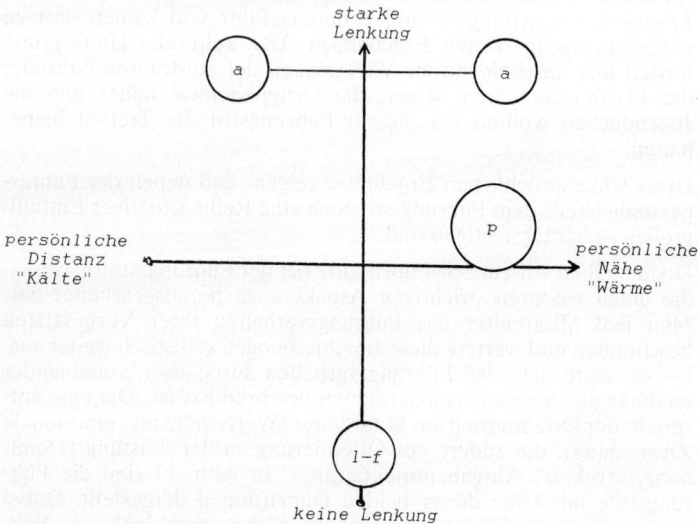

Abb. 17 Führungsstile und Verhaltensdimensionen von Vorgesetzten (a = aufgabenorientierter, p = partnerzentrierter und l–f = laissez-faire-Führungsstil).

4.5.2.3 Der Führer als Sklave der Gruppensituation?

Die widersprüchlichen Ergebnisse der Führungsstilforschung haben das soziale Kraftfeld stärker in den Mittelpunkt der Untersuchungen gerückt. Aus den bisherigen Betrachtungen wird klar, daß nicht nur der Führungsstil, die Führungspersönlichkeit, die Erwartungen an die Führung, die bisherigen Führungserfahrungen und die Situation einen Einfluß auf Erfolg oder Mißerfolg eines Gruppenleiters hat. *Fiedler* (1967) konnte in ausführlichen Untersuchungsreihen zeigen, daß die Positionsmacht des Führers, die Strukturiertheit der zu bewältigenden Aufgabe und die Beziehung zwischen Führer und Geführten in unterschiedlichem Ausmaß bestimmen, welcher Führungsstil effektiv ist.

Ein weiterer interessanter Aspekt wird in diesem Zusammenhang von *Hersey & Blanchard* (1977) betont: der **Reifegrad** des Mitarbeiters bzw. des Gruppenmitgliedes.

Wie viele andere Führungstheoretiker gehen auch sie davon aus, daß sowohl der aufgaben- als auch der mitarbeiterbezogene Führungsstil jeweils für sich gesehen erfolgreich sein kann. In ihrer „situativen Führungstheorie" verwenden sie einerseits die aufgaben- und mitarbeiterbezogenen Dimensionen, kombinieren diese aber mit dem unterschiedlichen „Reifegrad" der einzelnen Mitarbeiter. Der Reifegrad eines Mitarbeiters wird dabei stets in bezug auf die Gruppenaufgabe gesehen und ist abhängig von der aktuellen Motivation und den vorhandenen Fähigkeiten des Betroffenen.

Hersey & Blanchard unterscheiden **vier Stadien der Reife:**

(1) **Geringe Reife:** Hier fehlt sowohl die entsprechende Motivation als auch die Qualifikation. Die größte Erfolgswahrscheinlichkeit bietet hier ein stark aufgabenbezogener Führungsstil, bei dem deutlich gesagt wird, was, wann, wo und wie getan werden muß („telling" = unterweisen/befehlen/dirigieren).

(2) **Geringe bis mittlere Reife:** Der Mitarbeiter ist hier schon motiviert, aber noch nicht entsprechend fähig, die Aufgabe erfolgreich zu lösen. Hier wird ein stark aufgaben- aber auch mitarbeiterbezogener Führungsstil empfohlen („selling" entspricht erklären und fördern, trainieren).

(3) **Mäßige bis hohe Reife:** Der Mitarbeiter hat sich inzwischen die erforderlichen Fähigkeiten angeeignet, es fehlt ihm aber noch der Wille, die Arbeit konsequent durchzuziehen. Der Schwerpunkt sollte jetzt beim mitarbeiterorientierten, motivierenden Führungsstil liegen, der auch vorsieht, den Partner in anstehende Entscheidungen gleichberechtigt einzubeziehen („participation", teilhaben lassen, unterstützen).

(4) **Hohe Reife:** Auf diesem Niveau hat der Mitarbeiter alle Fähigkeiten erlangt, die Aufgaben zu lösen, eigene Ziele zu setzen und ist dazu auch voll motiviert. Als erfolgreiches Führungsverhalten bietet sich das Delegieren mit voller Verantwortung an.

Das geschilderte Führungsverhalten im Zusammenhang mit den Reifegraden wird in Abb. 18 zusammenfassend dargestellt.

Aus dem Schema wird u. a. deutlich, daß die Führung auch bei geringer und hoher Reife nicht ohne emotionale Zuwendung abläuft. Für die Autoren ist ein Führungsverhalten ohne personenorientierte Komponente nicht denkbar.

Hersey & Blanchard haben ihre Theorie weiter differenziert, so daß die Vorgesetzten mit Hilfe von Fragebogen und Schätzskalen ihr aktuelles Führungsverhalten, den jeweiligen Reifegrad und den erforderlichen Führungsstil bestimmen können.

Sie verstehen ihr Modell nicht statisch, sondern wollen es dynamisch ausgerichtet sehen. Die Leiter sollen dadurch angeregt werden, ihre Mitarbeiter stetig gezielt zu fördern, die anfangs erforderliche Len-

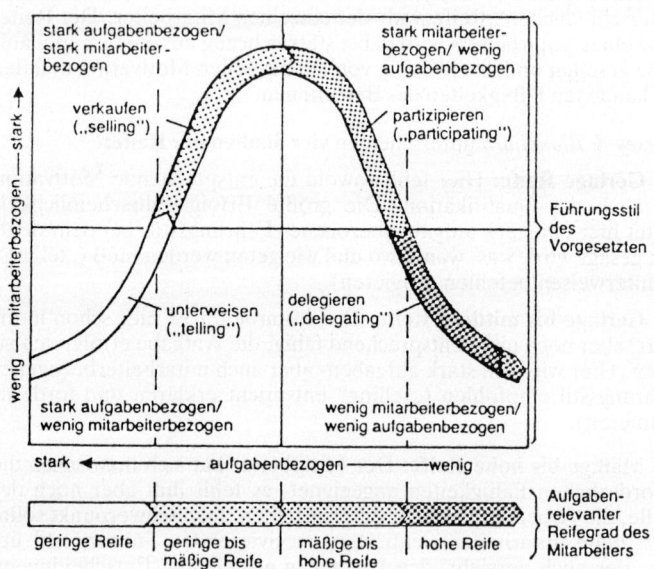

Abb. 18 Führungsstil und Reifegrad der Mitarbeiter (*Hersey & Blanchard* 1977).

kung zurückzunehmen und sich zunehmend entbehrlicher zu machen.

Betrachtet man unsere Ausführungen zum Führungsverhalten, dann wird deutlich, daß erfolgreiche Gruppenführung nur in Abhängigkeit vom aktuellen sozialen Kraftfeld (Aufgabenstruktur, Positionsmacht, Erwartungen der Mitarbeiter, Reifegrad, kulturelle Situation usw.) möglich ist. So wird jeder Vorgesetzte im Laufe des Tages flexibel in seinem Führungsverhalten reagieren müssen. Er wird klare Anleitungen geben, einen verunsicherten Mitarbeiter stützen, eine Arbeitsgruppe selbständig Probleme lösen lassen usw. Wenn damit der „flexible Führungsstil" empfohlen wird, dann sollte aber nicht das Fernziel aus dem Auge verloren werden: Wir sollten versuchen, die Mitarbeiter laufend zu fördern und die organisatorischen Strukturen so zu entwickeln, daß ein kooperativer, mitarbeiterbezogener Führungsstil erfolgreich ist. Der Erfolg bezieht sich dabei sowohl auf die Leistung als auch auf die Arbeitszufriedenheit der Gruppenmitglieder.

5 Lernprozesse in Gruppen

Im folgenden werden wir die einzelnen Lernprinzipien, wie sie in der Allgemeinen Psychologie herausgearbeitet wurden, mit den komplexeren, realitätsnäheren Gruppenprozessen in Verbindung setzen und die daraus resultierenden Möglichkeiten der Einstellungs- und Verhaltensänderung betrachten. Es geht dabei nicht um eine umfassende und erschöpfende Darstellung der lerntheoretischen Ergebnisse, sondern um die konkrete Einbettung in gruppenpädagogische Maßnahmen.

Das Lernen als die Ursache aller Verhaltensänderungen – soweit diese nicht organisch bedingt sind – wird von der Psychologie seit langem ausführlich erforscht. Jahrzehntelang untersuchten Psychologen das Lernen in seiner reinen Form und ließen die komplexen Einflußfaktoren (Denken, Motivation, Erwartungen) absichtlich nicht berücksichtigt, da sie nur am Verhalten interessiert waren. Deshalb versuchten sie die Zusammenhänge zwischen objektiv registrierbaren Reizen (S von stimulus) und beobachtbaren Reaktionen (R) zu analysieren. Die Vertreter dieser Forschungsrichtung – des „klassischen" Behaviorismus – untersuchten in Tierexperimenten, unter welchen Reizbedingungen Verhaltensänderungen eintreten. Dabei gelang es zwei grundsätzliche Lernprozesse zu analysieren: Das klassische und das instrumentelle Konditionieren.

5.1 Grundlegende Lernprinzipien

Klassisches Konditionieren

Der russische Physiologe *Pawlow* kam bei seinen Untersuchungen zum „bedingten" Reflex zum Ergebnis, daß dabei als Grundlage stets eine selbständige, autonome Reiz-Reaktionsverbindung vorliegen muß. Man benötigt also als Basis einen unkonditionierten Reiz, der fest mit einer unkonditionierten Reaktion verbunden ist. Gibt man beispielsweise einem Hund Fleisch ins Maul, dann reagiert er mit Speichelaussonderung. Läutet man jetzt gleichzeitig oder kurz vorher eine Glocke, dann genügen einige Wiederholungen (Koppelungen) und der konditionierte Reiz (Glocke) hat seine Neutralität verloren und kann allein den Speichelfluß auslösen. Das Verhalten des Tieres in der vorgegebenen Situation hat sich verändert, d. h. es fand eine klassische Konditionierung statt.

Das Tier reagiert dann nicht nur auf den konditionierten Reiz, sondern auch auf ähnliche (Reizgeneralisation).

Weitere Experimente mit dem klassischen Konditionieren zeigen, daß vor allem Gefühle und vegetative Reaktionen auf diese Weise mit (vorher neutralen) Gegenständen, Situationen und Personen verbunden werden. Wir lernen demnach diese Reize mit Freude, Entspannung, Zuwendung, Langeweile, Angst, Wut, Erregung usw. zu verbinden.

Übungsvorschlag

Versuchen Sie Heimweh, Sympathie und die Angst eines Teilnehmers vor der Gruppenarbeit durch das klassische Konditionieren zu erklären. Auf welche Aspekte sollte ein Gruppenleiter deshalb achten?

Instrumentelles (operantes) Konditionieren

Pawlows Versuchstiere waren bei den Experimenten zum klassischen Konditionieren angeschnallt und hatten keine Möglichkeit, sich dem unkonditionierten und dem konditionierten Reiz zu entziehen. Diese Lernsituation entspricht nicht den meisten natürlichen Lerngegebenheiten, obwohl es dieses Arrangement bis zum Kleinkindalter und später in bestimmten Familiensituationen schon gibt. Meist können die Menschen und auch die Tiere sich (relativ) frei bewegen und Verhaltensweisen zeigen, die erfolgreich sind. Dieses Lernen am Erfolg/Mißerfolg wurde von *Skinner* eingehend untersucht. Seine Versuchstiere – es waren meistens Tauben – verhielten sich nicht passiv-reaktiv, sondern konnten sich in der experimentellen Situation („Skinner-box") frei verhalten. Die Verhaltensweise, die in einer gewünschten Richtung liegt, wird während des Experiments sofort durch ein Futterkorn belohnt („verstärkt"). So zeigen die Tauben anfangs in der Skinner-box alle denkbaren Verhaltensweisen, z. B. picken sie auch zufällig auf einen Hebel; rollt auf dieses Hebelpicken hin ein Futterkorn in den Käfig, dann picken die Tauben mit zunehmender Häufigkeit auf den Hebel, wenn dieses Verhalten weiter belohnt wird. D. h. auch hier wurde gelernt, weil sich die Eintrittswahrscheinlichkeit eines Verhaltens in einer bestimmten Situation verändert hat.

Instrumentelles Lernen findet statt, wenn eine der folgenden Konsequenzen dem gezeigten Verhalten folgt:

• *Belohnung:* Ein positiver Verstärker (z. B. Futter, Schokolade, Lob, „Streicheleinheiten") folgt möglichst unmittelbar dem gezeigten Verhalten und erhöht dessen Eintrittwahrscheinlichkeit.

- *Entstrafung:* Ein unangenehmer Zustand wird beendet oder kann vermieden werden. So können Kopfschmerzen z. B. durch Tabletten oder Angst durch Fluchtverhalten vermieden/verringert werden.
- *Bestrafung:* Durch Strafe kann ein Verhalten blockiert werden.
- *Entlohnung:* Dem Verhalten folgen keine positiven Verstärker mehr und es wird – wenn dies konsequent geschieht – immer seltener auftreten und „gelöscht".

Übungsvorschlag:

Lesen Sie das folgende Experiment zum „Vermeidungslernen" durch und versuchen Sie die Anteile des klassischen und des operanten Konditionierens herauszuarbeiten. Mit welchen menschlichen Verhaltensweisen könnte man dieses Vermeidungsverhalten vergleichen? Eine Ratte wird in einen Käfig gebracht, der ein weißes und ein schwarzes Abteil besitzt. Im weißen Abteil befindet sich am Boden ein Gitterrost, der unter elektrische Spannung gesetzt werden kann, so daß die Ratte schmerzhafte Elektroschocks erhält. Zwischen dem weißen und dem schwarzen Abteil befindet sich eine Tür, die sich auf Hebeldruck hin öffnet. Sobald das Tier im weißen Abteil Elektroschocks bekommt, versucht es ihnen mit allen möglichen Verhaltensweisen zu entkommen. Es lernt sehr schnell den Hebel zu drücken, die Tür zu öffnen und in das schwarze Abteil zu fliehen, in dem es keine Schocks mehr erhält (Fluchtlernen, „Entstrafung"). Bringt man die Ratte wieder in das weiße Abteil, dann verhält sie sich äußerst ängstlich, auch wenn sie dort nicht mehr geschockt wird. Sie drückt sofort wieder den Hebel, um in das schwarze Abteil zu gelangen. Dieses Vermeidungsverhalten ist sehr widerstandsfähig gegen Löschung, da es sich durch die Reduzierung der Angst selbst aufrecht erhält.

Ein weiteres Experiment zum Thema Kontrollverlust bzw. Hilflosigkeit zeigt den starken Einfluß des instrumentellen Konditionierens auf das grundlegende Interesse, sich aktiv mit der Umwelt auseinanderzusetzen:

Seligman (1979) führte mit seinen Versuchstieren – es waren Schäferhunde – ein Experiment durch, bei dem Hilflosigkeit erlernt wurde. Er gab seinen Tieren an einem Tag Elektroschocks, denen sie nicht ausweichen konnten. Die ersten Schocks lösten eine Reihe unterschiedlicher, erfolgloser Fluchtversuche aus; der letzte Schock dagegen traf auf inzwischen völlig passiv gewordene Tiere. Am nächsten Tag wurden die Hunde in einen anderen Experimentierkäfig gebracht, in dem sie den Elektroschocks durch einen Sprung über eine schulterhohe Barriere entkommen konnten. 19 der 20 Tiere mit der gleichen Schockerfahrung des Vortages sprangen nicht auf die sichere Seite, während andere Tiere, die nicht der vorangegangenen Schockprozedur ausgesetzt waren, das Fluchtverhalten rasch lernten. *Seligman* bezeichnet dieses Verharren in der aversiven Situation als „Gelernte Hilflosigkeit". Sie ist offensichtlich durch mehrfach ergebnislos erfolgte Fluchtversuche bedingt, die schließlich, da sie nicht erfolgreich waren, gelöscht wurden. Die Kontrollmöglichkeit der Situation ging für die Tiere verloren.

Die Bewältigung dieser konditionierten Hilflosigkeit erwies sich als ungemein schwierig. Man entfernte zuerst die Barrieren, um das Fluchtverhalten so einfach wie möglich zu machen und rief den Hund, der aber trotz schmerzhafter Elektroschocks keine Reaktion zeigte. Man streute Fleischbrocken auf die „sichere" Seite des Käfigs, als die Hunde hungrig waren – ohne Erfolg –.

Die einzige Maßnahme, die schließlich zu einigem Erfolg führte, bestand darin, daß man den Hund am Halsband nahm und mit großer Anstrengung auf die andere Seite zog. Wenn dies 20 bis 30 mal wiederholt wurde, ließ der Widerstand des Hundes etwas nach!! Sobald die Fluchtreaktion spontan folgte, war der Hund wieder völlig hergestellt. Diese „irrationale" Passivität besitzt eine beeindruckende Ähnlichkeit mit den Symptomen der Depression.

Nach einer Reihe von Experimenten scheint allgemein zu gelten: „Wer einmal in einer hinlänglich unangenehmen Situation gelernt hat, daß er diese durch eigenes Zutun nicht verändern kann, tut sich in anderen Situationen schwer zu lernen, daß es sehr wohl Kontingenzen zwischen eigenem Verhalten und Resultat gibt; es entsteht so etwas wie ein allgemeiner Fatalismus, der besonders bei Hunden nur durch längerdauernde, sehr direktive Eingriffe wieder abzubauen ist" (*Burisch* 1989, S. 44).

Beim Menschen kommt es nicht so sehr auf die objektive Kontrollierbarkeit an, sondern auf die Erwartungshaltung. *Glas & Singer* (1972) führten dazu ein Experiment mit drei Studentengruppen durch: Alle drei Gruppen wurden bei ihrer Arbeit durch unregelmäßigen Lärm belästigt. Gruppe A konnte den Lärm mit Knopfdruck abstellen, B und C hatten ebenfalls einen Knopf, der allerdings wirkungslos war; B erhielt die Information, daß sie den Lärm abstellen könnte, was von der Leitung aber nicht erwünscht sei. Die Probanden der Gruppe C (unvermeidbarer Störreiz) gaben bei den Aufgaben schneller auf und beschrieben den Lärm als störender. Gruppe B (vermeintliche Kontrolle) unterschied sich in ihren Leistungen nicht von A.

Übungsvorschlag

Diskutieren Sie den möglichen Zusammenhang zwischen den Lernprozessen in den geschilderten Experimenten und der Abneigung bzw. Freude am Lernen generell. Welche Bedeutung hat dieser Zusammenhang für die Leitung von Gruppen?

Sozial-kognitives Lernen/Modell-Lernen

In den 70er Jahren vollzog sich im Behaviorismus die „kognitive Wende", die hauptsächlich durch die Arbeiten *Banduras* (1969, 1978, 1979) in Bewegung kam. Er demonstrierte, daß klassisches und instrumentelles Lernen nicht ausreichen, um den Erwerb komplexer menschlicher Verhaltensweisen, wie beispielsweise das Erlernen einer Sprache, zu erklären. Aus seinen einfallsreichen Untersuchungen folgert er, daß die kognitiven Vorgänge beim Lernen komplexer Verhaltensweisen von zentraler Bedeutung sind. Dabei unterscheidet er zwei Lernprozesse:

In der ersten Phase (Aneignungsphase) werden die komplexen Verhaltensweisen des Modells mit der jeweiligen Situation vom Beobachter übernommen und abgespeichert. Damit dies geschehen kann, muß das Modell die Aufmerksamkeit des Lernenden auf sich ziehen und dessen Merkfähigkeit aktivieren („Lernen ohne Versuch").

In der zweiten Phase (Ausführungsphase) wird das beobachtete Verhalten in einer ähnlichen Situation ausprobiert und wenn es erfolgreich abläuft, verstärkt. Ob das gespeicherte Verhalten aber auch in konkreten, ähnlichen Situationen reproduziert wird, hängt davon ab, ob der Beobachter sich mit dem Modell identifizieren konnte, das Modell mit dem Verhalten erfolgreich war und welche Erfolgserwartungen der Beobachter selbst mit diesem Verhalten in der jeweiligen Situation verbindet. Demnach kann durch das Modell-Lernen ein neues Verhalten nicht nur gebahnt, sondern auch gehemmt werden, wenn die Erfolgserwartungen gering und die Straferwartungen hoch sind. Abb. 19 stellt das Beobachtungs-Lernen schematisch dar.

Eine zentrale Frage im Zusammenhang mit dem Beobachtungs-Lernen ist allerdings noch nicht befriedigend geklärt. *Wie wird man zum Modell?* Nicht immer werden Eltern zum Modell für ihre Kinder, der Richter das Modell für den Kriminellen, der Lehrer das Vorbild für den Schüler usw. Einige Ergebnisse liegen allerdings vor: So wird die Nachahmung gefördert, wenn das beobachtete Modell erfolgreich ist, das gezeigte Verhalten belohnt wird, das Modell einen höheren sozialen Status besitzt und auf den Beobachter persönlich und freundlich wirkt. Macht, Prestige und damit verbunden

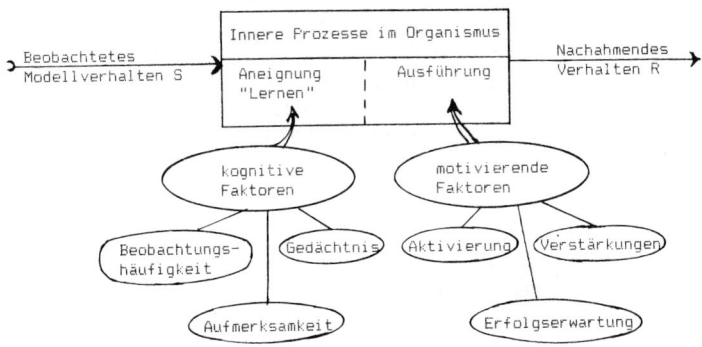

Abb. 19   Schematischer Ablauf des Beobachtungslernens.

die Möglichkeit Verstärkungen zu kontrollieren, erhöhen deutlich die Modellwirkung.

Personen mit geringem Selbstvertrauen und wenig selbständigem Verhalten neigen eher zur Übernahme von Modell-Verhalten als selbstsichere. Geringe oder überstarke Erregung stören das Modell-Lernen.

Bandura hat mit seiner Theorie des „sozialen Lernens" die Lernpsychologie und die Pädagogik stark beeinflußt. Versucht man die Lernprinzipien auf das Lernen in Gruppen zu übertragen, dann findet man sehr viele Zugangsmöglichkeiten. Gut funktionierende Gruppen bieten eine positive Lernatmosphäre, in der die einzelnen mit unterschiedlichen Verhaltensweisen experimentieren können, in denen sie Zuwendung (Verstärkungen) für (erwünschtes) erfolgreiches Verhalten bekommen, in der kompetente Modelle (Gruppenführer, Seminarleiter) vorhanden sind, die neue Möglichkeiten aufzeigen.

Die Gruppe ist das optimale Lernfeld, wobei die Ziele und Normen natürlich gruppenspezifisch ausgerichtet sind und den gesellschaftlichen nicht immer entsprechen müssen. In der Gruppenpädagogik, der sozialen Gruppenarbeit (als Methode der Sozialarbeit), der Gruppenpsychotherapie und im Bereich der Jugend- und Erwachsenenbildung versuchen wir dieses optimale Lernfeld zu nutzen. Der Begriff des „sozialen Lernens" wurde ursprünglich im Sinne der Theorie *Banduras* verstanden, hat sich aber im pädagogischen Bereich in einer erweiterten Form durchgesetzt. Dort versteht man darunter das Erlernen sozialer Verhaltensweisen, wie Kooperations- oder Kommunikationsfähigkeit. Diese Verhaltensweisen werden im positiven, wie auch im negativen Sinn durch das „sozial-kognitive" Lernen aufgebaut und in Gruppen stabilisiert.

Dem Gruppenleiter kommt beim sozialen Lernen eine Schlüsselrolle zu. Er hat es in der Hand, die Atmosphäre so (mit) zu gestalten, daß ein optimales Lernklima entsteht. Er muß die Teilnehmer aktivieren, er muß ihnen Raum geben, einen persönlichen Bezug zum Thema herstellen, den einzelnen ermutigen, neue Ideen zu entwickeln und Identifikationsmöglichkeiten bieten. Dabei ist ein einzelner Seminarleiter oft überfordert. So ist es sehr effektiv, wenn Veranstaltungen nicht von einem Leiter, sondern von einem Leitungsteam durchgeführt werden. Dieses **„Teamteaching"** hat die folgenden Vorteile:

Die Teilnehmer haben mehr Identifikationsmöglichkeiten, werden durch das unterschiedliche Sprechverhalten der Moderatoren besser aktiviert, erleben mehr Abwechslung und können einzeln, in Kleingruppen, aber auch im Plenum besser betreut werden.

Das Leitungsteam kann dabei die ablaufenden Prozesse besser beobachten, anfallende Aufgaben (Schreiben am Flip-Chart, Kärtchen ordnen, Moderation) verteilen und teilnehmerorientierter durchführen. Zusätzliche Ideen der Moderatoren verbessern die Qualität, demonstrieren den Gruppenvorteil und zeigen auch konkret eine vorgelebte Partnerschaftlichkeit.

Allerdings erfordert das Teamteaching eine intensivere Vorbereitung und Absprache. Die Team-Teacher müssen sich auf ein gemeinsames Vorgehen einigen, da sie sonst die Teilnehmer nur verwirren. Da dieser Mehraufwand häufiger mit einer Halbierung der Seminarhonorare verbunden ist, wird diese wünschenswerte Leitungsform viel zu wenig praktiziert.

5.2 Superlearning/Suggestopädie als Beispiel für erfolgreiches Lernen in Gruppen

In den 80er Jahren wurde bei uns ein neues Lernverfahren vorgestellt, das unter dem Namen „Superlearning" eine schnelle Verbreitung – allerdings nicht im universitären Bereich – erreichte. Diese „revolutionäre" Lernmethode hat vor allem bei Fremdspracheninstituten offene Türen „eingerannt", da ihr das mühsame Wörterbüffeln umgangen werden konnte. Doch was verbirgt sich eigentlich hinter diesem neuen „Nürnberger Trichter", der ein Lernen „fast im Schlaf" ermöglicht und von dem behauptet wird, daß er die von den traditionellen Lernmethoden nicht berücksichtigten 90 Prozent unseres geistigen Potentials ausschöpfen würde.

Das „Superlearning" oder die „Suggestopädie" (beide Begriffe sind ursprünglich identisch) geht auf die Arbeiten des bulgarischen Psychotherapeuten und Pädagogen *Lozanov* (1979) zurück, der keine wirklich neue Technik erfand, sondern die bestehenden Erkenntnisse zu einem Gesamtmodell zusammenfaßte. *Lozanov* berichtet von überragenden Ergebnissen beim Fremdsprachenlernen (5 bis 50fache Überlegenheit) im Vergleich zu den herkömmlichen schulischen Lernmethoden seines Landes. Seine Ergebnisse konnten in diesem Umfang bei westlichen Kontrolluntersuchungen nicht bestätigt werden (*Nuber* 1986).

Allerdings ist die verbesserte Lerngeschwindigkeit nur ein Vorteil des Superlearnings. Daneben stehen die streßfreie, entspannte, angstfreie, kreative, ganzheitliche Lernsituation und die positive Beziehung Lehrer–Lernender im Vordergrund. Gerade durch diese Beziehung kommen suggestive Kräfte zum Tragen, mit denen Lernhemmungen beseitigt und die Reservekapazitäten unseres Gehirns (vor allem der rechten Hemisphäre) aktiviert werden können. Man versucht die Einseitigkeit des sprachorientierten („linksseitigen") Schulunterrichts durch die Verwendung unterschiedlichster Informations- und Wahrnehmungskanäle zu erweitern. Das theoretische Konzept orientiert sich stark an der Funktionsteilung unserer Gehirnhemisphären, wobei eine allgemeine Dominanz der linken (rationalen, sprachorientierten) Hemisphäre postuliert wird.

Beim typischen Ablauf einer suggestopädischen Unterrichtseinheit kann man nach *Edelmann* (1988) drei Stufen unterscheiden:

● **Vorbereitung**

Wichtig ist hier, daß eine angenehme, persönliche Lernatmosphäre aufgebaut wird, in welcher die Lernenden ihre Lernbarrieren und Hemmungen verlieren. Die vorherrschenden Erfahrungen/Meinungen, daß Lernen mit Arbeit, Mühe, Enttäuschung verbunden sein muß, werden abgebaut und positive Lernerwartungen in suggestiver Weise eingeführt.

Die Teilnehmer werden über die Grundprinzipien der Suggestopädie informiert, durch mentale und körperliche Entspannungsübungen aufgelockert und sollen dabei ihre spontane, natürliche Lernfreude und Neugierde wiederentdecken! Sie erhalten, wenn es sinnvoll erscheint, auch eine neue „Identität" und übernehmen entsprechende Namen oder berufliche Bezeichnungen aus der zu erlernenden Fremdsprache. Ist eine offene, freundliche, vertrauensvolle Atmosphäre entstanden, dann präsentieren die Lehrer – meist wird im Teamteaching gearbeitet – das Unterrichtsmaterial möglichst anschaulich, indem sie es schauspielerisch-pantomimisch darstellen und dem Lernenden die Aufnahme der Informationen über möglichst viele Wahrnehmungskanäle ermöglichen.

• **Suggestopädische Sitzung**

Sie gliedert sich in eine aktive und eine (pseudo-)passive Phase:

In der aktiven Phase erhalten die Lernenden den schon gehörten Unterrichtstext. Der Lehrer trägt nun den Text nochmals sehr ausdrucksvoll (dramatisch laut bis leise, rhythmisch betonend und pantomimisch untermalend) vor, wobei er seinen Vortrag auf den Rhythmus der Musik, die im Hintergrund zu hören ist, abstimmt. Die Lernenden lesen diesen Text leise (imitierend) mit. Nach *Lozanow* eignen sich für diese Phase vorwiegend Musikstücke von Haydn, Mozart, Beethoven oder Brahms, da sie kontrastreich aber dissonanzarm sind. Durch diese Art der Stoffdarbietung soll beim Lernenden ein „intuitiv-rezeptiver" Bewußtseinszustand vorbereitet/erzeugt werden.

Am Ende der aktiven Phase kann durch zusätzliche Entspannungsübungen und „Phantasiereisen" der Einstieg in die passive Phase intensiviert werden. Diese „pseudopassive" Phase soll für alle Beteiligten ein „ästhetisches Vergnügen" werden. Der Lehrer liest nochmals (in normaler Sprechweise) den Unterrichtstext vor, ordnet sich diesmal aber in seiner Vortragsweise völlig der Musik unter. Die Lernenden folgen dabei (meist mit spontan geschlossenen Augen) der Musik und den Worten. Nach *Lozanow* eignen sich für diese Phase vor allem langsame Sätze aus der Barockmusik (Vivaldi, Corelli, Bach), da ihr Rhythmus dem des Organismus (Herz, Puls) entspricht. Nach dieser intuitiv-rezeptiven Phase findet meist eine längere Pause (bis zum nächsten Morgen) statt.

• **Aktivierung des Lernstoffes**

In diesem Abschnitt werden die gelernten Inhalte aktiviert. Er dauert insgesamt länger als die beiden vorangegangenen Stufen und kann mit dem traditionellen Üben verglichen werden. Ziel dabei ist, einen möglichst vielseitigen, spielerischen, ungezwungenen Lerntransfer zu ermöglichen und die Inhalte dauerhaft im Langzeitgedächtnis abzuspeichern. Um dies sicherzustellen wird der gelernte Stoff spielerisch (Pantomime, Stegreifspiele, Rollenspiele, Diskussionen) eingeübt.

Die Suggestopädie hat – in unterschiedlichen Formen – vor allem im Bereich des Fremdsprachenlernens einen großen Markt erobert. *Lozanov* betont allerdings, daß diese Methode auch bei anderen Lerninhalten anwendbar sei; dies wurde bisher allerdings weniger praktiziert und überprüft. *Edelmann* (1988) hat die Effektivität der suggestopädischen Methode an der TH Braunschweig im Zusammenhang mit dem Lerninhalt „Die beiden Hemisphären der Großhirnrinde" untersucht. Er berichtet von einer sehr hohen Akzeptanz dieser Methode, konnte aber im Vergleich mit den Ergebnissen bei einem „intensiven, herkömmlichen" Seminar keine höhere Effektivität in der Lernleistung nachweisen. Als negativen Aspekt weist er auf die kritiklose Aneignung des Lernstoffes durch die Studenten hin.

Die Überlegenheit der suggestopädischen Methode beim Erlernen von Fremdsprachen ist allerdings gut belegt, wenn auch nicht in dem Ausmaß, wie es von *Lozanov* dargestellt wurde (*Philipov* 1981, *Schiffler* 1986, 1988). *Edelmann* (1988, S. 79) formuliert in diesem Zusammenhang auch die Hypothese, „daß die suggestopädische Lernmethode möglicherweise dann besonders angezeigt ist, wenn im starken Maße wortwörtlich gelernt werden soll".

Bei einer kritischen Betrachtung des Superlearnings müssen wir folgern, daß der Lernerfolg (i.S. eines höheren Lerntempos) eigentlich nur im Zusammenhang mit dem Fremdsprachenlernen gesichert ist. Dabei konnte natürlich nicht die Theorie *Lozanovs* bewiesen werden. Dies ist auch kaum möglich, weil bei dieser Methode sehr viele komplexe Faktoren (z. B. Lehrerpersönlichkeit, verschiedene Wahrnehmungskanäle, nachahmendes Lernen, streßfreie Situation, Erfolgsmotivation, soziale Bestätigung/Belohnung, klassische Konditionierung, praktische Übungen usw.) zusammenwirken, deren Effektivität auch von der Lernpsychologie betont werden. Die Einflußvariablen sind demnach nicht neu (dies betont auch *Lozanov*). Neu hingegen ist ihr Arrangement (Lehr-Lern-Sequenz), durch welches diese Methode charakterisiert ist. Hier ist *Lozanovs* Ansatz kreativ und den Erkenntnissen der Pädagogischen Psychologie bzw. Lerntheorie überlegen, die zwar sehr differenzierte Lernprinzipien und Wirkfaktoren analysiert haben, es aber bisher versäumten, dieses Wissen in ein Modell für bestimmte Lernaufgaben (z. B. Fremdsprachenlernen) zu integrieren.

Der Begriff „Superlearning" hat sich in den letzten Jahren leider als sehr inflationär erwiesen. Es existieren heute viele Kassetten-Angebote, die sich lediglich mit dem „Superlearning-Etikett" schmücken und nur Einzelheiten aus dem suggestopädischen Programm verwenden. Sie sind deshalb nicht identisch mit den ernstzunehmenden Konzepten von *Lozanov* (Suggestopädie), *Schuster* und *Gritton* (1986, „Salt"-System of Accelerative Learning) oder *Dhority* (1986, 1987, „Act"-Acquisition through Creative Teaching), die sich eng an *Lozanovs* Vorgehen orientieren.

5.3 Möglichkeiten der Einstellungsänderung

Unser Verhalten wird sehr stark von Meinungen und Einstellungen beeinflußt, die das Ergebnis sozialer Lernprozesse sind. Wenn man diese Aussage akzeptiert, und sie wird durch viele Untersuchungen bestätigt, dann kann man folgern, daß (problematische) Einstellungen auch durch Lernprozesse verändert werden können. Dies klingt einfach und plausibel. Trotzdem ist es in der Praxis schwierig, Einstellungssysteme zu verändern, weil die meisten Personen Situationen aufsuchen, in denen ihre Einstellungen entstanden und deshalb weiter verfestigt werden. Zusätzlich sind Einstellungen unterschiedlich fest in der Persönlichkeitsstruktur verankert; sie können sehr zentral und „ich-nah" oder dezentral und unwesentlich sein. Sie können daneben auch sehr stark durch verbindliche, gruppenspezifische Normen bedingt sein.

- **Überredung und „kognitive Dissonanzen"**

Wenn wir Einstellungen verändern wollen, dann können wir an drei Punkten ansetzen: Wir können versuchen, unseren Gesprächspartner zu überzeugen/überreden (Persuation), ihn verunsichern („kognitive Dissonanzen" erzeugen) oder durch gruppendynamische Maßnahmen bei ihm eine Veränderung bestehender Normen und Haltungen erzielen.

Hovland (1949, 1959) hat mit seinen Mitarbeitern in den „Yale-Studien" ausführlich die Möglichkeiten der überredenden Kommunikation („Propaganda") analysiert. Er untersuchte den Einfluß einzelner Elemente des Kommunikationsprozesses auf die Einstellungsänderung und erzielte dabei teilweise recht widersprüchliche Ergebnisse. Dies liegt sicher mit daran, daß er den Einfluß des sozialen Kraftfeldes nicht berücksichtigte. Seine Ergebnisse bestätigen allerdings *Banduras* Konzept vom Lernen am Modell zu einer Zeit, als es noch nicht vorgestellt war: Je glaubwürdiger, akzeptabler, fachlich kompetenter, einflußreicher und sympathischer ein „Sender" erlebt wird, desto eher bewirken seine Äußerungen einen Einstellungswandel bei den Zuhörern (ausführlicher *Wellhöfer* 1988).

Wir alle besitzen ein mehr oder weniger ausgewogenes System an Meinungen und Einstellungen. Diese kognitiven Systeme streben nach einem Gleichgewicht (Konsonanz), d. h. es ist uns angenehm, wenn sie sich nicht widersprechen. Widersprüchliche Inhalte führen zu einer Verunsicherung, diese ist die Basis für jede Veränderung. *Festinger* hat diesen Ansatz in seiner „Theorie der kognitiven Dissonanzen" beschrieben und durch viele Untersuchungen auch belegt. Die zentrale Frage dabei ist, welche kognitiven Elemente sich letztendlich durchsetzen.

Nach den empirischen Ergebnissen sind dies zweifellos die zentralen, ich-nahen Einstellungselemente, an die sich der Betroffene stark gebunden fühlt. Diese Bindung entsteht meistens dadurch, daß wir uns „öffentlich" zu dieser Aussage bekannt haben. *Festingers* Untersuchungen demonstrieren, daß je stärker die öffentliche Festlegung ist („comitment"), desto stärker verändert sich die Einstellung in

Richtung auf das gezeigte Verhalten. Bekomme ich z. B. viel für eine Lüge oder etwas, das ich nicht mag, dann kann ich das kognitiv rechtfertigen, erlebe kaum eine Dissonanz und muß mir auch keine neuen kognitiven Elemente suchen, um etwas zu verändern.

So hat sich gezeigt, daß wir im Rollenspiel eine sehr gute Möglichkeit haben, kognitive Dissonanzen zu erzeugen. Ein Beispiel: *Wallace* (1966) bat in einem Experiment jeweils zwei Personen an einem Rednerwettbewerb teilzunehmen, bei dem sie einen bestimmten Standpunkt zur Todesstrafe zu vertreten und möglichst engagiert zu verteidigen hatten. Die Einstellung der Teilnehmer zur Todesstrafe wurde vorher mit einem Fragebogen erfaßt, und sie hatten bei ihrem Vortrag die Einstellung zu vertreten, die ihrer eigenen entgegengesetzt war.

Nach dem Rednerwettbewerb wurde einigen mitgeteilt, daß der intellektuelle Gehalt ihrer Rede besser als der des Konkurrenten gewesen sei (A: inhaltliche Belohnung). Anderen Teilnehmern wurde gesagt, daß die Art, wie sie den Vortrag gehalten hatten, überzeugend und beeindruckend gewesen sei (B: Rollenbelohnung). Einer dritten Gruppe wurde gesagt, daß sie genau so gut und einer vierten, daß sie schlechter als der Konkurrent gewesen seien. Anschließend hatten die Teilnehmer erneut ihre Einstufung zur Todesstrafe mit Hilfe des Fragebogens abzugeben. Die Auswertung führte zu einem generellen Ergebnis: Bei allen vier Gruppen fand eine Veränderung der Einstellung auf die in der Rede geäußerte Richtung statt. Die größte Änderung zeigte sich bei der Gruppe, die anfangs gegen die Todesstrafe gewesen war und deren Rede man als überzeugend und beeindruckend kommentierte (B). Diese Gruppe hatte auch die größte kognitive Dissonanz erfahren, weil man ihren Mitgliedern sagte, daß ihr Verhalten sehr überzeugend gewesen sei.

Im Rahmen der Dissonanztheorie wurden viele sehr einfallsreiche Experimente durchgeführt. Ein Feldexperiment soll die Inhalte dieser Theorie abschließend verdeutlichen. *Festinger, Riecken & Schachter* (1956) beobachteten Sekten in Amerika, die sich zu bestimmten Prophezeiungen über nahende Katastrophen, Weltuntergang u. ä. festgelegt hatten. Wie reagieren die Sektenmitglieder, wenn die öffentlich prophezeiten Ereignisse nicht eintreten? Normalerweise würden wir erwarten, daß sich die Leute verschämt in ihr Kämmerlein zurückziehen und überlegen, ob sie nicht beim falschen Verein sind.

Die Theorie der kognitiven Dissonanzen sieht dies anders: Die Mitglieder der Sekten werden sich in ihrer inneren Zusammengehörigkeit weiter festigen, den Glauben an ihren Propheten nicht verlieren und wahrscheinlich verstärkt versuchen, andere Menschen missionarisch zu bekehren!

Diese Hypothese beruht auf folgenden Überlegungen: Bei den Sektenmitgliedern muß ein sehr starker Glaube vorhanden sein, sonst hätten sie sich öffentlich in dieser Weise nicht festlegen können. Dieses „commitment" schützt allein schon vor Veränderung, d. h. die entstehende kognitive Dissonanz (Weltuntergang vorhergesagt und nicht eingetreten) muß durch Umdeutungen und neue kognitive Elemente verringert werden.

Nun, was passierte konkret bei den beobachteten Gruppen? Sie verhielten sich genau nach den von *Festinger* postulierten Erwartungen! Dies sei an einem Beispiel beschrieben. Eine Gruppe, die eine zeitlich festgelegte Sintflut erwartete, hatte sich zu dem Termin im Haus eines Sektenmitgliedes versammelt und wartete auf die rettende fliegende Untertasse, die der Prophet als Belohnung für ihren festen Glauben angesagt hatte. Als weder Weltuntergang noch Untertasse kamen, war die Enttäuschung der Sektenmitglieder erst einmal sehr groß. Man wollte alles anfangs nicht wahrhaben, versicherte sich gegenseitig die Richtigkeit des Glaubens und versuchte gemeinsam eine Erklärung zu finden. Die endgültige Lösung lautete, daß die Erde wegen ihres gezeigten, festen Glaubens verschont wurde und sie nun die Aufgabe hätten, diese frohe Botschaft allen anderen Menschen zu verkünden und missionarisch tätig zu werden. Interessant dabei ist, daß einige Mitglieder dieser Sekte an der gemeinsamen Zusammenkunft verhindert waren und diesen kognitiven Umstrukturierungsprozeß nicht mitmachen konnten. Sie zeigten in der folgenden Zeit auch eine generell größere Distanz zur Sekte und zu den verstärkten missionarischen Aktivitäten. Die Untersuchungen anderer Sekten sind ebenso interessant und bestätigen *Festingers* Theorie.

Die Ergebnisse dieser Experimente zeigen, daß der Druck auf einen Menschen immer nur gerade so groß sein darf, daß seine Widerstandsschwelle überwunden wird und er ein einstellungskonträres Verhalten zeigt, zu dem er „praktisch nicht" gezwungen wurde. In diesem Fall entsteht die größte kognitive Dissonanz, die eine anschließende Rationalisierung erfordert. Unter diesem Aspekt scheint der sozialpädagogische Grundsatz „Hilfe zur Selbsthilfe" ein gutes Fundament zu besitzen. Wir können damit auch gut die Schwierigkeiten erklären, die sich bei den „Yale-Studien" ergaben: Je stärker ich die Freiheit des Betroffenen einenge, desto mehr Möglichkeiten hat er sein Verhalten kognitiv zu rechtfertigen („ich konnte ja da gar nicht anders") und desto weniger muß er dann seine Einstellung verändern. Je mehr Freiheiten er hat, desto stärker wird er seine Einstellungen in Richtung auf das von ihm gezeigte Verhalten verändern!

- **Gruppendynamische Möglichkeiten**

Im Zusammenhang mit der Psychologie der Gruppe haben wir gesehen, wie stark das soziale Kraftfeld individuelles Verhalten beeinflußt. Aus diesem Grund ist auch verständlich, daß jeder Versuch, individuelle Einstellungen zu verändern, stets auch die Gruppenzugehörigkeiten der Betreffenden berücksichtigen muß. Er kann nur mit gruppendynamischen Maßnahmen realisiert und stabilisiert werden. Ja, die Gruppe selbst ist das beste Medium zur Einstellungsänderung.

Lewin untersuchte während des zweiten Weltkrieges, wie man die negative Einstellung der Hausfrauen zu Innereien als Nahrungsmittel verändern könnte. Eine Hausfrauengruppe wurde über die ökonomischen und ernährungswissenschaftlichen Vorteile durch einen Vortrag informiert. Eine andere Gruppe wurde mit dem Problem konfrontiert, daß Innereien sehr gesund sind, im großen Ausmaß zur Verfügung stehen, während andere Nahrungsmittel knapp sind. Die Gruppe einigte sich darauf, Zubereitung und Verzehr der Innereien auszuprobieren. Durch diese gemeinsam erarbeitete Lösung kam es zu einer wesentlich stärkeren und konstanteren Einstellungsänderung.

Will man die Gruppe als Medium und Gegenstand der Veränderung betrachten, dann ist es sinnvoll, sich an den Regeln zu orientieren, die Dorwin *Cartwright* (1951), eine Mitarbeiterin *Lewins*, zusammengestellt hat. Sie stellen die Rahmenbedingungen für mögliche Veränderungen dar.

- Eine Gruppe ist nur dann als Mittel der Veränderung wirksam, wenn zwischen den Personen, deren Verhalten sich ändern soll und denjenigen, welche die Verhaltensänderung beeinflussen, ein starkes Zusammengehörigkeitsgefühl zur gleichen Gruppe besteht. Dieser Aspekt ist uns schon in anderen Zusammenhängen begegnet (Konformitätsdruck, Wie wird man „Modell"? u. ä.).

- Je attraktiver die Gruppe für die Mitglieder ist, desto mehr Einfluß hat sie auf das individuelle Verhalten ihrer Mitglieder. Die Attraktivität hängt dabei davon ab, wie viele Bedürfnisse der einzelne in oder durch die Gruppe befriedigen kann.

- Je mehr die zu verändernden Verhaltensweisen und Einstellungen mit der speziellen Attraktivität der Gruppe zusammenhängen, desto stärker ist der Gruppeneinfluß. Der Einfluß der Gruppe besteht immer dann, wenn die Gruppenziele bedeutsam für das aktuelle Verhalten sind.

- Je höher das Ansehen eines Mitglieds in der Gruppe ist, desto mehr Einfluß hat es auf die Verhaltensänderung. Das Ansehen ist dabei nicht unbedingt von formalen Führungspositionen abhängig, sondern von subjektiven, informellen Kriterien.

• Jeder Versuch, einzelne Gruppenmitglieder oder Untergruppen in ihrem Verhalten so zu verändern, daß dies nicht mehr mit den Gruppennormen und Traditionen übereinstimmt, stößt auf starken Widerstand. Damit wird deutlich auf die Problematik individueller Therapieformen hingewiesen: Kommt ein drogenabhängiger Jugendlicher nach erfolgreicher Einzeltherapie wieder in seine ursprüngliche Scene-Gruppe zurück, dann wird seine Einstellungsänderung nur kurzfristig andauern.

Die geschilderten Regeln beziehen sich auf die Gruppe als Medium von Veränderungen. Sie zeigen, wie schwierig es ist, Einstellungsänderungen zu bewirken, wenn die handlungsrelevanten Bezugsgruppen andere Normen und Erwartungen besitzen. Die beiden folgenden Regeln beziehen sich auf die Gruppe als Gegenstand der Veränderung:

• Erfolgreiche Veränderungen in einer Gruppe sind dann zu erwarten, wenn die Initiative zur Veränderung in der Gruppe selbst entsteht, bzw. wenn die Gruppenmitglieder aufgrund von neuen Informationen diese Veränderungen selbst für notwendig halten. In diesem Fall entsteht auch keine psychische Reaktanz.

• Veränderungen in Untergruppen bewirken in den anderen Untergruppen Spannungen, die nur reduziert werden können, indem man entweder diese Veränderungen rückgängig macht oder die Beziehungen zwischen den Untergruppen neu gestaltet.

Natürlich lassen diese Regeln viele Fragen für konkrete Probleme offen: Wie kann man die Gruppenattraktivität erhöhen, wie das Zusammengehörigkeitsgefühl fördern, wie erreichen, daß die Gruppe von sich aus nach Entscheidungen und Veränderungen drängt und sich auch mit Informationen befaßt, die ihren Normen und Einstellungen entgegengerichtet sind? Die vorgestellten Regeln beschreiben nur die Rahmenbedingungen, die beachtet werden müssen, wenn man Veränderungen erreichen möchte. Sie beschreiben nicht die speziellen Techniken, die man am besten anwendet. Hier können Rollenspiele, verhaltenstherapeutische und gruppendynamische Ansätze Impulse geben.

Die Gruppe als Mittel der Einstellungsänderung wird auch im therapeutischen Bereich intensiv verwendet. Zu denken ist dabei nicht nur an therapeutisch geleitete Gruppen, sondern auch an Selbsthilfegruppen, die weitgehend auf Fachleute verzichten und dem Teilnehmer eine offene, verständnisvolle, akzeptierende und helfende Situation anbieten, in der er sich mit seinen Problemen und Schwierigkeiten ohne Druck auseinandersetzen und reifen kann. Die erste dieser Selbsthilfegruppen waren die Anonymen Alkoholiker (AA), die 1935 gegründet wurden und sich auf der ganzen Welt erfolgreich verbreitet haben. Sie arbeiten allerdings nach einem relativ klar strukturierten Konzept. Seit 1972 haben sich in Deutschland EA-Gruppen (Emotion Anonymus) gebildet, die nach dem Konzept der AA sich mit der Lösung ihrer emotionalen Probleme in der Gruppe befassen. Auch sie arbeiten ohne Fachleute und beziehen ihre Kompetenz daraus, daß sie als Betroffene die eigentlichen Experten sind. Die explosionsartige Entwicklung der Selbsthilfegruppen in Deutschland ist sicher mit ein Verdienst von *Moeller* (1978, 1981), der diesen Gedanken und die gemachten positiven Erfahrungen durch seine Veröffentlichungen einem weiten Personen- und Betroffenenkreis zugänglich machte.

6 Die themenzentrierte Interaktion

In diesem Kapitel werden die Grundgedanken der Humanistischen Psychologie und der themenzentrierten Interaktion (TZI) dargestellt.

6.1 Menschliches Wachstum als Ziel der Humanistischen Psychologie

In den 50er Jahren gründeten die Psychologen *Maslow* (1954, 1973), *Bühler* (1962, 1973), *Rogers* (1978, 1979) zusammen mit anderen Kollegen eine Bewegung, die als „Humanistische Psychologie" bekannt wurde. Sie richteten sich engagiert gegen die aus ihrer Sicht mechanistischen Theorien der Psychoanalyse und des Behaviorismus. Sie forderten eine Psychologie, die dem gesunden, normalen, natürlichen und schöpferischen Menschen besser entspricht. Dieser Mensch verfolgt seine Ziele nicht, weil er darauf konditioniert oder durch frühkindliche Fixierungen geprägt wurde, sondern weil er nach weiterem Wachstum und Selbstverwirklichung strebt. *Maslow* (1954) erklärte dies mit seiner bekannten „Bedürfnishierarchie", nach welcher zuerst die Existenz-, Sicherheits- und Kontaktbedürfnisse im ausreichenden Maß befriedigt sein müssen, bevor die Selbstverwirklichungs- und Wachstumsbedürfnisse aktiviert werden können.

Das Gedankengut der Humanistischen Psychologie hat sich in relativ kurzer Zeit weit verbreitet. Dies ist vor allem ein Verdienst von Carl *Rogers* (1978, 1979), der diese Ideen in sein therapeutisches Handeln übertrug und dabei die Beziehung Therapeut–Klient neu gestaltete. Nicht die vergangenen, frühkindlichen Erfahrungen, sondern die aktuelle Situation, das Erleben im „Hier und Jetzt" wird von zentraler Bedeutung. Für *Rogers* besitzt jeder Mensch die Fähigkeit zur Selbstregulation, die allerdings durch die Entwicklung mehr oder weniger stark beeinträchtigt sein kann. Der Therapeut hat nun die Aufgabe, die Selbstregulationskräfte des Klienten zu fördern, damit er seine Bedürfnisse wieder unverzerrt wahrnehmen und befriedigen kann.

Der menschliche Organismus reagiert immer ganzheitlich auf alle Erfahrungen und versucht seine Bedürfnisse zu befriedigen, auch wenn diese mit den übernommenen Werthaltungen des Selbst nicht übereinstimmen. Wenn die aktuellen Erlebnisse dem Selbstkonzept widersprechen, werden sie als bedrohlich erlebt.

Angst ist deshalb eine Reaktion des Organismus auf mögliche Erfahrungen und Erlebnisse, die das Selbst bedrohen könnten. Der Betroffene versucht nun, diese bedrohlichen Erfahrungen zu vermeiden, zu verleugnen oder zu verzerren und engt damit seine Wahrnehmung und seine Gefühlswelt ein. Er reagiert defensiv und blendet Erfahrungsmöglichkeiten, die für den Organismus wichtig sind, aus.

Das Ziel einer gelungenen, individuellen Persönlichkeitsentwicklung besteht für *Rogers* nun darin, daß zwischen der Selbststruktur und den Erfahrungs- bzw. Erlebnismöglichkeiten ein harmonisches Gleichgewicht besteht, so daß der Mensch voll erlebnis- und handlungsfähig ist. Psychotherapie soll demnach die individuelle Fähigkeit zur Selbstverwirklichung und Selbstbestimmung freisetzen. Deshalb legt der Gesprächspsychotherapeut auch kein klares Ziel fest, sondern schafft lediglich die geeigneten Bedingungen, in denen der Klient lernen kann, die Blockierung seiner Selbstaktualisierung zu überwinden. Diese Bedingungen werden durch die bekannten „*Rogers*-Variablen" beschrieben:

• Einfühlendes, nicht wertendes Verstehen (Empathie): Der Therapeut versucht den Klienten einfühlend in seiner Situation zu verstehen; er interessiert sich für die individuelle, einzigartige Erlebnisweise seines Gesprächspartners, der sich dabei als Mensch ernst genommen fühlt und damit bereit wird, sich auch mit seinen Gefühlen auseinanderzusetzen und sie anzunehmen.

• Unbedingte Wertschätzung: Der Therapeut knüpft seine Wertschätzung nicht an bestimmte Bedingungen, sondern akzeptiert den Klienten in seiner Individualität; dies darf nicht mit gleichgültigem Tolerieren verwechselt werden! Der Gesprächspartner kann dabei schrittweise seine Angst aufgeben, sich selbst als „wertvoll" erkennen und wird damit auch freier und offener gegenüber anderen.

• Echtheit – Ohne Fassade sein: Zwischen Aussagen, Erlebnisweisen und Verhalten des Therapeuten besteht Übereinstimmung (Kongruenz). Das schließt die Forderung ein, die klientenzentrierte Gesprächsführung nicht als eine „Technik" anzuwenden, sondern die Gedanken der Humanistischen Psychologie auch verinnerlicht zu haben.

Rogers hat diesen Ansatz ursprünglich für therapeutische Einzelgespräche entwickelt, ihn mit der Zeit aber auch auf die Arbeit mit Gruppen („Encountergruppen") übertragen. Diese Gruppen treffen sich in der Regel für einige Tage, ohne daß ein Thema festgelegt ist. Sie müssen sich demnach zuerst selbst organisieren, wobei allerdings einige Grundregeln festgelegt sind: Durch „Spontaneität und Echtheit" sollen die Teilnehmer lernen, sich ihrer eigenen Gefühle bewußt zu werden, sie frei zu äußern und auch entsprechend zu handeln. „Sensibilität und Empathie" und „Akzeptieren" sowie „Gemeinsames Bemühen um bessere Lösungen" sind bei bestehenden individuellen Problemen weitere Grundbedingungen, die dem einzelnen helfen, sich in der Gruppe konstruktiv zu entwickeln.

Rogers sieht die therapeutische Aufgabe in der Begleitung des Klienten auf dessen Weg zur Selbstaktualisierung. Nicht alle humanistischen Therapeuten waren so geduldig; so versucht *Gendlin* (1974) in seiner „Erlebnistherapie" und vor allem *Perls* (1974) in der „Gestalttherapie" durch „Experimente" die nach Meinung des Therapeuten erforderlichen Wahrnehmungen und Erlebnisse zu provozieren, um sie mit diesem heilsamen Schock dem Selbstkonzept wieder bewußt zu machen.

Ruth Cohn (1991) hat sich als Psychoanalytikerin mit den erlebnisorientierten Ansätzen der Humanistischen Psychologie auseinandergesetzt und daraus ein Modell für ein „lebendiges Lernen" in Arbeitsgruppen entwickelt: Die „Themenzentrierte Interaktion" (TZI). Ich möchte die TZI als Bezugssystem für die Arbeit mit Gruppen etwas ausführlicher vorstellen, weil sie mehr Struktur besitzt als die sehr offene Vorgehensweise von *Rogers*. Außerdem möchte ich den Leser dazu anregen, sich über das eigene Menschenbild klar zu werden.

Der Name „Themenzentrierte Interaktion" bezieht sich auf die konkrete Gruppensituation, bei der sich mehrere Menschen treffen, miteinander in Beziehung treten (interagieren) und versuchen, ein Thema zu bearbeiten oder eine Aufgabe zu lösen. Diese drei Aspekte spielen bei allen Gruppenaktivitäten eine Rolle, auch wenn oft nur ein Aspekt – das Thema – im Mittelpunkt steht. Häufig wird nicht berücksichtigt, was der einzelne erlebt und wie die Teilnehmer miteinander umgehen, obwohl dies ebenso die Gruppenrealität bestimmt und die Behandlung des Themas beeinflußt.

6.2 Das Menschenbild der „Themenzentrierten Interaktion"

Aus dem Menschenbild der TZI – es orientiert sich stark an dem der Humanistischen Psychologie – ergibt sich das weitere konkrete Verhalten in Gruppen. Deshalb sollen die wesentlichen Grundannahmen *Cohns* (1991, S. 120ff) im folgenden zuerst dargestellt werden:

• Der Mensch ist sowohl ein Individuum als auch eingebettet in seine Umwelt; er ist Teil des Universums. Deshalb ist er „autonom und interdependent". Seine Autonomie (Eigenständigkeit) wächst, je stärker er sich seiner Interdependenz (Allverbundenheit) bewußt wird. Er muß sich stets dieser Spannung zwischen individueller, unabhängiger Eigenständigkeit und seiner sozialen Wechselwirkung und Eingebundenheit mit Personen und Dingen verantwortungsvoll bewußt sein. Damit bezieht *Cohn* klar Stellung gegen eine subjekt-zentrierte Philosphie des „doing my own thing" („ich kümmere mich nur um meine eigenen Angelegenheiten"). Autonomie ist für sie nicht Autismus, sondern „verantwortungsvolle Partnerschaft" (S. 98).

• Jedem Lebendigen und seinem Wachstum gebührt Ehrfurcht; individuelles Wachstum gehört zum menschlichen Leben und ist wertvoll. Ich muß mir demnach immer wieder klar darüber werden, was ich als Leben/Wachstum begreife und dies in Bezug setzen zu den Menschen, mit denen ich zu tun habe. Dabei gibt es häufig nicht die eine richtige Antwort auf die Frage, was denn Wachstum sei, weil die Beteiligten dazu unterschiedliche Vorstellung haben können. Dies führt zum dritten Postulat:

• „Freie Entscheidung geschieht innerhalb bedingender innerer und äußerer Grenzen" (*Cohn* 1991, S. 120). Der Mensch kann frei entscheiden; seine Freiheit wird aber eingeengt durch innere und äußere Barrieren, an denen aber jeder arbeiten kann, um sie auszu-weiten und freier zu werden. Kann ich mich beispielsweise in einer Gruppensituation nicht frei entscheiden, meine konträre, konflikt-trächtige Meinung deutlich zu sagen, weil ich einfach Angst habe (innere Barriere), dann kann ich daran arbeiten, diese Angst vor Auseinandersetzungen besser kennenzulernen und zu verringern. Auch kann ich nicht frei darüber entscheiden, daß ich in einer möglichst natürlichen, gesunden Welt lebe (äußere Barriere). Ich kann aber versuchen selbst umweltbewußter zu leben und umweltbe-zogene Aktionsgruppen zu unterstützen.

• Diese Grundannahmen (Axiome) sind nun kein Rezept für das konkrete Verhalten in allen Gruppensituationen. Sie sagen nicht aus, was das jeweils „Richtige" ist, denn was für den einen in der Situation Wachstum sein kann, kann für den anderen in derselben Situation Einengung, Blockierung oder Überforderung sein.

Auch wenn diese Axiome keine klare Richtschnur vorgeben, besteht nicht die Gefahr, daß sie willkürlich angewandt werden. Diese Gefahr besteht nur, wenn einzelne Aspekte überbewertet und andere vernachlässigt werden; wenn man beispielsweise nur die eigene Autonomie und Freiheit umsetzen und die ebenso postulierte Allverbundenheit und den Respekt vor allem Lebendigen und deren Wachstum ignorieren will.

Für die TZI sind stets polare Dimensionen gleichzeitig wichtig, auch wenn dies zu Paradoxien führt, die jeder für sich in der konkreten Situation eigenverantwortlich klären muß:

- Meine Freiheit und die Freiheit des anderen.
- Meine Autonomie und die Autonomie des anderen.
- Mein Wachstum und die Entfaltungsmöglichkeiten des anderen.

Aus diesen Grundaussagen ergeben sich für *Cohn* folgende Verhaltensanforderungen für die Gruppenarbeit:

(1) „Sei dein eigener Chairman, der Chairman deiner selbst". Jedes Gruppenmitglied soll selbstverantwortlich für sich handeln, soll sich selbst leiten, aber auch das Recht des anderen dazu respektieren. Wichtig ist es, sich die eigenen Gefühle bewußt zu machen, und die eigenen Möglichkeiten und Grenzen als Mensch zu begreifen. Es heißt nicht zu tun und zu lassen, wozu ich gerade Lust habe oder das zu tun, was man von mir fordert!

Bei den erforderlichen Entscheidungen zwischen eigener Freiheit und Abhängigkeit kommt es häufig zu Störungen, die mich und den anderen behindern. „Störungen fragen nicht nach Erlaubnis, sie sind da: als Schmerz, als Freude, als Angst, als Zerstreutheit; die Frage ist nur, wie man sie bewältigt."

(2) „Störungen haben Vorrang": Diese Forderung besagt, daß intensive Gefühle und Störungen angesprochen werden müssen, da sie Wachstum und Lernen erschweren. Nur wenn der Gruppenleiter oder die Teilnehmer vorhandene Störungen direkt ansprechen, dann können sie beseitigt und eine Stagnation vermieden werden.

Es gibt allerdings auch Teilnehmer mit „chronischen" Störungen, die durch eine kurze Ansprache nicht abgeklärt werden können. Ist ein Mensch so stark auf seine persönlichen Probleme fixiert, dann kann er sich meist nicht mit anderen Aufgaben beschäftigen. In solchen Fällen ist eine therapeutische Behandlung oder eine spezielle problemorientierte Gruppe angebracht. Die Störungen, welche die Gruppe als Ganzes betreffen („Wir"), haben in nichttherapeutischen Gruppen manchmal Vorrang vor unlösbaren individuellen Problemen („Ich"). Auch die Maxime, daß den aktuellen Bedürfnissen der Realität Vorrang zukommt, hilft dem Leiter seine Entscheidungen zu treffen.

Diese Postulate umschreiben das Bezugssystem und können sowohl als Weg wie auch als Ziel der themenzentrierten Gruppenarbeit aufgefaßt werden.

6.3 Verhaltensregeln der TZI

In früheren Schriften wird die themenzentrierte Interaktion häufig mit TIM (themenzentrierte interaktionelle Methode) abgekürzt. *Cohn* distanzierte sich von dieser Abkürzung, weil sie in dem Begriff

„Methode" eine Gefahr sah: Die Bezeichnung TIM verleitet dazu, das Konzept als eine „Technik" unabhängig von der humanistischen Grundeinstellung anzuwenden. Diese Grundeinstellung wird von den „*Rogers*-Variablen" umschrieben, wobei *Cohn* die Variable „Echtheit−Spontaneität−Offenheit" für die TZI durch die Bezeichnung „selektive Authentizität" (S. 68) präzisiert. Sie fordert, daß der Gruppenleiter und auch die Teilnehmer sich spontan und offen verhalten sollen, ohne andere Personen damit zu schädigen und realitätsunangemessen zu reagieren. Also nicht Offenheit um jeden Preis, sondern in verantwortungsvoller Weise. Sie fordert demnach eine „disziplinierte Spontaneität" bezogen auf die Interaktionspartner und die eigenen Gefühle.

Das Vorgehen bei der TZI orientiert sich an einer klaren Struktur, auch wenn die Teilnehmer zu Beginn oft das Gefühl zu großer Freiheit haben. Struktur und Freiheit sind für *Cohn* (1991, S. 113) kein Widerspruch: „Ich glaube, daß nur eine feste Struktur Freiheit ermöglicht". Der strukturelle Rahmen entsteht durch folgende Faktoren, die man sich bildlich als Eckpunkte eines gleichseitigen Dreiecks vorstellen kann: Die individuellen Persönlichkeiten (Ich), die Gruppe (Wir) und die Aufgabe oder das Thema (Es). Diese drei Faktoren spielen bei allen Gruppenprozessen eine Rolle.

Das Dreieck ist in einem Kreis eingebettet, der das Umfeld darstellt, in dem das Gruppenleben stattfindet (siehe Abb. 20).

Diese einfach aussehende Struktur besitzt allerdings eine hohe Komplexität, wenn wir die einzelnen Elemente etwas genauer betrachten:

• Der **Kreis** („globe") beschreibt die gegebene Situation bevor und während sich die Gruppe trifft. Der Gruppenleiter muß sich mit den Gegebenheiten der äußeren Situation befassen und Aspekte wie Thema, Zeit, Kosten, Unterkunft, Gruppenraum, Teilnehmer und ihre Motivation, Interesse am Gelingen des Seminars u. v. a. m. klären.

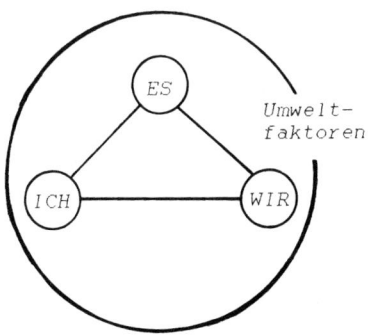

Abb. 20   Die Struktur der themenzentrierten Interaktion.

• Das **Es** betrifft die konkrete Aufgabe, mit der sich die Gruppe beschäftigen soll.

• Das **Ich** sind die einzelnen Teilnehmer mit ihren Gedanken, Wünschen, Wahrnehmungen, Erfahrungen, Ängsten in bezug auf das aktuelle Thema, aber auch auf ablaufende Erlebnisse mit anderen Teilnehmern und der konkreten Situation.

• Das **Wir** ist der Umgangsstil der Gruppe, die spezielle Kommunikation und wie sie erlebt wird: Wie gehen wir miteinander um? Wer dominiert? Wer ist der Sündenbock?

Der Gruppenleiter muß sich dieser Dreieckspunkte stets bewußt sein und versuchen, sie in einem dynamischen Gleichgewicht zu halten. Diese Balance zwischen **Es, Ich** und **Wir** gelingt nie vollkommen, da wir immer nur ein relatives Gleichgewicht erreichen können. Je nach Ziel, Situation und Gruppenmitgliedern wird einmal das Thema, die individuellen Bedürfnisse oder das Umgehen miteinander im Vordergrund stehen, bearbeitet werden und anschließend zurücktreten, um einem neuen Aspekt zu weichen.

So steht normalerweise bei Arbeitsgruppen oder Informationsveranstaltungen das Thema **(Es)** bzw. die Aufgabe im Vordergrund und **Ich** und **Wir** werden nur begleitend beachtet. Sie sind natürlich auch vorhanden, dominieren aber nicht, wie etwa in Therapie- oder Selbsterfahrungsgruppen.

Bei der konkreten Gruppenarbeit erhalten die Teilnehmer einige Empfehlungen/Regeln, durch welche das dynamische Ausbalancieren erleichtert werden soll. Einige dieser Regeln lauten (in Anlehnung an *Cohn* 1975, S. 124 f und *Klein* 1991, S. 103 f):

(1) Vertreten Sie sich selbst! Sprechen Sie in der Ich-Form und nicht mit Wir- oder Man-Formulierungen, wenn Sie etwas über sich aussagen wollen. Wenn ich „ich" sage, dann übernehme ich auch die Verantwortung für meine Aussage: ich werde dadurch vielleicht angreifbarer, vielleicht sogar verletzbarer, andererseits aber auch offener und kann andere persönliche Aussagen leichter akzeptieren. Formulierungen wie „man sollte", „jedermann weiß doch" oder „wir langweilen uns alle" sind fast immer persönliche Versteckspiele, bei denen Verantwortung abgeschoben wird. (Erinnert Sie diese Regel an die Empfehlung „Ich-Aussagen" und keine „Du-Angriffe" beim Thema Konfliktsteuerung zu formulieren?)

(2) Wenn Sie eine Frage stellen, dann sagen Sie bitte auch, warum die Frage für Sie wichtig ist. Damit wird die Frage persönlicher, klarer und partnerschaftlicher, weil der Befragte den Hintergrund kennenlernt und die Kommunikation offener wird. Es ist fast immer besser, eine persönliche Aussage zu machen, als eine Frage zu stellen.

(3) Seien Sie echt und wählen Sie verantwortungsbewußt aus, was Sie sagen. Machen Sie sich also bewußt, was Sie im Moment denken und fühlen und wählen Sie aus, was Sie sagen. Nur wenn Sie so handeln, schaffen Sie schrittweise das Vertrauen zu weiterer gegenseitiger Öffnung. „Sei authentisch und selektiv"!

(4) Halten Sie sich mit Interpretationen und Verallgemeinerungen zurück. Interpretationen können richtig sein und auch zum treffenden Zeitpunkt geäußert werden; in diesem Fall schaden sie nichts, sondern sagen das aus, was der Betreffende schon weiß. Sind sie korrekt, aber zum falschen Zeitpunkt eingebracht, dann führen sie meist zu Abwehrhaltungen und verlangsamen den Prozeß.

(5) Seitengespräche sind Störungen und haben Vorrang. Meist sind sie auch wichtig für die Betreffenden, denn sonst würden sie ja nicht geführt werden.

(6) Es darf immer nur einer zur gleichen Zeit reden! Wenn mehr als einer gleichzeitig sprechen will, dann sollten die einzelnen Beiträge stichwortartig gesammelt werden, so daß die ganze Gruppe einen Überblick bekommt und dann die verschiedenen Aussagen in einer Sprechordnung bearbeiten kann, ohne daß etwas übersehen wird.

(7) Beachten Sie die Signale Ihres Körpers, aber auch die Körpersprache der anderen Teilnehmer, um die nonverbalen Sprachsignale aufgreifen und ansprechen zu können.

Mit diesen Hilfsregeln sollen die Grundsätze und Postulate in konkretes Verhalten umgesetzt werden. Sie stehen nicht unabhängig nebeneinander, sondern überschneiden sich sehr stark. Auch sind sie als Empfehlungen und keinesfalls als Gesetze oder strikte Reglementierungen zu verstehen: „Sie sind keine absoluten Größen. Ihre Verabsolutierung ist Mißbrauch und dient dem Geist, den sie bekämpfen möchten" (*Cohn* 1975, S. 128). Sie können bei Bedarf natürlich verändert oder erweitert werden, wenn es für die Gruppe sinnvoll ist.

Die Grundannahmen, die Axiome und auch die Regeln klingen einfach und plausibel; ihre Umsetzung ist es aber nicht. Beobachten Sie dazu ganz einfach die Vorgehensweise bei der nächsten Konferenz, einer Teambesprechung oder einer Fernsehdiskussion. Sie werden sehen, wie häufig das Gleichgewicht verloren geht und wie selten man sich darum bemüht, es wieder zu gewinnen. Dazu ist aber auch eine bestimmte Grundhaltung erforderlich, welche eine offenere Verständigung ermöglicht.

Die Ziele der **TZI** können allerdings jetzt nicht durch Lehren oder Auswendiglernen der Regeln vermittelt werden. Sie müssen praktiziert und in ihren Auswirkungen auf das Gruppenklima erlebt werden. Der Gruppenleiter kann hier sehr gut als Modell dienen, wenn er sein Verhalten entsprechend ausrichtet, das Gruppenklima dadurch positiv gestaltet, Vertrauen schafft und auch die Hintergründe darstellt, die sein Verhalten in den verschiedenen Situationen beeinflussen.

7 Planung und Durchführung von Gruppenprogrammen

In diesem Kapitel werden die Punkte dargestellt, die bei der Planung von Gruppenveranstaltungen zu berücksichtigen sind, damit unerwartete Überraschungen vermieden werden können. Daneben werden einige bewährte Methoden beschrieben, die den Einstieg in die Gruppenarbeit, die Auseinandersetzung mit dem Thema, die Visualisierung von Arbeitsergebnissen, die Beobachtung des Gruppenprozesses und die Sicherung des Lerntransfers erleichtern.

7.1 Welche Punkte sind bei der Planung zu berücksichtigen?

Planung klingt in vielen Ohren nach fester Struktur und Einengung. Denken wir an die Grundannahmen der TZI, dann läßt sich dieses Verständnis von Planung nicht rechtfertigen. Ich möchte den Begriff in einem anderen Umfeld ansiedeln: Der Sinn jeder Planung besteht darin, sich klar zu werden, welche Situationen zu erwarten sind, mit welchen Menschen man zusammenarbeiten wird, welche Ziele zu erreichen sind und welche Wege dazu am besten geeignet sein dürften. Ich nehme so die Situationen bewußter wahr und kann mich dann auch flexibler „um-orientieren", wenn die Situation es erfordert. Es geht ja um die Möglichkeit der selbständigen Entscheidung („Sei dein eigener Chairman") im Bewußtsein der gegenseitigen Abhängigkeit.

So verstanden wird Planung zur Voraussetzung für flexibles und offenes Verhalten in Gruppen. Nur wenn ich mir Gedanken gemacht habe, meine Gefühle, Bedürfnisse und Interessen kenne, kann ich neuartige Situationen besser wahrnehmen und freier entscheiden. Es besteht dann weniger die Gefahr, daß ich meine Interessen und die der anderen vermische. Eine so verstandene Planung ist nur vorläufig und kann sich flexibel an neue Situationen anpassen.

Bei der Planung von Gruppenveranstaltungen sind einige Rahmenbedingungen zu beachten, da sie die Auswahl der Methoden beeinflussen. Der Rahmen wird dabei zum einen von der Veranstaltungsform, zum anderen durch die organisatorisch-technischen Faktoren gesteckt.

Die Veranstaltungsformen reichen vom Vortrag über Kurse, Arbeits- und Gesprächskreise bis zu „Mehrtages-Seminaren", in denen die Aktivität und Mitverantwortung der Teilnehmer am stärksten gefordert wird. Auch wenn beim Vortrag der Referent die Hauptaktivität entwickelt und bei dieser eingefahrenen Veranstaltungsform meist wenig an zusätzlicher Methodik geboten wird, kann der Referent mit einiger Phantasie dennoch seine Zuhörer aktivieren: Er kann kurze Pausen einschalten und Nachbarschaftsgruppen bilden, die bestimmte Fragen diskutieren. Er kann mit einer meditativen Pause zu Beginn die Teilnehmer auf das Thema einstimmen und mit anderen methodischen Einfällen versuchen, die Zuhörer aus ihrer passiven Konsumhaltung zu holen.

Jede Veranstaltungsform favorisiert bestimmte Methoden und grenzt andere eher aus. Dennoch sollte man sich dadurch nicht festlegen lassen; im Gegenteil: Man sollte dies als Aufforderung betrachten und methodische Phantasie entwickeln, damit es gelingt, die Teilnehmer zu aktivieren und ein lebendiges Lernen zu ermöglichen.

Die meisten Gruppenleiter haben aus eigener Erfahrung gelernt, wie wichtig die Planung der technischen und organisatorischen Rahmenbedingungen ist. Die Bedeutung wird immer dann klar, wenn irgend etwas nicht funktioniert, wenn ein Verbindungskabel zwischen Kamera und Videorecorder fehlt, wenn die beschriebenen Flip-Charts (Plakate) nicht an den Zimmerwänden haften bleiben, weil die Holzwände frisch mit Firnis bearbeitet wurden, wenn das Mittagessen zu lange dauert ...... Im folgenden werden die wesentlichen organisatorischen und technischen Rahmenbedingungen dargestellt, die bei der Planung des Methodeneinsatzes eine Rolle spielen.

● **Teilnehmer**

Hier sind vor allem die Gruppengröße und die sozio-kulturellen Voraussetzungen aller Beteiligten von Interesse. Folgende Fragen sollten in diesem Zusammenhang geklärt werden:

Wieviele Teilnehmer kommen? / Wie alt sind die Teilnehmer? / Welchen Erfahrungshintergrund bringen sie mit? / Wie ist ihre Motivation (freiwillige Meldung?)? / Welchen Stellenwert hat die Veranstaltung für sie? / Aus welchen sozialen Verhältnissen kommen sie? / Welche Beziehungen könnten zum Thema oder zum Leiter hergestellt werden?

● **Rahmen der Veranstaltung**

Hier sind ganz elementare Bedingungen zu berücksichtigen: Wieviel Zeit steht für die Veranstaltung zur Verfügung? / Aus welcher Situation kommen die Teilnehmer zur Veranstaltung (z. B. nach der Arbeit)? / Wie sind die räumlichen Gegebenheiten, ist Platz für Kleingruppenarbeit vorhanden, wie leicht können Tische/Stühle umgruppiert werden? / Sind Pinnwände, Flip-Charts vorhanden, kann man die Arbeitsergebnisse an den Wänden mit Krepp-Klebe-streifen befestigen? / Wer ist offiziell verantwortlich für die Medien, Technik (z. B. Verlängerungskabel), Verbrauchsmaterial? / Wer hat von außen Einfluß und Kontrollrechte usw.?

• **Ziele:**

Hier ist zu definieren, welche Ziele durch die Veranstaltung erreicht werden sollen. Wie passen diese Ziele in den organisatorischen Rahmen und welche Änderungen sind möglich und erforderlich?

• **Inhalte**

Welche Inhalte sollen in der Veranstaltung behandelt werden, wie passen die Inhalte zu den Zielen und zu den Rahmenbedingungen?

• **Methoden**

Die Methoden sind die nützlichen Verfahrensweisen, mit denen die Inhalte behandelt und die Ziele erreicht werden sollen. Welche Ideen, Wege finde ich, um die Inhalte zu behandeln, die Ziele unter den gegebenen Rahmenbedingungen zu erreichen? Was kann ich machen, um die Inhalte „rüberzubringen"?

• **Mittel und Medien**

Welches Material brauche ich, was kann ich vorbereiten, welche Medien müssen vorhanden sein, passen sie zu den Teilnehmern, zum zeitlichen Rahmen usw.?

Diese organisatorischen und technischen Faktoren hängen natürlich sehr eng zusammen: d. h. Teilnehmerzahl, Zeit, räumliche Bedingungen, Inhalte, Methoden und Ziele bestimmen sich gegenseitig. Sie stellen die wichtigsten Felder dar, die bei der Veranstaltungsplanung zu berücksichtigen sind.

7.2 Exkurs: Sicherung und Visualisierung der Arbeitsergebnisse

Bevor wir einzelne Methoden der Gruppenarbeit beschreiben, ist es sinnvoll, die Techniken darzustellen, mit denen die Aktivierung der Teilnehmer gefördert und die erzielten Gruppenergebnisse festgehalten werden können. Dieses „Handwerkszeug" wird bei der konkreten Gruppenarbeit laufend benötigt.

Die Arbeit in Gruppen ist stets zielorientiert, sowohl bei den Selbsterfahrungs- und Therapiegruppen, als auch bei konkreten Arbeitsgruppen, wobei die Ziele unterschiedlich klar definiert sind. Auch die einzuschlagenden Wege sind unterschiedlich strukturiert. Vor allem bei themenorientierten Arbeitsgruppen ist es wichtig, die Arbeitsergebnisse darzustellen und dauerhaft zu fixieren. Dieses Festhalten der erreichten (Teil-)Ziele ist wichtig, weil es dem einzelnen zeigt, was er mit anderen gemeinsam erreicht hat und außerdem die Basis für das weitere Arbeiten bietet. Auch hier gibt es einige einfache methodische Hilfen, die sich speziell an der Arbeit mit Gruppen ausrichten.

Wollen wir Informationen vermitteln und Arbeitsergebnisse sichern, dann müssen diese einprägsam dargestellt werden. Dafür reicht in der Regel das klassische Inventarium Rednerpult und Tafel + Kreide, das wir aus der Schulzeit gut kennen, nicht aus. Es gibt effektivere Methoden, die allerdings auch ein bestimmtes Material benötigen, das im folgenden beschrieben wird:

Material für die Visualisierung

Die wichtigsten Hilfsmittel der Gruppenleitung bzw. Moderation sind das Flip-Chart und die Pinnwand. Zur Informationsvermittlung ist ein Tageslichtprojektor manchmal sehr hilfreich, vor allem wenn man mit größeren Gruppen arbeitet. Wenn entsprechend große Monitore vorhanden sind, können hier auch Videoaufzeichnungen sinnvoll eingesetzt werden.

● **Arbeiten mit dem Flip-Chart**

Das Flip-Chart ist ein beweglicher Ständer für spezielles Flip-Chart-Papier (Plakatgröße, ca. 70 × 100 cm), auf das die Arbeitsergebnisse mit dicken Filzstiften notiert werden. Die beschrifteten Plakate können dann mit Krepp-Klebestreifen an den Wänden befestigt werden. Sie bleiben während der gesamten Veranstaltung sichtbar und dokumentieren die Schwerpunkte der abgelaufenen Prozesse.

Für die Arbeit mit dem Flip-Chart benötigt man eine ausreichende Menge passendes Papier, verschieden dicke und farbige Filzschreiber und Klebestreifen für die Befestigung. Wenn man sich bemüht, lesbar zu schreiben und die „Verständlichmacher" beachtet, gibt es kaum Schwierigkeiten. Abbildung 21 zeigt, wie ein Flip-Chart zu unserem Thema aussehen könnte.

● **Arbeit mit der Pinnwand**

Die Pinnwand („Stecktafel", „Pinnboard") ist eine bewegliche Tafel (ca. 150 × 125 cm) aus weichem Material (Styropor), auf der Packpapierbögen mit speziellen (kurz, dicker Kopf) Nadeln festgesteckt sind. Sie ist in einem Rahmen eingefaßt und transportabel. Als Zusatzmaterial benötigt man für die Moderation mehrfarbige Kärtchen (rechteckig, rund, oval) die aus dünnem Karton geschnitten

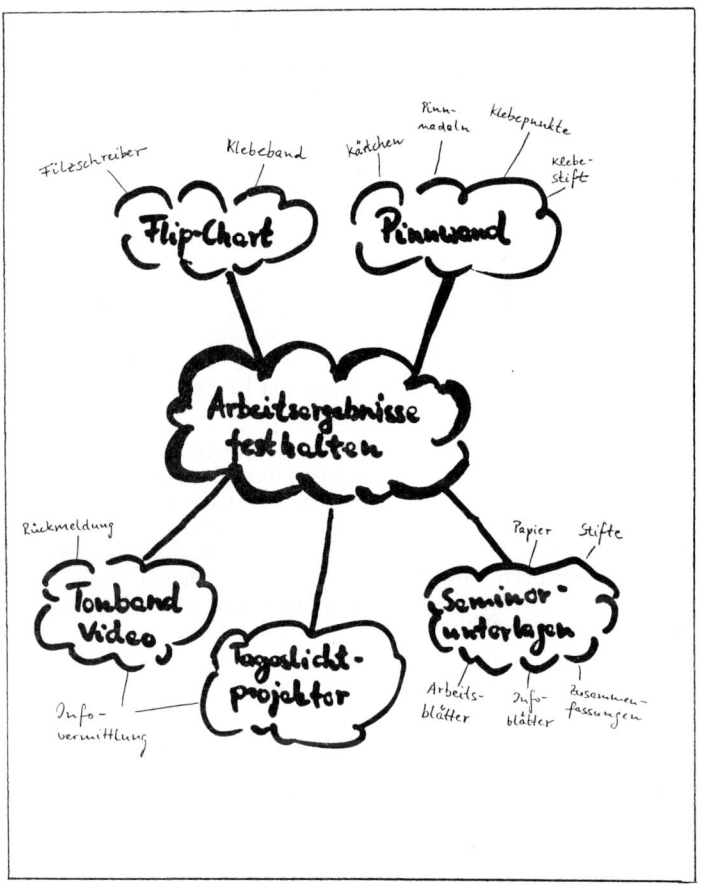

Abb. 21 Beispiel eines beschrifteten Flip-Charts.

sind. Die Kärtchen werden mit dicken Filzstiften beschriftet, wobei Sie für alle Teilnehmer lesbar bleiben sollen. Deshalb sollte man ein Kärtchen mit höchstens 7 Worten in 3 Zeilen beschreiben, also die Botschaften kurz und prägnant formulieren. Als weiteres Material werden die Pinn-Nadeln benötigt, mit denen die Kärtchen an der Wand befestigt werden. Meist ist eine zweite Pinnwand erforderlich, um die befestigten Kärtchen in eine übersichtliche Ordnung zu bringen, festzukleben (Klebestift), optisch auszugestalten und gegebenenfalls mit Klebepunkten zu bewerten. Ausführlich wird diese „Metaplan"-Technik von *Schnelle-Cölln* (1983), *Schnelle* (1982), *Schnelle & Stoltz* (1978) und *Metaplan* (1992) beschrieben.

Die Pinnwand eignet sich einerseits gut, um Arbeitsergebnisse zu visualisieren, kann aber andererseits auch als Möglichkeit für eine sprachfreie Diskussion verwendet werden. Dies klingt eigenartig und soll deshalb an einem Beispiel demonstriert werden. Nehmen wir an, wir wollen das Thema Motivation bearbeiten. Der Moderator schreibt eine These in provokativer Form auf ein großes Kärtchen: „Mitarbeiter sind letztendlich nur durch Geld zu motivieren". Darunter zeichnet er auf einen langen Pappstreifen eine Skala von 1 bis 7. Den Skalenpunkt 1 umschreibt er mit „stimme völlig zu" und 7 mit „völlig falsch". Anschließend fordert er die Teilnehmer auf, ihre Einstellung zu dieser These mit Hilfe von Klebepunkten darzustellen. Es kommt Bewegung in die Reihen.

Als nächsten Schritt bittet der Moderator die Teilnehmer ihre Einstellung auf Kärtchen zu begründen und diese auf die entsprechende Seite der Pinnwand zu heften. In der nächsten Phase lesen die Teilnehmer die Begründungen und können, wenn sie unterschiedlicher Meinung sind, bei den entsprechenden Aussagen ein „Blitzsymbol" (ϟ) anbringen. Sind die Blitze verteilt, werden die Teilnehmer aufgefordert, ihre Gegenargumente auf ovale, weiße Kärtchen zu notieren und beim entsprechendem Blitz anzuheften. Wenn alle Argumente angeheftet sind, faßt der Moderator das Ergebnis dieser sprachfreien Diskussion zusammen und stellt die Folgerungen dar.

Bei der Arbeit an der Pinnwand sollten einige Regeln beachtet werden:

- immer nur ein Beitrag pro Karte
- höchstens 7 Worte in 3 Zeilen pro Kärtchen
- mit der Hand auf die Karte zeigen, die gerade vorgelesen wird und dabei offen zu den Teilnehmern stehen („Brust zeigen")
- alles vorlesen, nicht bewerten oder kommentieren
- Karten zusammen mit den Teilnehmern ordnen und Oberbegriffe auf runde, andersfarbige Kärtchen schreiben
- bei Einwänden „blitzen", d. h. ovale Karte mit Blitzsymbol ϟ versehen und Gegenargument aufschreiben
- Kärtchen festkleben und graphische Endgestaltung vornehmen, dabei zusammengehörige Gruppen optisch gestalten
- Erforderliche Erklärungen sind auf maximal 30 Sekunden begrenzt.

Denken Sie bei der nächsten Gruppenarbeit einmal daran, diese aktivierende Methode einzusetzen.

Die anderen Techniken (Tageslichtprojektor, Videoaufzeichnungen, Filme) können zur kurzen Informationsvermittlung verwendet werden, sind für eine prozeß- und zielorientierte Gruppenarbeit aber nicht von zentraler Bedeutung. Die Arbeit mit Flip-Chart und Pinnwand führt wesentlich eher zur erwünschten Aktivierung und Interaktion. Zur Rückmeldung und zum Training des eigenen Verhaltens sind Tonband- oder Videoaufzeichnungen allerdings unerläßlich (z. B. beim Kommunikationstraining).

Natürlich ist es auch sinnvoll, den Teilnehmern Unterlagen über die Veranstaltungsinhalte (Arbeits- und Informationsblätter, Zusammenfassungen) zu geben. Diese sollten aber im Zusammenhang mit den erarbeitenden Themen und nicht als Handmappe zu Beginn verteilt werden, da sie sonst die Zusammenarbeit stören und steuern.

7.3 Methoden für die Gruppenarbeit

Die Methoden stellen den Weg dar, auf dem wir die gesetzten Ziele erreichen. Die Planung des Methodeneinsatzes muß die gegebenen Rahmenbedingungen der Veranstaltung berücksichtigen, d. h. es gibt nicht die eine Methode, die in jeder Situation und auch bei jedem Gruppenleiter effektiv ist. In der Fachliteratur existieren einige sehr ausführliche Methodensammlungen (*Antons* 1992, *Broich* 1991, *Dantscher* 1977, *Gudjons* 1990, *Hück* 1978, *Kirsten & Müller-Schwarz* 1976, *Schäbisch & Siems* 1974), so daß wir uns auf die Darstellung einer Auswahl vielseitig erprobter Verfahren konzentrieren können. Diese Methoden gehen in der Regel nicht auf einen bestimmten Autor zurück, sondern haben sich von Kurs zu Kurz bzw. von Seminar zu Seminar weiterentwickelt und können – wie anfangs schon erwähnt – als Folklore der Gruppenarbeit oder Gruppendynamik angesehen werden.

Bei der folgenden Methodendarstellung orientiere ich mich am konkreten Ablauf einer normalen Veranstaltung im Bereich der Jugend- und Erwachsenenbildung. Es geht zuerst um die Methoden, welche das Kennenlernen und den Einstieg erleichtern, ihnen folgen Verfahren, mit denen man Themen und Inhalte erarbeiten kann und anschließend werden Möglichkeiten aufgezeigt, die den Lerntransfer fördern. Abschließend werden einige Vorgehensweisen bei der Prozeßanalyse und Erfolgskontrolle dargestellt.

7.3.1 Wie beginne ich die Gruppenarbeit?

Im Kapitel 2.1 haben wir die Phasen der Gruppenentwicklung dargestellt und überlegt, welches Gruppenleiterverhalten situationsangepaßt sein könnte. In der ersten Phase der Gruppenarbeit herrscht bei den Teilnehmern einerseits Neugier, andererseits aber auch Unsicherheit und Angst vor. Bei einmaligen Treffen wird dies weniger, bei längerfristigen Veranstaltungen hingegen deutlich spürbar. Diese Unklarheit erlaubt es dem Gruppenleiter Weichen für die Zusammenarbeit zu stellen. Er hat seine Aufgabe darzustellen und den Teilnehmern mehr Sicherheit gegenüber den anderen und auch dem Seminarthema zu geben.

Für die Gruppenleitung ist es wichtig, diese Anfangsspannung, die sich in neugieriger Zurückhaltung zeigt, zu akzeptieren und nicht sich selbst oder der Gruppe zum Vorwurf zu machen. Seine Aufgabe ist es, in dieser Situation, eine gewisse Sicherheit anzubieten (zu begrüßen, Gemeinsamkeiten anzusprechen und eine Anfangsstruktur vorzugeben), die Kontaktaufnahme zwischen den Teilnehmern zu fördern und einen ersten Zugang zum Thema zu finden.

Es ist deshalb sinnvoll, daß der Seminarleiter auf die Situation des Seminars, die Ziele und auch seine eigene Rolle/Person eingeht. Er sollte sich dabei als Mensch, d. h. nicht nur beruflich, vorstellen und anschließend zur Vorstellungsrunde der Teilnehmer überleiten. Dafür gibt es eine Reihe interessanter Varianten, die von der leicht ermüdenden Einzelvorstellung abweichen.

Trifft sich die Gruppe zum ersten Mal und kennen die Teilnehmer sich nicht bzw. nur wenig, dann bietet sich eine der folgenden „Vorstellungsrunden" an:

• Paarinterview und Partnervorstellung

Dieses Verfahren hat den Vorteil, daß die Teilnehmer sich zuerst in einer (sicheren) Zweiersituation treffen, sich gegenseitig ausfragen und dann im Plenum vorstellen. Sie bringen sich erstmalig in einem relativ entspannten Rahmen ein, wodurch die Hemmschwelle für weitere Beiträge gesenkt wird.

Nach dem Zufallsprinzip (z. B. durchzählen bis zur Hälfte der Teilnehmer, dann neu beginnen) werden Paare gebildet und spontane Anfangscliquen vermieden. Diese Paare haben die Aufgabe, sich gegenseitig zu interviewen (maximal je 5 Minuten), wobei Themenbereiche vorgegeben werden können. Jeder sollte das einbringen können, von dem er glaubt, daß es von ihm für die anderen interessant sein könnte, was seine persönlichen und beruflichen Interessen, Hobbies, Wünsche usw. betrifft. Es geht dabei nicht um eine möglichst detaillierte Erfassung der Lebenslaufdaten, sondern um einige eigenständige Aussagen über den Gesprächspartner. Anschließend stellen die Teilnehmer ihre Partner in möglichst lockerer Form im Plenum vor. Sollte die Gruppe eine ungerade Zahl an Teilnehmern haben, dann kann man sich dadurch helfen, daß der Seminarleiter bei der Vorstellungsrunde mitmacht oder daß eine Dreiergruppe gebildet wird, bei der sich die Beteiligten der Reihe nach befragen und anschließend vorstellen.

Bei Arbeitsgruppen über 20 Personen wird die Methode etwas zeitaufwendig und man könnte das folgende Verfahren anwenden:

* **„Blüten"-Vorstellung**

Knoll (1991, S. 63) schlägt bei etwas größeren Gruppen vor, die Teilnehmer nach Zufall in Vierer- und Fünfergruppen einzuteilen und sie mit vorbereiteten Plakaten zu versehen, auf denen eine vier- bzw. fünfblättrige Blume mit großen Blütenblättern und einem runden „Samenfeld" in der Mitte skizziert ist. Die Teilnehmer schreiben in den Kleingruppen ihre Namen in die Blütenblätter ein, interviewen sich gegenseitig und tragen die wesentlichen Interessen, Hobbies und charakteristischen Merkmale in das entsprechende Blütenblatt ein. Dabei kann es sich auch um Erwartungen an das Seminar handeln, so daß die zentrale(n) Erwartung(en) der Kleingruppe in das „Samenfeld" eingetragen wird. Die Gruppen können aber auch überlegen, ob sie etwas Gemeinsames finden können und dies als Namen für die Gruppe ins Zentrum eintragen. Ein Mitglied der Kleingruppe stellt das Plakat und die Teilnehmer anschließend im Plenum vor. Natürlich kann die Gruppe die Blume auch weiter ausgestalten.

Variante: Die Teilnehmer erhalten leere Plakate und erarbeiten in den Kleingruppen ein Wappen, in dem charakteristische Merkmale des einzelnen symbolisch dargestellt werden. Die Kleingruppe gibt sich und dem Wappen einen Namen und erläutert anschließend ihr Werk und die personenspezifischen Symbole im Plenum. Der Zeitbedarf für die KG-Arbeit ist hier allerdings größer (ca. 30 Minuten).

Benötigtes Material: entsprechende Anzahl vorbereiteter Papierbögen in Flip-Chart-Größe, mehrfarbige dicke Filzstifte, Krepp-Klebeband (zum Anheften der Plakate an die Wand).

Bei Gruppen, in denen sich mehrere Teilnehmer schon kennen und niemand völlig unbekannt ist, kann man die Mosaikvorstellung als Einstieg wählen:

* **Mosaikvorstellung**

Hier werden die einzelnen Teilnehmer der Reihe nach von den anderen Teilnehmern vorgestellt, im Sinne von: Von Frau X weiß ich, daß . . . Wichtig dabei ist, daß nicht nur berufliche, sondern auch persönliche Bereiche angesprochen werden. Die Aussagen müssen sich nicht auf eindeutige Fakten beziehen, sondern die Teilnehmer können auch Vermutungen aussprechen, wodurch die Runde aufgelockert wird. Der vorgestellte Teilnehmer hört sich die Aussagen und

Vermutungen interessiert an und sollte sie erst richtigstellen, wenn keine neuen Informationen über ihn mehr kommen.

• **Steckbrief**

Bei dieser Vorstellungsweise ist es günstig, eine Sofortbildkamera zur Verfügung zu haben; durch zeichnerisches Talent oder Mut kann dies aber ausgeglichen werden. Wir benötigen außerdem ein vorbereitetes DIN A 4- oder DIN A 3-Blatt, bei dem links oben Platz für das Photo/die Zeichnung gelassen ist und weiterer Raum für vorbereitete Fragen vorgesehen ist. Die Teilnehmer werden möglichst locker beim Eintreffen photographiert und die vorbereiteten Bögen mit den Photos beklebt. Dann werden die Bögen nach dem Zufall verteilt – wenn jemand den eigenen bekommt, dann gibt er ihn zurück – und alle suchen sich ihren „Steckbrief-Partner". Dieser wird dann von seinem „Fahnder" zu den Fragen kurz interviewt (jeweils ca. 5 min.); die Antworten werden auf dem Blatt festgehalten und anschließend im Plenum vorgestellt. Dies kann aber auch als „Info-Markt" durchgeführt werden, bei dem jeder sich seinen Steckbrief mit Klebeband an die Brust heftet und im Raum spazieren geht. Die anderen lesen oder lassen lesen und erklären . . . . Anschließend wird jeder Steckbrief an die Pinnwand geheftet und kann dort in den Pausen gelesen und auch ergänzt werden.

Beispielhafte Fragen für den „Steckbrief" können sein:
• Name, Vorname, Spitzname
• Wer bin ich und was mache ich?
• Was würde ich jetzt tun, wenn ich nicht hier wäre?
• Welche Informationen über mich sollten die anderen Teilnehmer wissen?
• Was hat mich in meinem Leben bisher besonders geprägt?
• Was plane ich für meine nahe und fernere Zukunft?
• Über welche Themen möchte ich heute gerne mit Euch reden?
• Welche Themen möchte ich hier nicht gerne besprechen?

Bei Gruppen, die sich zum wiederholten Male treffen, empfiehlt es sich, die Teilnehmer zu bitten, sich auf die Zeit zwischen dem letzten und dem heutigen Treffen zu besinnen und sich zu erinnern, was sich verändert hat, bzw. welche Erfahrungen sie bei der Anwendung der Inhalte machten. Diese Rückschau und Einstimmung kann in einer meditativen Form (entspanntes Sitzen, geschlossene Augen, Erinnerungen kommen lassen) durchgeführt werden (2 bis 3 Minuten). Anschließend werden die Erfahrungen im Plenum angesprochen und diskutiert.

Einstimmung auf das Thema

Bei den beschriebenen Vorstellungsrunden können gelegentlich schon die vorhandenen Erwartungen der Teilnehmer an die Veranstaltung angesprochen werden. Sie sollten im Anschluß an das eher persönlich orientierte Vorstellen direkt erhoben werden. Wichtig ist es für die Teilnehmer, daß zuerst die persönliche Unsicherheit verringert und ein tragfähiges Arbeitsklima („Beziehungsebene") aufgebaut wird. Dann läßt es sich leichter über die Erwartungen („Inhaltsebene") an das Seminar sprechen. Am übersichtlichsten ist es, mit den Teilnehmern eine „Erwartungswand" zu erstellen:

• Erwartungswand

Die Teilnehmer überlegen sich einzeln oder – je nach Gruppengröße – in Kleingruppen mit welchen Erwartungen und Wünschen sie sich zu dieser Veranstaltung angemeldet haben. Diese Erwartungen werden einzeln, gut lesbar, mit dickem Filzstift auf Kärtchen oder entsprechende Papierzettel notiert, eingesammelt und an eine Pinnwand geheftet. Im Plenum werden anschließend die Erwartungen vorgelesen, präzisiert und geordnet. Dazu ist es günstig, wenn eine weitere, mit Packpapier bezogene Pinnwand vorhanden ist, auf der die Kärtchen geordnet, angeheftet und mit Oberbegriffen versehen werden können. Wenn das Plenum mit der Ordnung einverstanden ist, können die Kärtchen auf das Packpapier geklebt im Raum aufgehängt werden. Sie bleiben dann während der Veranstaltung sichtbar und sollten vor allem am Schluß nochmals angesprochen werden.

Verbinden die Teilnehmer sehr viele heterogene Erwartungen mit der Veranstaltung, so daß nur ein Teil bearbeitet werden kann, dann sollte dies vom Seminarleiter angesprochen werden. Günstig ist dann, wenn die Teilnehmer eine Gewichtung ihrer Erwartungen vornehmen. Dies kann durch Klebepunkte geschehen: Jeder Teilnehmer bekommt 3 Klebepunkte und „punktet" die Erwartungen an der Wand, die ihm persönlich am wichtigsten sind. Damit sind die inhaltlichen Erwartungen der Teilnehmer bekannt und der/die Seminarleiter können ihr Programm nun vorstellen. Dabei ist es natürlich sinnvoll, die erarbeiteten Erwartungen flexibel einzubeziehen und das Programm optisch darzustellen.

Mit der Vorstellungsrunde und der Analyse der Erwartungswand wurden die Teilnehmer aktiviert, haben sich etwas kennengelernt und sich über die Schwerpunkte der Veranstaltung informiert. Dadurch müßten sie deutlich an Sicherheit gewonnen haben. Die Gruppenleitung hat dabei auch schon ein partnerschaftliches Arbeiten ermöglicht und wahrscheinlich auch als Erwartung formuliert, daß eine aktive Auseinandersetzung der Teilnehmer mit dem Thema erwünscht ist. Sollte bei den Teilnehmern eine bestimmte Skepsis weiter bestehen, dann könnte eine Übung aus Kapitel 4.1 vorgeschlagen werden, mit welcher der Gruppenvorteil demonstriert wird. Normalerweise findet nach der Vorstellungsrunde, der Analyse der Erwartungswand und der Darstellung des Programms eine Pause statt, nach der eine Kurzübung zum Gruppenvorteil die Teilnehmer neu einstimmen und motivieren kann.

7.3.2 Inhaltsorientierte Methoden

Informationen werden am häufigsten durch Vorträge vermittelt und/oder in Einzelarbeit erworben.

• **Einzelarbeit**

Bei der Einzelarbeit geht es darum, daß sich der Teilnehmer auf das Thema konzentriert, die eigenen Einfälle dazu wahrnimmt, persönliche Erfahrungen festhält und Lösungsmöglichkeiten zu einem anstehenden Problem aus der eigenen Sichtweise entwickelt. Dabei können durch entsprechende Arbeitsunterlagen auch neue Informationen eingespeist werden, mit denen der einzelne sich gedanklich auseinandersetzt. Empfehlenswert ist es, die individuellen Gedanken auch schriftlich festzuhalten.

Wie wir im Zusammenhang mit dem Gruppenvorteil festgestellt haben, ist die Einzelarbeit eine unverzichtbare Voraussetzung für eine effektive Gruppenarbeit.

Zum „Einspeisen" von Informationen ist das **Kurzreferat** gut geeignet, wobei die „Verständlichmacher" umgesetzt werden müssen, damit die Informationen auch unverzerrt beim Empfänger ankommen. Dem Kurzreferat sollte unbedingt eine Aussprache und Diskussion folgen, damit eine „Zweiweg-Kommunikation" möglich wird. Der Einsatz eines Vortrags/Referats erscheint nur als Einstieg in den Themenkreis, als Zwischenbilanz und als Grundlage für weitere Arbeitsschritte sinnvoll. Die gewonnen Informationen sollen auf jeden Fall in Kleingruppen weiter diskutiert und ihre Anwendung auf eine konkrete Aufgabe trainiert werden.

• **Kleingruppenarbeit**

Diese Methode ist typisch für das Arbeiten mit Gruppen. Zuerst wird dabei im Plenum die Aufgabenstellung erklärt und möglichst für alle deutlich visualisiert. Auch der zeitliche Rahmen und gegebenenfalls die Raumverteilung werden festgelegt. Erst dann werden die Teilnehmer in die Kleingruppen eingeteilt, um zu vermeiden, daß die Aufgabenstellung durch die Frage, mit wem man zusammenarbeitet, gestört wird. Der Grundsatz lautet demnach: Erst die Aufgabenstellung, dann die Gruppenteilung!

Die Einteilung der Kleingruppen (KG) kann nach verschiedenen Kriterien vorgenommen werden; vor allem anfangs ist es sinnvoll, die Gruppen nach dem Zufall zu bilden (entsprechend abzählen lassen, nach Sternbildern zusammenfassen, Postkarten entsprechend zerschneiden, die einzelnen Stücke verteilen und die Puzzles zusammensetzen lassen usw.), um frühzeitige Cliquenbildung zu vermeiden und das gegenseitige Kennenlernen zu fördern. Die Gruppengröße sollte zwischen 3 und 7 liegen.

Die Gruppen bestimmen den/die Sprecher, durch welche das Ergebnis anschließend im Plenum dargestellt und möglichst auch visualisiert wird. Die einzelnen Gruppenergebnisse werden diskutiert und kontrolliert. Schematisch gesehen haben wir die Sequenz „Information – Training – Kontrolle".

Das Zusammenspiel Einzelarbeit – Kleingruppenarbeit – Plenumsdiskussion spiegelt sich in vielen speziellen Methoden der inhaltsbezogenen Gruppenarbeit wieder. Einige sollen kurz beschrieben werden:

• Brain-Storming

Das Grundprinzip des Brain-stormings haben wir im Zusammenhang mit dem Gruppenvorteil schon kennengelernt: Es besteht ein konkretes, meist sachliches Problem, zu dem optimale Lösungen gesucht werden. Der erste Schritt besteht nun darin, daß die einzelnen Teilnehmer unabhängig voneinander Lösungsmöglichkeiten suchen. Sie notieren sich ihre kreativen Einfälle auf Kärtchen. Den Teilnehmern muß dabei bewußt sein, daß es keine falschen Ideen gibt, sondern jeder Einfall wertvoll für die Gruppe ist.

Die einzelnen Teilnehmer stellen anschließend ihre Einfälle und Gedanken vor und heften die Kärtchen an die Pinnwand. Die anderen ergänzen ohne jegliche Kritik und lassen sich gegebenenfalls von den vorgebrachten Ideen weiter anregen. Nachdem der „Gehirnsturm" abgeflaut ist, beginnt die dritte Phase:

Die Ideen werden geordnet, zusammengefaßt und auf ihre Realisierbarkeit hin untersucht. Wenn alle möglichen Ideen zugelassen und eingebracht werden, liegt der Gruppe eine Vielzahl an realisierbaren Lösungen vor, die den Leistungsvorteil der Gruppe wiederum belegen. Deshalb werden die Einzelideen auch nicht bewertet, sondern das Ergebnis als Leistung der Gesamtgruppe betrachtet.

• Pro und Contra

Ziel dieser Methode ist es, die unterschiedlichen Aspekte eines Themas kennenzulernen und sich mit der Denkweise und Argumentation anderer auseinanderzusetzen. Dazu erhält die Gruppe eine möglichst spannungsreiche Aussage, die zu vorurteilsbehafteter Auseinandersetzung reizt. Die Gesamtgruppe wird nach Zufallsprinzip in eine Pro- und eine Contra-Gruppe eingeteilt. Jede Gruppe hat die Aufgabe, sich für etwa 10 Minuten in ihre Sichtweise einzudenken und dafür Argumente zu sammeln. Nach dieser KG-Phase werden die Argumente ausgetauscht.

Der Austausch der Argumente verläuft dabei abwechselnd. Die Sprecher der beiden Gruppen sitzen sich an einem Tisch in der Mitte gegenüber und tauschen ihre Argumente aus. Häufig ist es hilfreich, wenn neben jedem Sprecher ein freier Stuhl bleibt, so daß aus der jeweiligen Gruppe spontan Hilfe kommen kann. Nach dem Austausch der Argumente kommt es zu einer erneuten Kleingruppenarbeit, wobei die Gruppenmitglieder nun die entgegengesetzte Einstellung einnehmen, dazu Argumente sammeln (ca. 10 Minuten). Anschließend werden die Argumente wie gehabt im Plenum über den Gruppensprecher ausgetauscht.

Bei der Auswertung sollte zuerst die Befindlichkeit der einzelnen angesprochen werden („Wie haben Sie sich gefühlt, als Sie die entgegengesetzte Haltung einnehmen und verteidigen mußten?), anschließend werden die Hauptgesichtspunkte für das Pro und Contra zusammengetragen und diskutiert.

In vereinfachter Form kann „Pro und Kontra" auch mit der schon geschilderten „Metaplan-Methode" durchgeführt werden. Dabei notieren die Teilnehmer ihre Pro- und Kontraaussagen auf Kärtchen, heften diese an die Pinnwand und „blitzen" zu den Gegenargumenten. Abschließend wird das Ergebnis vom Moderator zusammengefaßt.

Diese Methode zwingt die Teilnehmer dazu, ein Problem/Thema aus verschiedenen Blickwinkeln zu betrachten und hat Ähnlichkeiten mit dem Rollenspiel.

• Rollen- und Planspiel

Mit dem Rollenspiel können wir verschiedene Ziele verfolgen: Wir können in einer relativ angstfreien Situation problematische Gespräche simulieren (siehe Thema Konfliktsteuerung 4.3.2), einüben, uns verständlich auszudrücken, fremde Rollen übernehmen und bisher abgelehnte Verhaltensweisen ausspielen und besser verstehen lernen. *Lewin* und auch *Moreno* sahen im Rollenspiel eine ausgezeichnete Methode, bestehende Einstellungen zu verändern. Das Rollenspiel ist dabei ein echtes Spiel, in dem wir „ohne ernsten Hintergrund" Verhalten zeigen können, das uns bisher fremd war. Die Zuschauer können direkte Rückmeldung geben, was im Alltag in dieser Konsequenz nicht möglich ist; es besitzt allerdings meist nicht reinen Spielcharakter, sondern entwickelt eine Eigendynamik, bei der sich die Spieler zunehmend auch emotional engagieren und identifizieren. Auf diese Weise können kognitive Dissonanzen entstehen, welche die Basis von Einstellungsänderungen darstellen (siehe auch Kapitel 5.3).

Bei der konkreten Durchführung erhalten die Teilnehmer z. B. eine sehr detaillierte Darstellung einer Problemsituation, deren Ausgang offen ist. Sie werden dann in zwei oder mehr Gruppen eingeteilt – je nachdem wieviele Rollen zu spielen sind – und erhalten für ihre Rolle weitere konkrete Informationen. Sind nur zwei Gruppen zu bilden (zwei Rollen verteilt), dann bereitet jede Gruppe die Argumentation für „ihren" Spieler vor, überlegt sich die Strategie, um den Rollenspieler optimal vorzubereiten und einzustimmen. Anschließend wird das Rollenspiel im Plenum durchgeführt.

Werden mehrere Rollen verteilt und damit verschiedene Kleingruppen gebildet, dann bereiten sich diese auf ein Planspiel vor, das aber nach gleichen Regeln verläuft.

Die von den einzelnen Gruppen bestimmten Spieler führen das Rollen- bzw. Planspiel im Plenum durch. Anschließend werden zuerst die Spieler über ihre Wahrnehmungen, Gefühle und Erfahrungen befragt. Hier haben die Spieler die Möglichkeit, sich von ihrem Rollenverhalten zu distanzieren, es zu erklären und neuartige, überraschende Erfahrungen mitzuteilen. Erst dann werden die Plenumsteilnehmer aufgefordert über ihre Beobachtungen (hierzu können auch konkrete Anweisungen gegeben werden) zu berichten und Feedback zu geben.

Die Rollen- oder Planspiele müssen zum jeweiligen Thema meist neu konstruiert werden, was sehr zeitaufwendig ist. Für einige Themenbereiche (Konfliktlösung, Entscheidungen fällen) existieren in der Literatur einige bewährte Rollen- und Planspiele (z. B. *Antons* 1992. 233−247, S. 149−153, *Broich* 1992, *Steller* u. a. 1978, *Otto* 1986 oder *Kirsten & Müller-Schwarz* 1973, S. 192−204), die für die Gruppenarbeit übernommen werden können.

Den geschilderten Methoden ist gemeinsam, daß sie die Teilnehmer anregen, sich mit dem Thema (Es) intensiv auseinanderzusetzen, um eigene Gedanken, Gefühle und Verhaltensweisen zu erfahren, Rückmeldung zu bekommen und sich dabei zu entwickeln. Wichtig ist, daß der Gruppenleiter das Gleichgewicht zwischen den themenbezogenen, den individuellen (Ich) und den beziehungsorientierten (Wir) Bedürfnissen nicht aus den Augen verliert. Um das Wir etwas zu stärken sollte zwischendurch oder nach einer Pause auch Raum für Auflockerung bleiben. Hierzu einige Vorschläge:

7.3.3 Methoden zur Auflockerung

Bei mehrstündigen Veranstaltungen oder mehrtägigen Seminaren ist es sinnvoll, nach einer Pause, die Teilnehmer aufzulockern, neu zu motivieren und manchmal auch zu entspannen. Dazu eignen sich Denkspiele, Konzentrationsaufgaben und Entspannungsübungen.

• Denkspielereien

Denkspiele und Tüfteleien sind in großer Zahl beschrieben (*Obermaier* 1978, *Botermans* u. a. 1983, *Wernek* 1979, *Steuer & Voigt* 1980), sollten aber so eingesetzt werden, daß die Teilnehmer nicht überfordert werden, sondern Erfolgserlebnisse haben. Auch sollte bei etwas schwierigeren Aufgaben auf unsere eingefahrenen Denkbahnen hingewiesen werden, die kreative Problemlösungen erschweren. Einige Beispiele sollen dies veranschaulichen:

(1) Ein Gartenbesitzer möchte 9 junge Bäume so pflanzen, daß man möglichst viele Dreier-Baumreihen sehen kann. Einer seiner Entwürfe führt zu 8 Reihen mit jeweils drei Bäumen (Abb. 22).

Er überlegt, entwirft und kommt zu einer Lösung, bei der die 9 Bäume so gesetzt werden, daß 10 völlig gerade Reihen mit jeweils drei Bäumen zu sehen sind. Wie sieht die Lösung aus (es gibt verschiedene!/siehe Anhang 9.1.3)

(2) Bleiben wir im Garten: Ein Vater hat ein Grundstück mit vier Bäumen und folgendem Grundriß (Abb. 23). Er möchte sein Erbe regeln und keinen seiner vier Söhne benachteiligen, d. h. jeder soll ein gleich großes Grundstück mit einem Baum erhalten. Wie ist dies möglich?

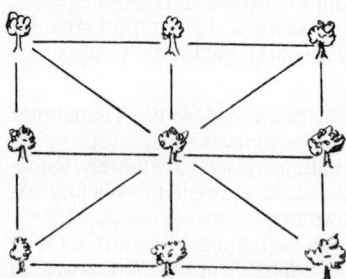

Abb. 22   Das Baumreihen-Problem.

Abb. 23 Schwierigkeiten mit dem gerechten Erbe.

(3) Und nun eine Aufgabe, die etwas mathematisches Geschick erfordert und Ihre Kenntnisse in Algebra auffrischen soll. Versuchen Sie die folgende Gleichung zu lösen:

$(x - a) (x - b) (x - c) (x - d) \dots (x - y) (x - z) = ??$

(Wer in zwei Minuten am weitesten gekommen ist, hat gewonnen!)

(4) Und ein weiteres Problem, das ganz einfach wirkt, aber häufig zu verschiedenen Lösungen führt: Herr Oldcar möchte sich von seinem Auto trennen und verkauft es an den Gebrauchtwagenhändler Nimmgern für DM 6000,--. Schon bald nach dem Verkauf bekommt er Sehnsucht nach seinem liebgewonnenen Auto, geht zum Händler, streichelt es und kauft es für DM 7000,-- wieder zurück. Glücklich fährt er damit spazieren; als er heimkommt, findet er eine hohe Rechnung seines Dachdeckers vor und weiß nicht, wie er sie bezahlen soll. Da kommt ihm der Anruf von Herrn Nimmgern gerade recht, der einen Kunden hat, der sich nur für Herrn Oldcars Auto interessiert. Der Gebrauchtwagenhändler kauft das Auto für DM 8000,-- wieder zurück und verkauft es an den neuen Kunden für DM 9000,--.

Wer hat bei diesem Geschäft wieviel verdient bzw. verloren?

(5) Schreiben Sie auf das Flip-Chart einfach den folgenden Satz „Diesser Satz enthällt 3 Fehler" und lassen Sie die drei Fehler suchen.

(6) Eine letzte Denksportaufgabe hat in den USA, aber auch bei uns, viele Fachleute zu engagierter Auseinandersetzung gebracht (*Zeit* 1991): Stellen Sie sich einfach vor, Sie nehmen an einer Ratesendung im Fernsehen teil, bei der sie eine von drei verschlossenen Türen öffnen sollen. Hinter einer Tür wartet auf Sie der Hauptgewinn. Hinter den beiden anderen stehen Ziegen. Sie wählen eine Tür, sagen wir die linke (A), die aber noch geschlossen bleibt. Der Moderator weiß, hinter welcher Tür sich der Gewinn befindet: er sagt „nun zeige ich Ihnen mal etwas" und öffnet die rechte Tür (C)

und eine meckernde Ziege wird sichtbar. Dann fragt er Sie, ob Sie bei Türe A bleiben oder vielleicht doch lieber B wählen wollen. Was sollten Sie tun, um Ihre größte Gewinnchance zu nutzen?

(7) Um am Morgen oder nach der Mittagspause die Konzentrationskraft der Teilnehmer zu testen, kann man ein leichtes Abzählspiel durchführen, wie etwa „7-Bums". Die Teilnehmer zählen der Reihe nach flüssig durch; jede Zahl, die eine 7 enthält oder durch 7 teilbar ist, wird nicht genannt, sondern durch „Bums" ersetzt und anschließend weitergezählt. Teilnehmer, die einen Fehler machen, scheiden aus und man beginnt von Neuem. Das Spiel kann noch verschärft werden, indem man auch die Quersumme 7 berücksichtigt und/oder bei jedem „Bums" die Richtung ändert. Bei einer Gruppe, deren Teilnehmerzahl durch 7 teilbar ist, sollte man zu „6-Bums" wechseln, da sonst immer die gleichen zum „Bums" kommen!

(8) Folgendes Spiel zeigt, wie schwierig es ist, sich auf zwei unterschiedliche Wahrnehmungskanäle (Sehen, Hören) gleichzeitig zu konzentrieren. Der Moderator macht eine einfache Handlung, die er „So spielt die Musik" nennt, vor und bittet die Teilnehmer sein Verhalten genau zu beobachten und anschließend nachzuahmen. Während er sagt: „So spielt die Musik" nimmt er einen Stift, den er wie ein Dirigent in der rechten Hand hält, mit der linken Hand an der Spitze, dreht ihn um und gibt ihn an den nächsten Teilnehmer weiter. Kann dieser Teilnehmer sein Verhalten (den Satz sprechen und den Stift umgedreht weitergeben) genau nachahmen, dann darf er sich zufrieden zurücklehnen, scheidet aus und kann die anderen bei ihren Versuchen beobachten. Diese können meist den Satz richtig sprechen, drehen aber den Stift nicht entsprechend um, oder geben ihn nicht von der rechten in die linke Hand.

• Entspannungsübungen

Bei vielen Kurs- und Seminarteilnehmern besteht der Wunsch nach Entspannung und „Streßfreiheit". In mehrtägigen Seminaren wird häufig das Thema Streß angesprochen. Wir sollten dieses Bedürfnis auch aufgreifen, die Teilnehmer über die Streßreaktion informieren und auf die damit verbundenen gesundheitlichen Risiken hinweisen (*Vester* 1982, *Wellhöfer* 1990). Entspannungstechniken, wie Meditation oder autogenes Training, sind den meisten Teilnehmern zumindest namentlich bekannt. Diese Verfahren haben den Nachteil, daß sie nur durch konstantes, intensives Üben erlernt werden können. Das Muskuläre Tiefentraining (*Brechtel*, 1986, 1987) führt hingegen sehr rasch zum Erfolg und kann gut eingesetzt werden, um die Streßreaktionen abzubauen.

Das Muskuläre Tiefentraining (MTT) wurde von *Brechtel* aus der bewährten Methode der „progressiven Relaxation" (*Jacobson* 1938)

entwickelt. Er faßte die relativ langwierigen An- und Entspannungsübungen der gesamten Körpermuskulatur in einige wenige Grund-
übungen zusammen. Das Ziel des MTTs ist eine tiefe Entspannung
der Muskulatur. Konflikte, Streß, psychische Spannung sind begleitet von muskulärer Anspannung. Dauerbelastung führt häufig zu
chronischen Muskelverspannungen, die als solche nicht mehr erlebt
werden, den Organismus aber im Zusammenhang mit anderen Streßreaktionen belasten. Bei den einzelnen MTT-Übungen werden die
betreffenden Muskeln bis zur Schmerzgrenze angespannt, plötzlich
entspannt und mit bestimmten Gegenbewegungen gelockert.

Wir haben also jeweils zwei Übungsphasen: Starke bis schmerzhafte
Anspannung der Muskulatur und tiefe Entspannung, bei der wir uns
in die entsprechende Muskulatur einfühlen und die Entspannung
genießen.

Ein Fehler schleicht sich bei den Übungen leicht ein: Wir neigen
dazu, bei Kraftanstrengungen die Luft anzuhalten und zu pressen.
Damit wird der Kreislauf unnötig belastet. Also: Bei den Übungen
ruhig und regelmäßig (hörbar) durchatmen!!!

Aus dem Programm *Brechtels* möchte ich drei Übungen kurz vorstellen und etwas ergänzen, um vielleicht Appetit auf das Gesamtpro-
gramm oder die Kassette zu wecken: Eine Anfangsübung, mit der
das Grundprinzip nochmals vorgestellt wird („King Kong") und zwei
Übungen, durch welche die Rücken-, Nacken- und Schultermuskula-
tur entspannt wird („Siegfried" und „Quasimodo").

King Kong als Einstieg

Wie der Name andeutet, werden wir bei dieser Übung eine gewisse
Ähnlichkeit mit dem Imponiergehabe des gleichnamigen Riesenaffen
haben. Zuerst setzen wir uns – und dies gilt auch für die anderen
Übungen – bequem auf den Stuhl. Alles was irgendwie einengend
wirkt (Gürtel, Krawatte, Brille u. ä.) sollte gelockert werden. Wir
setzen uns auf den vorderen Teil des Stuhls (der keine Lehnen haben
sollte), richten uns gerade auf, lassen den Kopf leicht nach vorne
sinken und schließen die Augen. Dann winkeln wir die Arme vor der
Brust an, ballen die Hände zu Fäusten (Abstand ca. 5–10 cm),
atmen ruhig und regelmäßig weiter und spannen die gesamte Muskulatur der Finger, des Unter- und des Oberarmes kräftig an. Da wir
dabei nicht nur die Beuge-, sondern auch die Streckermuskulatur
anspannen, kommt es zu einem Zittern der Fäuste und der Unter-
arme („King Kong"). Die Anspannung sollte die Schmerzgrenze
überschreiten!

Denken Sie dabei an die Atmung und „genießen" Sie für einige
Atemzüge den Schmerz!

Lassen Sie dann die Spannung völlig los; lassen Sie Ihre Arme fallen und sinken sie so im Rückgrat zusammen, daß ihr Oberkörper ausbalanciert in sich ruht. Der Kopf hat sich dabei ebenfalls nach vorne gesenkt und ruht mit dem Kinn auf der Brust. Atmen Sie nun langsam und bewußt durch, gehen Sie in Gedanken in die jetzt entspannte Muskulatur, versuchen Sie beim Ausatmen die Muskulatur noch weiter zu entspannen und genießen das Gefühl der Schwere und Wärme, das sich in Fingern, Hand, Unter- und Oberarm einstellt. Haben Sie beim ersten Mal nur die Schwere erleben können und vielleicht etwas Kribbeln in den Fingerspitzen, dann sind Sie auf dem richtigen Weg.

Wenn Sie die Übung wiederholen, wird die erlebte Schwere tiefer und das Kribbeln zu einem Wärmeerlebnis werden. Dies sind die Begleiterscheinungen der Muskelentspannung: Die Blutgefäße – es sind ja muskuläre Schläuche – entspannen und erweitern sich, lassen deshalb mehr warmes Blut bis zu den Fingerspitzen zirkulieren und führen so zum (nicht eingebildeten) Gefühl von Schwere und Wärme.

Bei vielen Teilnehmern erhöht die verbalisierte, innere Vorstellung „Arme angenehm schwer und warm" die gefühlte Intensität. Koppelt man diese innere Vorstellung regelmäßig mit dieser Übung, dann gelingt es mit der Zeit allein durch diese Vorstellung das Gefühl von Schwere und Wärme zu erleben („klassisches Konditionieren"). Wir können im Verlauf weiterer Übungen diese Vorstellung schrittweise auf die gesamte Körpermuskulatur ausdehnen und kommen damit in die Nähe des Autogenen Trainings. Diese Erweiterung empfiehlt sich auch bei den folgenden Übungen.

Der „King Kong" führt meist schon zu überzeugenden Erfolgen; die Übung kann eingesetzt werden, um aufkommende Erregungen abzubauen und der Aktivierungsreaktion des Organismus bei Streß gegenzusteuern.

Psychische Schwierigkeiten, Konflikte und Spannungen finden sehr häufig in der Rücken-, Schultern- und Nackenmuskulatur ihre Projektionsfläche; der Volksmund hat dafür auch viele bildhafte Redewendungen: man ist „halsstarrig", trägt „eine schwere Last auf den Schultern", man ist vor „Gram und Kummer gebeugt" oder man muß „Rückgrat/Haltung zeigen".

Die beiden folgenden Übungen versuchen die muskulären Verspannungen im Nacken-, Schulter- und Rückenbereich, die sich durch psychische Konflikte oder lange sitzende Tätigkeiten bilden, aufzubrechen.

Siegfried

Die Übung Siegfried konzentriert sich auf die Rücken- und Schulter-
muskulatur. Sie erinnern sich sicher, daß der germanische Held
Siegfried nach dem Bad im Drachenblut unverletzlich wurde: lediglich zwischen den Schultern konnte sich kein schützender Panzer
bilden, weil ein Blatt dies verhinderte. Wir konzentrieren uns bei der
Übung auf diesen verletzlichen Bereich zwischen den Schulterblät-
tern!

Zur Übung setzen wir uns kerzengerade hin, winkeln die Arme
waagrecht an, ohne die Armmuskulatur anzuspannen (sie ist ja durch
„King Kong" entspannt). Wir achten auf die normale Atmung,
ziehen die Ellenbogen und damit auch die Schultern so weit zurück,
daß sie sich fast berühren; versuchen Sie die Muskulatur weiter
anzuspannen, damit sich die Schulterblätter noch näher kommen.
Neigen Sie den Kopf dabei locker nach vorne und atmen Sie bewußt
weiter! Wenn Sie in der Rückenmitte einen leichten Stich verspüren,
sollten Sie die Muskelspannung noch etwa zwei Atemzüge halten und
dann loslassen!

Lassen Sie dazu Schultern und Kopf ganz locker nach vorne fallen
und machen Sie dann langsam die Gegenbewegungen, mit denen die
Muskeln, die vorher angespannt waren, jetzt gedehnt werden: Falten
Sie dazu beide Hände vor dem linken Knie und versuchen Sie das
Knie auszustrecken, damit beide Arme gezogen werden und die
Rückenmuskulatur gedehnt wird; wiederholen Sie anschließend die
Dehnung, indem Sie Ihre Hände vor dem rechten Knie falten und
dies anschließend „ausfahren". Atmen Sie ruhig durch und genießen
Sie die Entspannung.

Wenn Sie jetzt eine angenehme Wärme und Entspannung zwischen
den Schultern spüren, haben Sie alles richtig gemacht. Spüren Sie
jedoch Verspannungen, dann war Ihr Krafteinsatz zu gering oder Sie
haben vielleicht den Kopf nicht nach vorne genommen. Am besten
ist es dann, die Übung sofort zu wiederholen und auf die richtige
Haltung zu achten, damit die Verkrampfung verschwindet. Wenn Sie
einen leichten Schwindel oder Druck im Kopf spüren, dann müssen
Sie bei der Wiederholung die Atmung verstärkt beachten.

Nach dem „Siegfried" müßte Ihre Rückenmuskulatur gut entspannt
sein. Vielleicht verspüren Sie noch Spannungen im Nacken. Deshalb
sollte diese Übung stets im Zusammenhang mit dem Quasimodo
durchgeführt werden, der vor allem die Nackenmuskulatur entspannt.

Quasimodo

Diese Übung ist etwas schwieriger aber dafür sehr wirkungsvoll: Sie verbessert die Sauerstoffversorgung des Gehirns, wirkt belebend, erfrischend und beseitigt schnell Verspannungen im Nackenbereich. Quasimodo, der Glöckner von Notre Dame, war ja keineswegs eine Schönheit, im Gegenteil. Da wir bei dieser Übung eine gewisse Ähnlichkeit mit ihm erreichen, ist es empfehlenswert, die Augen zu schließen, um nicht durch den Anblick der anderen Teilnehmer abgelenkt zu werden.

Zur Übung: Wir winkeln die Arme (senkrecht) locker an, lassen uns entspannt im Rückgrat zusammenfallen und atmen ruhig und bewußt. Dann ziehen wir die Schultern nach oben und versuchen möglichst nahe an unsere Ohrläppchen heran zu kommen. In unserem Nacken ist jetzt ein Wulst entstanden, in den wir unseren Kopf drücken. Dabei darf der Kopf sich nicht nach oben wenden, sondern muß waagrecht in diese Nackenrolle zwischen Hinterkopf und Schultern gedrückt werden. Atmen Sie ruhig durch und steigern Sie die Muskelanspannung, bis Ihr Kopf leicht zu vibrieren beginnt. Halten Sie auf keinen Fall die Luft an, aber steigern Sie die Spannung bis zur Schmerzgrenze.

Wenn Sie die Schmerzgrenze erreicht haben, dann lassen Sie Schultern und Kopf völlig nach vorne sinken, ohne das Gleichgewicht im Rückgrat zu verlieren. Ihr Kinn berührt nun die Brust und bleibt auch bei der Entspannung fest in dieser Lage. Genießen Sie einige ruhige Atemzüge. Wir dehnen dann die vorher angespannte Muskulatur: Dazu bleibt das Kinn auf der Brust und wir versuchen mit dem linken Ohr möglichst weit zur linken Schulter zu kommen (nicht die Schulter anheben!). Wenn Sie dies richtig machen, spüren Sie die Sehnen (leicht schmerzhaft), die zwischen Ohr und Schulter verlaufen. Dann versuchen wir mit dem rechten Ohr die rechte Schulter zu erreichen und atmen ruhig weiter. Wir genießen anschließend die Entspannungsphase, gehen gedanklich in die entspannte Muskulatur und können die Entspannung noch vertiefen, indem wir uns möglichst bildhaft vorstellen, wie von der linken Hand über die Schultern bis zur rechten Hand die Wärme und Entspannung strömt und sich mit jedem Ausatmen weiter auf die angrenzende Muskulatur verteilt.

Mit diesen drei Übungen haben Sie das Grundkonzept des MTT kennengelernt. Die Übungen sind gut geeignet, den Kreislauf anzuregen oder den Organismus tief zu entspannen, je nachdem, wie lange man die Entspannungsphase ausdehnt.

7.3.4 Rückmeldung und Erfolgskontrolle

Die Arbeit mit Gruppen ist stets zielorientiert, wobei die Ziele sehr unterschiedlich sein können. Ihre Vielfalt wird durch die drei Eckpfeiler der Themenzentrierten Interaktion (Ich–Wir–Es) angedeutet. Da wir methodisch mit Gruppen arbeiten wollen, müssen wir auch systematisch überprüfen, ob und in welchem Ausmaß wir die gesetzten Ziele mit den entsprechenden Verfahren erreicht haben. Nur auf diese Weise können Fehler erkannt, beseitigt und effektives Arbeiten dokumentiert werden.

Die Erfolgskontrolle ist bei den meisten Gruppenarbeiten kompliziert, weil nur in seltenen Fällen – etwa bei problemlösenden Gruppen – klar entschieden werden kann, ob das Problem gelöst ist. Meistens sind die Ziele nur vage definiert, so daß der Erfolg ebenfalls nur grob abgeschätzt werden kann.

Wir können in unserem Zusammenhang nicht detailliert die sozialwissenschaftlichen Methoden der Erfolgskontrolle darstellen, obwohl hier wissenschaftliches Brachland und großer Bedarf besteht. Der interessierte Leser sei auf die einführende Fachliteratur (*Friedrichs* 1973, *Kromrey* 1980, *Wellhöfer* 1984) verwiesen. Im folgenden werden einige leicht anwendbare Methoden demonstriert, mit denen die ablaufenden Prozesse erfaßt werden können. Anschließend werden wir das grundlegende Vorgehen bei der Erfolgskontrolle an einem einfachen Beispiel aufzeigen.

7.3.4.1 Prozeß- und Situationsanalyse

Zur Prozeßanalyse werden von *Antons* (1992) und *Brocher* (1967) ausführliche Listen und Fragebögen vorgeschlagen, die allerdings bei der praktischen Gruppenarbeit zu unhandlich sind. Die folgenden Verfahren benötigen deutlich weniger Zeitaufwand und führen zu schnellen Informationen, die wir bei der weiteren Planung aufgreifen können.

• Blitzlicht

Mit diesem Verfahren können wir am einfachsten die aktuelle Gruppensituation erfassen. Die Teilnehmer werden reihum gebeten, zu einer bestimmten Frage kurz (höchstens 2 bis 3 Sätze) Stellung zu beziehen. Bewährte Fragen sind:

- Was erwarte ich vom heutigen Treffen? oder
- Wie fühle ich mich gerade im Augenblick? oder
- Wie ging es mir bei den bisherigen Ausführungen?

Eine Diskussion oder Wertung der Aussagen findet nicht statt. Mit dem Blitzlicht kann man auch die eher schweigsamen Gruppenmitglieder zur Meinungsäußerung bewegen und damit eine allgemeine Momentaufnahme der Gruppensituation erstellen. Wir können das Blitzlicht zu Beginn einer Veranstaltung, nach bestimmten Lernabschnitten, beim Bemerken von kritischen Situationen und am Ende einer Veranstaltung einsetzen.

• **Kärtchen-Rückmeldung und Punktbewertung**

Jeder Teilnehmer erhält ein rotes und ein grünes Kärtchen und wird gebeten, auf die „Rote Karte" zu schreiben, was ihm bisher an der Veranstaltung nicht gefallen hat, was geändert werden sollte und auf das grüne Kärtchen, was ihm gefallen hat. Die beschriebenen Kärtchen werden getrennt gesammelt und an zwei Teilnehmer gegeben. Diese lesen abwechselnd den Inhalt jeweils einer Karte vor: Am besten beginnt man diesen „Wechselgesang" mit einer roten Karte, weil dann eine – hoffentlich beschriftete – grüne Karte die Rückmeldung abschließt.

Die Moderatoren notieren sich die kritischen Rückmeldungen, versuchen dazu abschließend sachlich Stellung zu nehmen und die Folgerungen zu diskutieren. Der Vorteil dieser Rückmeldung ist, daß die Teilnehmer in Ruhe überlegen und ihre Kritik anonym vorbringen können.

Eine erweiterte Variante der Kärtchen-Rückmeldung besteht darin, daß wir sie mit Skalierungsmöglichkeiten verbinden. Sinnvoll ist es dazu, die Pinnwand entsprechend vorzubereiten. Abbildung 24 zeigt ein Beispiel, wie eine Rückmeldewand gestaltet werden kann. Die einzelnen Dimensionen können je nach Ziel der Gruppenarbeit geändert und erweitert werden.

Die Teilnehmer bekommen für die Skalen jeweils einen Klebepunkt und eine begrenzte Anzahl Kärtchen (z. B. 2 grüne und 2 rote). Sie sollen die grünen Kärtchen mit der wichtigsten und zweitwichtigsten Anregung und die roten mit den entsprechenden Wünschen für den weiteren Verlauf beschreiben. Die Teilnehmer kleben dann ihre Punkte auf die zutreffenden Skalenfelder und pinnen ihre Kärtchen in den vorgesehenen Rahmen.

Bei mehrtägigen Veranstaltungen können wir diese Rückmeldung wiederholen, den Prozeßverlauf dokumentieren und die Reaktionen auf Veränderungen kontrollieren.

• **Stimmungsbarometer**

Eine weitere Rückmeldemöglichkeit besteht darin, daß die Teilnehmer nach bestimmten Abschnitten (in der Pause) an der Pinnwand entsprechende Dimensionen „punkten" und damit ein aktuelles Stimmungsbarometer abgeben. Auch hier hängen die Dimensionen

```
(1)                Ich habe mich heute hier

  sehr gut    │ 3 │ 2 │ 1 │ o │ 1 │ 2 │ 3 │    weniger gut

             in die Gruppe einbringen können


(2)              Das Arbeitsklima habe ich als

  locker      │ 3 │ 2 │ 1 │ o │ 1 │ 2 │ 3 │    gespannt

                      erlebt

(3)  Die Vermittlung der einzelnen Inhalte gelang für mich

  sehr gut    │ 3 │ 2 │ 1 │ o │ 1 │ 2 │ 3 │    weniger gut
```

Welche Anregungen habe ich heute erhalten?	Was wünsche ich mir für den weiteren Verlauf?
(grüne Kärtchen)	(rote Kärtchen)

Abb. 24   Beispiel einer Rückmeldewand.

von den speziellen Gruppenzielen ab. Abbildung 25 zeigt beispielhaft ein solches Stimmungsbarometer.

Mit diesem Stimmungsbarometer können wir gut ein „Gruppenbild" erstellen, das zwischendurch auch angesprochen werden sollte, damit die gemeinsame Verantwortung an der Arbeit deutlich wird. Wird von den Teilnehmern nur gepunktet, dann entsteht schnell die Meinung, daß die Verbesserung der Situation alleine bei den Moderatoren liegt.

Je detaillierter die Rückmeldungen werden, desto informativer sind sie natürlich, desto zeitaufwendiger wird allerdings auch ihre Auswertung.

Abb. 25 Beispiel eines Stimmungsbarometers für die Prozeßanalyse (nach *Klein* 1991 S. 207 f).

Die bisher geschilderten Verfahren erlauben recht gut, die aktuelle Gruppensituation anschaulich und praxisbezogen zu analysieren, um weitere gruppenpädagogische Aktivitäten zu planen. Im gewissen Sinne informieren sie auch über den Erfolg des bisherigen Vorgehens, der allerdings nicht als langfristige Verhaltensänderung aufgefaßt werden kann. Es besteht ein großer Unterschied zwischen den erhobenen Daten und einer effektiven, langfristigen Verhaltensänderung, die ja streng genommen das wirkliche Arbeitsziel ist. Damit sind wir aber von der Prozeß- zur Erfolgsforschung gewechselt.

7.3.4.2 Erfolgskontrolle

Eine Veranstaltung ist erfolgreich, wenn mit ihr die gesetzten Ziele erreicht werden. Um den Erfolg überprüfen zu können, müssen wir die Ziele klar formulieren und auf die Ebene des beobachtbaren Verhaltens übertragen. In der Wissenschaft bezeichnet man dies als „operationalisieren", d. h. etwas konkret meßbar und überprüfbar machen. Dies ist bei Gruppen, die ein konkretes Problem lösen müssen, relativ leicht durchführbar: Das Problem ist gelöst oder nicht.

Bei vielen Gruppenarbeiten ist dies aber schwieriger. Hier müssen die Ziele in der Regel erst klar verbalisiert und konkretisiert werden. Beispielsweise melden sich viele Teilnehmer zu Kommunikations- und Konfliktsteuerungsseminaren an, um ihr Gesprächsverhalten zu verbessern. Dies ist das Grob- oder Fernziel. Dieses Ziel kann in seiner globalen Formulierung natürlich nicht überprüft werden, denn was heißt konkret „besseres Gesprächsverhalten"? Das vage Grobziel muß in konkrete Teilziele, welche die speziellen Verhaltensweisen betreffen, ausdifferenziert werden. Die Leitfrage dabei ist: „In welchen konkreten Verhaltensweisen zeigt sich ein „besseres Gesprächsverhalten"? Die Antwort darauf kann lauten:

- häufiger „offene Fragen" stellen
- weniger „Du-Angriffe" und mehr „Ich-Aussagen"
- Gesprächsphasen beachten usw.

Wenn wir die Nah- und Teilziele operationalisiert haben, dann können wir mit verschiedenen Methoden die Erfolgskontrolle durchführen. Meistens beschränkt man sich – wenn überhaupt dieses Thema aufgegriffen wird – auf eine schriftliche Befragung der Teilnehmer am Ende der Veranstaltung. Auf die Darstellung eines solchen Fragebogens sei hier verzichtet, da seine Aussagekraft für die Erfolgskontrolle gering ist. Zu viele Fehlervariablen beeinflussen das Ergebnis (z. B. soziale Erwünschtheit; Wissen, wer vom Ergebnis informiert wird; Sympathie- und Hof-Effekt usw.). Die Antworten erlauben wenig Informationen darüber, ob sich ganz bestimmte

Verhaltensweisen wirklich und vor allem dauerhaft geändert haben. Für die Planung weiterer Veranstaltungen sind diese Reaktionen aber dennoch wertvoll.

Wir können aber auch versuchen, den Erfolg etwas genauer zu kontrollieren, indem wir beispielsweise die Einstellung und das Verhalten der Teilnehmer erfassen, sie bitten, ein Konfliktgespräch auf Tonband zur Veranstaltung mitzubringen oder zu Beginn aufzunehmen und am Ende der Veranstaltung oder zu einem späteren Zeitpunkt (was meist schwierig zu realisieren ist) ein weiteres Konfliktgespräch aufzunehmen. Die Gespräche werden dann nach bestimmten Beobachtungskategorien „inhaltsanalytisch" ausgewertet. Um das Teilziel „offene Fragen häufiger stellen" zu überprüfen, könnte das inhaltsanalytische Auswertungsschema in Abbildung 26 herangezogen werden.

	Vorher	Nachher
Stellt W-Fragen, anregende Fragen offene Fragen		
Greift angesprochene Themenkreise wieder auf		
Faßt die Aussagen des GP zusammen		
Läßt Pausen zu/arbeiten		
Zeigt Verständnis/Einfühlungsvermögen		
Konkretisiert vage Aussagen durch Fragen		
Summe:		
Kritisiert, bewertet, urteilt		
Unterbricht, läßt nicht ausreden, fällt ins Wort		
Stellt Suggestiv-Fragen		
Stellt "Oder-Fragen", "geschlossene Fragen"		
Stellt "Warum-Fragen"		
Summe:		

Abb. 26 Inhaltsanalytisches Auswertungsschema zur Erfolgskontrolle des Teilziels „mehr offene Fragen stellen".

Wurde das Teilziel erreicht, dann müßte sich die Häufigkeitsvertei-
lung in der erwarteten Richtung verschoben haben. Für eine gesi-
cherte Interpretation müßten allerdings die beobachteten Unterschiede auf ihre Zufälligkeit hin untersucht werden. Die Statistik hat
zu diesem Zweck eine Reihe von „Signifikanztests" entwickelt, durch
die man feststellen kann, ob beobachtete Unterschiede als zufällig
oder „echt" und damit interpretierbar angesehen werden können.
Doch auch hier sei auf die entsprechende Fachliteratur verwiesen.

Unser geschildertes Beispiel befriedigt sicher noch nicht alle (wissenschaftlichen) Erwartungen und Kriterien. Sinnvoller ist es zweifellos,
das konkrete Gesprächsverhalten des Teilnehmers in „Ernstsituatio-
nen" zu erfassen und mit dem „Vorher" zu vergleichen und/oder die
Veränderungen, die von seinen primären Bezugs- und Kontaktperso-
nen beobachtet wurden, zu analysieren.

7.4 Sicherung des Lerntransfers

Bei der Arbeit mit Gruppen versuchen wir Wissen oder Fähigkeiten
zu vermitteln, die im privaten oder beruflichen Bereich angewandt
werden sollen. Die meisten Teilnehmer besuchen recht begeistert die
Veranstaltungen und zeigen sich motiviert, das Gelernte auch möglichst schnell umzusetzen. Diese Motivation schwächt sich leider
häufig schnell ab. Das Praktizieren der Lerninhalte in der „beschüt-
zenden" Seminarsituation unterscheidet sich deutlich vom rauhen
Alltag, in dem die bestehenden Erwartungen und Verhaltensnormen
(„Normativität des Faktischen") eine oft unterschätzte Barriere für
Verhaltensänderungen sind.

Für den Veranstalter, aber auch den Auftraggeber, existiert deshalb
die zentrale Frage, wie man den Lerntransfer verbessern kann. Wir
könnten natürlich die entsprechenden Arbeitsgruppen gemeinsam
die Veranstaltung besuchen und dort miteinander die Veränderungen planen lassen; dies wäre sicher sinnvoll, ist in der beruflichen
Praxis aber nur in wenigen Fällen realisierbar. Wir müßten sicherstellen, daß die Inhalte von den direkten Vorgesetzten praktisch unterstützt, bei der Arbeit aufgegriffen werden, sowie das neue Verhalten
beachtet und gefördert wird. Die besuchte Veranstaltung darf nicht
als Einzelereignis erlebt werden, sondern muß in ein transparentes
Gesamtkonzept integriert sein.

Wenn wir die Übertragung sicherstellen wollen, dann sollten folgende Punkte beachtet werden:

● **Motivierung der Teilnehmer zum Veranstaltungsbesuch**

Die Vorbereitung auf den Lerntransfer beginnt nicht in der Veranstaltung sondern schon vorher. Der Teilnehmer sollte bereit sein, sich mit den Seminarinhalten auseinanderzusetzen, weil er einsieht, daß sie wichtig für seine persönliche und berufliche Weiterentwicklung sind. Er muß den Zusammenhang zwischen den Inhalten (Wissen, Fertigkeiten) und den gesetzten Zielen klar sehen. Ist die Veranstaltung in ein Gesamtkonzept (Ausbildungsplanung, Personalentwicklungsplanung) integriert, dann ist diese Motivation leicht zu erreichen. Leider begegnen wir der Situation nicht selten, daß Teilnehmer zu einer Veranstaltung geschickt werden, weil „sie wieder mal dran sind" oder der Vorgesetzte es für „sinnvoll" hält, ohne den Sinn weiter zu erklären. Diese „Vorbereitung" führt eher zu einer inneren Abwehrhaltung, als zu einer Bereitschaft, sich offen mit den Inhalten auseinanderzusetzen. Die Haltung muß zu Seminarbeginn angesprochen und verändert werden.

● **Transfervorbereitung während des Seminars**

Zu Beginn des Seminars ist deshalb stets die Erwartung der Teilnehmer an das Seminar abzuklären und die Inhalte mit ihren Umsetzungsmöglichkeiten deutlich zu machen, damit ein persönlicher Bezug entsteht.

Im Seminarverlauf sollte dann nach dem ersten größeren Lernabschnitt ein „Merkzettel" für die einzelnen Teilnehmer eingeführt werden, auf dem sie die Punkte notieren, die sie persönlich als bedeutsam ansehen und in Zukunft beachten wollen. Im weiteren Verlauf werden die Teilnehmer mehrmals daran erinnert, diese Notizen zu ergänzen. Am Ende der Veranstaltung werden sie dann aufgefordert, sich den Merkzettel nochmals vorzunehmen, um daraus ein persönliches Programm für die Umsetzung zu erstellen. Dabei sollen sie planen, in welcher konkreten Situation sie mit der Umsetzung anfangen und wie sie dann weiter vorgehen wollen. Sie sollen sich also kognitiv auf den Transfer vorbereiten und sich überlegen, wie sie es schaffen, daß ihre guten Vorsätze nicht nur gute Vorsätze bleiben. Wichtig dabei ist, daß die Teilnehmer ihr Programm auch schriftlich festhalten.

Haben die Teilnehmer ihr Alltagsprogramm erstellt, dann ist es für die praktische Umsetzung günstig, wenn sie es mit anderen diskutieren oder im Plenum bekannt geben. Durch diese öffentliche Darstellung legt der einzelne sich stärker fest und das Programm wird verbindlicher: Es entsteht – wie wir wissen – dadurch eine größere kognitive Dissonanz, durch die eine Verhaltensänderung wahrscheinlicher wird. In dieser Phase gelingt es auch meist, Lernpartnerschaften oder Lerngruppen zu bilden, in denen die einzelnen Programme vorgestellt und diskutiert werden. Diese Lerngruppen vereinbaren weitere Treffen, in denen sie Schwierigkeiten bei der Umsetzung besprechen und sich gegenseitig Hilfestellung leisten.

Diese direkte Transferplanung am Seminarende sollte natürlich während des Seminars durch praxis- und teilnehmerorientierte Übungen unterstützt werden.

- **Nach der Veranstaltung: „Back home"**

Mit den Lernpartnerschaften sind schon weiterreichende Transferaktivitäten geplant. Optimal wäre eine Folgeveranstaltung, deren Inhalte in den Lerngruppen vorbereitet werden und in dem die Schwierigkeiten bei der konkreten Umsetzung angesprochen und gelöst werden.

Generell ist wichtig, daß die Teilnehmer sich nach dem Seminar nicht alleingelassen fühlen, sondern wissen, „daß noch etwas kommt". Dies kann ein Brief sein mit dem erstellten Alltagsprogramm, das bei Seminarende dem Leiter als Kopie in einem adressierten Umschlag übergeben wurde und dem Teilnehmer vier Wochen nach Seminarende zugeschickt wird („letter to myself"), die schon besprochene Lerngruppe, das Folgeseminar oder seminarbezogene Gespräche mit dem Vorgesetzten.

Der unmittelbare Vorgesetzte, ein „Pate" oder auch ein externer Berater könnten für eine bestimmte Zeit die Betreuung (Supervision, „Coaching") übernehmen und den Transfer sicherstellen. Die Supervision ist dabei zweifellos die effizienteste Methode und verfolgt das klassische sozialpädagogische Ziel, „Hilfe zur Selbsthilfe" zu geben, d. h. den Supervisanden so zu betreuen, daß er die gesetzten Ziele aus eigener Initiative erreicht. Dieses „Coaching" hat sich im Bereich der Psychotherapie und Sozialarbeit bewährt und sollte auch verstärkt eingesetzt werden, wenn Ziele und Verhaltensweisen in Organisationen verändert werden sollen.

8 Beispiel für einen Seminarablauf

Im folgenden wird der Ablauf eines dreitägigen Basisseminars zum Thema „Gesprächsführung und Motivation" dargestellt.

Bei diesem Seminar sollen die grundlegenden Fähigkeiten vermittelt werden, die für ein partnerzentriertes Gespräch benötigt werden. Daneben sollen die Teilnehmer mit den Themenkreisen Motivation, Frustration und Motivanalyse vertraut gemacht werden, um für die Vertiefung in den Folgeseminaren vorbereitet zu sein. Die Themen der möglichen Folgeseminare sind: Konfliktsteuerung, Einstellungs-, Beurteilungsgespräche, Potentialschätzungen, Konferenzleitung und Verhandlungsführung.

Die einschlägigen theoretischen Aspekte und Übungen wurden bereits im Kapitel 3 und 4 ausführlich beschrieben, so daß wir bei der folgenden Darstellung auf die entsprechenden Abbildungen und Tabellen zurückgreifen können. Das zusätzliche Material ist im Anhang unter 9.1.4. zu finden.

Das Ablaufprotokoll ist wiederum nur als Demonstrationsbeispiel gedacht. Jedes Seminar entwickelt in Abhängigkeit von den Teilnehmern seine Eigendynamik. Der oder die Seminarleiter müssen hier sensibel – entsprechend den TZI-Regeln – reagieren und dürfen den beschriebenen strukturellen Rahmen nur als Ausgangspunkt für flexibles Vorgehen verstehen.

Die beschriebene Fortbildungsveranstaltung wurde von einem größeren, internationalen Unternehmen der Elektrotechnik durchgeführt. Die 12 Teilnehmer haben sich freiwillig zu diesem Seminar gemeldet, das von zwei (externen) Seminarleitern/Moderatoren durchgeführt wurde.

1. Tag

Beginn 9.00

- Vorstellungsrunde: persönliche Vorstellung der Moderatoren/ Mosaikvorstellung der Teilnehmer/beruflicher und privater Stellenwert des Seminarthemas
- Organisatorischer Rahmen (Tagesablauf, Pausen, ...)
- Teilnehmererwartungen auf Kärtchen für die „Erwartungswand"/ Besprechung und Ordnen der Erwartungswand

- Vorstellung des Seminarkonzepts auf Flip-Chart (FC):
  (1) Was bringt mir das kooperative, partnerzentrierte Gesprächs-
      verhalten?
  (2) Welche Prozesse sind in Gesprächen beobachtbar?
  (3) Wie kann ich mein Gesprächsverhalten verbessern?
  (4) Wie erkenne ich die Motivation meines Partners?
  (5) Was ist bei der Organisation von Gesprächen zu beachten?
- Erwartungen an die Teilnehmer (TZI-Regeln).

10.45 bis 11.15 Kaffeepause

(1) *Was habe ich vom kooperativen, partnerschaftlichen Verhalten?*

Woran erkennt man kooperatives Verhalten?
Übung: Wieviel Quadrate (Einzel- und Paarversuch wie bei der
Übung zu Abb. 9 (Vorlage 9.1.4.1)

Bedingungen für den Gruppenvorteil erfassen und umsetzen:
Komplexere Demonstration „Entfernungen schätzen" (Übung zu
Abb. 10) Auswertung und Diskussion; Bezug zum beruflichen Alltag
Vor- und Nachteile des kooperativen Vorgehens.

Regeln für den Gruppenvorteil auf FC entwickeln.

12.30 bis 14.00 Mittagspause

Denksportaufgabe: „Baumreihen-Problem (Abb. 22)

(2) *Welche Prozesse sind im Gespräch beobachtbar?*

Übung: Videoausschnitt eines Gesprächs/Welche Vorgänge kann
man in einer Unterhaltung/einem Gespräch beobachten?

am FC notieren: z. B. Fragen, Informationen, Wut, Ablehnung,
Meinungen, ... Emotionale Aussagen, Lob, Schweigen . . . .

Daraus Schema Abb. 2 ableiten

→ Gespräche erfolgreich führen heißt

  die Vorgänge auf der Inhalts- und Beziehungsebene beobachten,
  analysieren und steuern zu können.

- Einführung des Merkzettels auf dem die Teilnehmer sich die
Inhalte notieren, die sie in der Praxis berücksichtigen wollen.

Das Schema „Anatomie" einer Nachricht mit konkreten Beispielen
ergänzen (vier Botschaften einer Nachricht) und veranschaulichen
(Abb. 3).

15.30−16.00 Kaffeepause

Einführung in MTT mit King Kong

(3) *Wie kann ich mein Gesprächsverhalten verbessern?*

(3.1) Prozesse auf der Inhaltsebene

Informationsweitergabe:

Wie kann ich die Kommunikation gestalten, damit meine Botschaft, das was ich mitteilen möchte, möglichst unverzerrt und eindeutig verständlich beim GP ankommt?

Entwicklung des differenzierteren Kommunikationsschemas (Abb. 4) am FC.

Übung „Einweg-Zweiweg-Kommunikation" (auf Video) entsprechend Kap. 9.1.1.1 und Auswertung im Plenum nach Tabelle 1. Diskussion und Konsequenzen.

„Verständlichmacher" (Abb. 5) am FC sammeln und bei den folgenden Übungen ergänzen.

Videorückmeldung, auf Inhalts- und Beziehungsebene hinweisen und Verständlichmacher ergänzen.

18.00 Merkzettel und Rückmeldewand (Abb. 24)

18.20 Ende erster Tag

2. Tag

9.00 Übung „Worte und Vorstellungen" (S. 28)/Bezug zur Inhaltsebene und Verständlichmachern herstellen

• Roter Faden des gestrigen Tages

Informationen einholen:

Was heißt „Aktiv Zuhören"?

Übung „Kontrollierter Dialog" in Dreiergruppen (S. 32); anschließend Diskussion der Beobachtungen im Plenum

10.30−11.00 Kaffeepause

MTT-Übungen King Kong, Siegfried und Quasimodo

• Wie öffne ich meinen Gesprächspartner?

Übung: A hat ein Thema/Problem, B versucht ohne zu steuern möglichst viel davon zu erfahren. Gespräch wird mit Video aufgenommen (S. 30f).

Was hat den Gesprächspartner geöffnet, welches Verhalten bringt ihn zum Reden?

→ „öffnendes" Gesprächsleiterverhalten auf FC notieren (S. 31).

Übung: Offene Fragen im Plenum wandern lassen. Dabei sollen Elemente des kontrollierten Dialogs berücksichtigt werden. Regeln dabei:

(1) Aufgreifen einer Aussage und Hinführung zur Frage
(2) Offene Frage stellen
(3) Antwort sinngemäß wiederholen und Richtigkeit bestätigen lassen
(4) Von der Antwort ausgehend neue offene Fragen entwickeln und Thema vertiefen.....

12.30—14.00 Mittagspause

Einstieg mit Denkspielaufgabe

Zusammenfassung Kommunikationsschema und Verständlichmacher (Abb. 4 und 5).

Vorbereitung eines Rollenspiels mit Schwerpunkt auf der Inhaltsebene: „Einstellungsgespräch": Eine Gruppe bereitet die Rolle des Gesprächsführers, die andere die des Bewerbers vor, bespricht das Vorgehen und bestimmt aus ihren Reihen den Rollenspieler (ca. 20 min). Das Rollenspiel wird im Plenum durchgeführt und mit Video aufgezeichnet. Die Beobachter achten auf die Umsetzung der erarbeiteten Punkte für die Inhaltsebene (Rollenspielanweisung 9.1.4.2).

Anschließend spontane Rückmeldung, sukzessive Videoanalyse und Diskussion im Plenum.

Denkzettel

15.30—16.00 Kaffeepause

(3.2) Prozesse auf der Beziehungsebene

Übung: 5-Kreuze-Übung (Material 9.1.1.3) instruieren und auf Video aufnehmen. Wie reagiere ich bei Störungen: Videoanalyse. Anschließend Reaktionen auf Störungen am FC (Abb. 7) entwickeln und auf ihre Tauglichkeit zur Problemlösung untersuchen

Bezug zum Alltag herstellen.

Tagesrückmeldung mit „Roten (−) und Grünen (+) Kärtchen.
18.00 Ende zweiter Tag.

3. Tag

Einstieg mit „gemeinsamer Geschichte" (einer beginnt mit einem Wort, der nächste wiederholt und fügt ein Wort dazu usw. bis man sich die Wortfolge nicht mehr merken kann).

Bisherigen Roten Faden entwickeln

Wie kann man „Angriffsarm Reagieren"? (am FC sammeln) (S. 36)

Übung Beschreiben – Bewerten. Die TN bearbeiten Anlage 9.1.4.3; am FC werden die Aussagen gesammelt und nach Beschreibungen bzw. Bewertungen getrennt aufgeschrieben. Die TN sollen dieses System erkennen. Anschließend Bearbeitung der Vorlage 9.1.4.4 und Diskussion.

(4) Was ist ein Motiv und wie kann ich motivieren?

Was ist ein Motiv? Was versteht man unter Motivation? schematische Darstellung am FC

Zusammenfassung 9.1.4.5 durchgehen

10.30−11.00 Kaffeepause

Übung Motivstärke (9.1.4.6) in KG. Diskussion im Plenum

Was ist eine Frustration? Darstellung am FC: Wie reagiert man bei Frustrationen? Schema 9.1.4.7 am FC entwickeln.

Beispiele für berufliche Frustrationen sammeln

Übung: Die Frage „Was motiviert mich zur Arbeit" bzw. „Was motiviert meine Mitarbeiter?" wird jeweils in einer KG auf Kärtchen bearbeitet. Anschließend präsentieren die KGn das Ergebnis an der Pinnwand.

Aus den Ergebnissen wird als Beispiel die Bedürfnispyramide Maslows abgeleitet (9.1.4.8)

Wie kann man andere Menschen motivieren? (Zusammenfassung 9.1.4.9)

12.30−13.30 Mittagspause

MTT-Übungen

(5) Was ist bei der Organisation von Gesprächen zu beachten?

• Vorbereitung auf das Gespräch (am FC entwickeln)

• Gesprächsphasen (am FC entwickeln)

Zusammenfassung 9.1.4.10

Umsetzung des Erarbeiteten (mit Schwerpunkt auf Beziehungsebene und Gesprächsorganisation) am Thema „Beschwerde":

Was ist eine Beschwerde und wie gehe ich am besten damit um?
→ FC und Zusammenfassung 9.1.4.11

Bildung von Lerngruppen, die sich zwischen den Seminaren anrufen/ treffen sollen und Schwierigkeiten bei der Übertragung zu lösen versuchen.

Rollenspiel „Beschwerde":

Die Lerngruppen bestimmen, wer den Vorgesetzten bzw. den Beschwerdeführer spielt. Anschließend erhalten die Rollenspieler ihre Rollenanweisung (9.1.4.12) und lesen sich ein (ca. 10 min). Die anderen Gruppenmitglieder beobachten beim anschließenden Rollenspiel, das in jeder Gruppe durchgeführt wird, ob und wie die erarbeiteten Punkte umgesetzt werden. Ein Rollenspiel wird auf Video aufgezeichnet.

Im Plenum beschreiben zuerst die Spieler, wie es ihnen ergangen ist, dann geben die Beobachter den Spielern Rückmeldung. Anschließend Auswertung der Videoaufzeichnung

15.10–15.20 Kurzpause

Zusammenfassung Kommunikationsregeln (9.1.4.13) besprechen

Erwartungswand und Seminarrealität: Was haben wir erreicht?

In den Lerngruppen wird das Alltagsprogramm aufgestellt: Stichwortartige schriftliche Beantwortung der Fragen:
(1) Welche Seminarinhalte möchte ich im beruflichen Alltag umsetzen?
(2) Wie kann ich sicherstellen, daß diese Vorsätze auch umgesetzt werden?

Kurze Darstellung der Vorsätze im Plenum

Organisation der Betreuung der Lerngruppen

Vorbereitung des Folgeseminars

Abschlußblitzlicht und Ausklang mit Kaffee
16.20 Seminarende

9 Anhang

9.1 Materialien zu den Übungen

9.1.1 Unterlagen zum Thema Kommunikation

9.1.1.1 Vorlage Übung „Einweg-Zweiweg"-Kommunikation

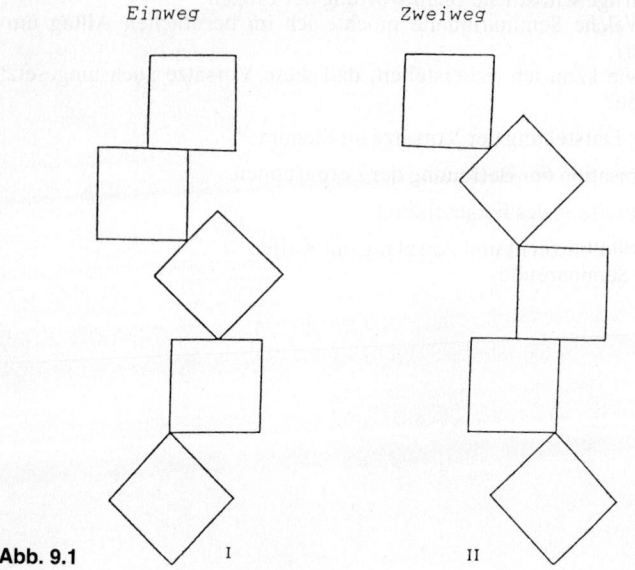

Einweg   Zweiweg

Abb. 9.1   I   II

9.1.1.2 Wortlaut der Meldung für die „Stille Post"

(An die Beobachter verteilen; erster Teilnehmer bekommt die Meldung zweimal vorgelesen).

„Gestern abend kam es um 23.10 Uhr im Gasthaus „Kaiser Wilhelm" zu einem heftigen Streit zwischen einem deutschen Studenten und einem türkischen Arbeiter. Da der Streit sehr laut geführt wurde – es ging um das Ausländerproblem – forderte der Wirt und andere Gäste die beiden auf, das Lokal zu verlassen. Obwohl es draußen regnete, ging der Streit weiter; plötzlich zog der dunkelhaarige Deutsche ein Messer und verletzte den Arbeiter am Arm. Die vom Wirt alarmierte Polizei forderte einen Krankenwagen an und nahm den Messerstecher mit zur Wache.

9.1.1.3 Unterlagen für die „5-Kreuze-Such-Übung"

Abb. 9.2   Vorlage 1.

Bei dieser Übung erhält ein Teil der Gruppe die Vorlage I, der andere die Vorlage 2. Der Sender erhält die Vorlage 1 mit 5 Kreuzen, von denen einige für die Gruppe 2 nicht identifizierbar sind, weil sie eine andere Vorlage haben. Da sie dies nicht wissen, sind Störungen programmiert. Als Sender ist bei dieser Übung möglichst der Teilnehmer zu bestimmen, welcher an der „Nahtstelle" zwischen den beiden Gruppen sitzen würde, so daß diese räumlich etwas getrennt werden (nach tpm o. J.).

Abb. 9.3 Vorlage 2.

9.1.2 Unterlagen für die Kooperations-Übung
(nach *Brocher* 1967)

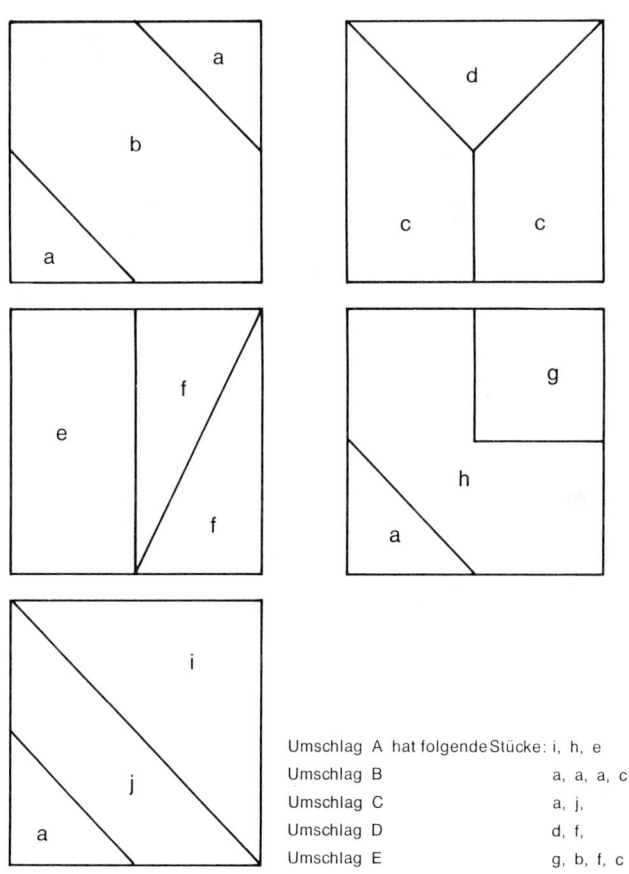

Umschlag A hat folgende Stücke: i, h, e
Umschlag B   a, a, a, c
Umschlag C   a, j,
Umschlag D   d, f,
Umschlag E   g, b, f, c

Abb. 9.4

9.1.3 Lösungen der Denkspiele

Lösungsvarianten:

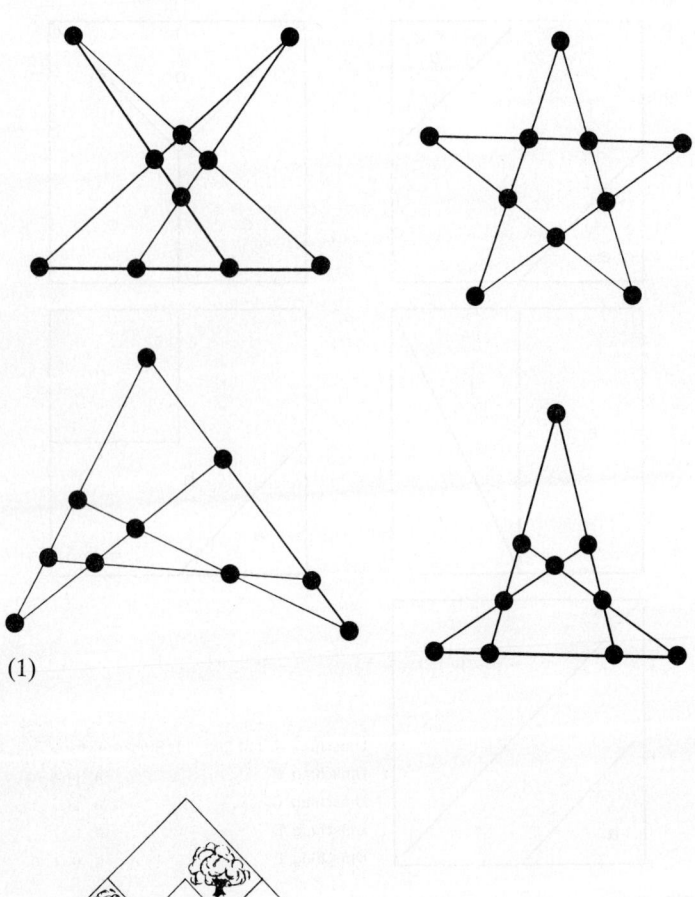

(1)

(2)

Abb. 9.5

(3) Da (x − x) Null ist, ergibt die gesamte Gleichung Null!!

(4) Der Händler Nimmgern hat zweimal 1000,-- DM verdient, also 2000,-- und Herr Oldcar hat insgesamt 7000,-- erhalten.

(5) Der dritte Fehler besteht darin, daß die Aussage nicht richtig ist!

(6) Auch wenn die meisten es nicht glauben: Wenn man jetzt wechselt, erhöht man seine Gewinnchance. Vielleicht leuchtet folgendes Beispiel ein:

Stellen Sie sich vor, es gäbe die Kandidaten A und B: A bleibt immer bei seiner Entscheidung (Tür 1) und B wechselt stets, je nach Vorgehensweise des Moderators, zur verbleibenden 3. Tür. Nehmen Sie nun bitte an, daß wir das Experiment 999mal wiederholen. Kandidat A, der sich vom Moderator nicht beeinflussen läßt, wird nach der Zufallsverteilung etwa 333mal gewonnen haben; die fehlenden 666 Hauptgewinne können demnach nur an B gehen.

Der Denkfehler, dem man hier leicht unterliegt, besteht darin, daß man annimmt, es würde sich beim ersten und zweiten Tip um unabhängige Wahlmöglichkeiten handeln. Die gleiche Chance bei zwei geschlossenen Türen besteht aber nur, wenn man nach dem Türöffnen, das Auto hinter den verbliebenen Türen nach dem Zufall neu verschieben würde. Davon war aber nicht die Rede.

9.1.4 Material zum Basisseminar „Gesprächsführung"

9.1.4.1 Wieviel Quadrate sind in diesem Quadrat?

Abb. 9.6

9.1.4.2 Rollenspielanweisung „Einstellungsgespräch"

Situation: Die Firma ..... sucht für ihr Lehrlingswohnheim einen Hausmeister, der nicht nur die anfallenden Verwaltungs- und Kleinreparaturen durchführt, sondern auch für die Jugendlichen ein menschlicher Ansprechpartner sein soll. Es haben sich auf eine Anzeige sechs Personen gemeldet, von denen zwei nach den Unterlagen gut geeignet erscheinen (Herr Stark und Herr Rüstig). Im folgenden Gespräch soll abgeklärt werden, ob der Bewerber Stark für die Aufgabe infrage kommt. Das Gespräch findet im Personalbüro der Firma .... statt.

Rollenanweisung A: Gesprächsleiter Herr/Frau Offen:

Sie erwarten in .... Minuten Herrn Stark, der sich auf die ausgeschriebene Stelle als Hausmeister beworben hat. Aus den Unterlagen entnehmen Sie, daß er vor einiger Zeit schon 2 Jahre als Hausmeister in einem Gymnasium tätig war, darüber ein gutes Zeugnis erhalten hat, jetzt aber wieder als Elektromeister tätig ist. Seine Arbeitszeugnisse weisen ihn als zuverlässig, freundlich, kooperativ, manchmal aber etwas empfindlich aus. Herr Stark ist 37 Jahre alt, verheiratet und hat 2 Kinder.

Rollenanweisung B: Bewerber Herr Stark:

In .... Minuten werden Sie von Herrn/Frau Offen zu einem Bewerbergespräch erwartet. Aufgrund Ihrer Bewerbungsunterlagen sind Sie in den Kreis der geeigneten Bewerber ausgewählt worden. Sie sind 37 Jahre alt, Handwerksmeister (Elektrotechnik), verheiratet und haben zwei Kinder im Alter von 6 und 8 Jahren. Ihre Frau arbeitet seit einem halben Jahr wieder halbtags als Kassiererin in einem Supermarkt; diese Tätigkeit erlebt sie als sehr belastend. Sie selbst arbeiten wieder als Elektromeister. Vor 8 Jahren haben Sie für 2 Jahre Ihren Aufgabenbereich gewechselt und waren in dieser Zeit Hausmeister an einem Gymnasium. Das selbständige Arbeiten hat Ihnen dabei viel Spaß gemacht, Ihre Leistungen wurden von der Schulleitung auch voll anerkannt. Sie haben sich aber häufig über die Arroganz einiger Gymnasiasten geärgert, so daß Sie letztlich doch wieder in Ihre alte Tätigkeit zurückgegangen sind. Dort haben Sie auch Ausbildungsverantwortung für die Lehrlinge übertragen bekommen, was Ihnen sehr viel Befriedigung bringt. Dies ist letztlich auch der Grund für Ihre Bewerbung. Sie erhoffen sich von der Stelle ein selbständiges Arbeiten, Kontakt zu „normalen" Jugendlichen und denken auch daran, ob Ihre Frau nicht halbtags mitarbeiten könne. Sie befürchten allerdings, daß die Bezahlung bei weitem nicht Ihrem jetzigen Gehalt entspricht.

Diese Informationen und weitere, die Ihnen in der Situation erforderlich erscheinen, geben Sie aber nur, wenn es Herrn/Frau Offen gelingt, eine vertrauensvolle Gesprächsatmosphäre zu schaffen.

9.1.4.3 Arbeitsblatt „Beschreiben – Bewerten I"

Erinnern Sie sich bitte an das Verhalten eines/r der anwesenden Teilnehmer/innen und beschreiben Sie eine angenehme (positive) und eine weniger angenehme (negative) Verhaltensweise möglichst knapp:

positiv: ....

negativ: ....

Nehmen wir an, ich hätte Sie jetzt auf diese Art beschrieben: Wie hätten Sie diese Beschreibung/Charakterisierung erlebt?

....

....

9.1.4.4 Arbeitsblatt „Beschreiben – Bewerten II"

Wenn Sie beim ersten Übungsteil den Teilnehmer mit Eigenschaftswörtern beschrieben haben („Du-Botschaften"), dann sollten Sie jetzt versuchen, diese Aussagen in Verhaltensbeobachtungen („Ich-Botschaften") zu übersetzen, z. B. nicht Herr X ist „lieb", sondern: Herr X sagt mir häufig freundliche Sachen, bringt mir ab und zu ein Geschenk mit und ich glaube, er mag mich" oder nicht „Fritz ist unzuverlässig", sondern: „Er hat mir erst gestern versprochen, das geliehene Buch zurückzubringen, und ich ärgere mich, daß er es nicht getan hat"

Umformulierung der

• positiven Eigenschaft: ....

....

....

• negativen Eigenschaft: ....

....

....

Wie hätten Sie persönlich jetzt diese Beschreibung erlebt?

....

....

Unterschied zwischen Ich-Aussage und Du-Botschaft:

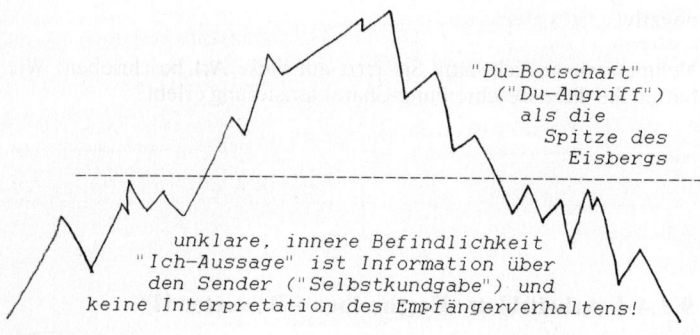

Abb. 9.7

9.1.4.5 Zusammenfassung Motivation

Allgemeine Aspekte:

Unter einem Motiv verstehen wir die innere und/oder äußere Ursache für das menschliche Verhalten. Motive sind stets mit einer bestimmten Stärke auf ein Ziel hin ausgerichtet.

Menschen besitzen allerdings nicht nur ein Motiv, sondern relativ viele, die auch auf unterschiedliche Ziele ausgerichtet sind. Unter Motivation verstehen wir das Motivgefüge, das ein beobachtbares Verhalten bestimmt.

Motivieren heißt in diesem Zusammenhang, die aktuelle Motivation eines Menschen zu beeinflussen.

Spezielle Aspekte:

Motive unterscheiden sich in ihrer Stärke und Aktualität. Sind sie befriedigt, dann sinkt ihre Stärke zunächst auf Null, um im weiteren zeitlichen Verlauf wieder anzusteigen. Die Stärke eines Motivs können wir daran erkennen, wieviel Energie ein Mensch aufbringt, um ein bestimmtes Ziel zu erreichen.

Die menschlichen Motive sind nicht immer eindeutig klar. Wir unterscheiden die folgenden Bewußtheitsgrade:

• Bewußte Motive werden von der behandelnden Person als Ursache angegeben.

• Verdeckte Motive möchte man den anderen in der aktuellen Situation nicht nennen; man schiebt ein anderes, meist sozial akzeptiertes Motiv vor. Diese Motive sind daran erkennbar, daß die Person in ihrem Verhalten schwankt und die vorgegebene Ursache auch bei genauem Hinsehen nicht zur jeweiligen Situation paßt.

• Unbewußte Motive sind der jeweiligen Person selbst nicht bekannt. Diese Verdrängung ins Unbewußte geschieht durch chronische Versagungen und Frustrationen. Dennoch beeinflussen diese Motive unser Verhalten, indem sie sich in unangemessenen Gefühlsäußerungen, ambivalenten Verhaltensweisen, Fehlleistungen und/oder abrupten Themenwechseln zeigen.

9.1.4.6 Arbeitsblatt „Übung Motivstärke"
(nach tpm: Segment Motivation, o. J.)

Alle folgenden Personen haben ein gemeinsames Motiv:

Sie möchten gerne surfen.

Kreuzen Sie bitte auf der rechten Skala jeweils an, wie stark Ihrer Meinung nach das Motiv bei den einzelnen Personen ausgeprägt ist:

	sehr gering sehr hoch
	1 – 2 – 3 – 4 – 5 – 6 – 7
Herr A schwärmte gestern vom Surfen	O–O–O–O–O–O–O
Herr B hat im Juli Urlaub beantragt und einen Surfkurs belegt	O–O–O–O–O–O–O
Herr C schaut abends gerne den Surfern am nahen Baggersee zu	O–O–O–O–O–O–O
Herr D spart monatlich 75.– DM für ein eigenes Surfbrett	O–O–O–O–O–O–O
Herr E hat sein bisheriges Hobby, das Bienenzüchten aufgegeben, um jedes Wochenende surfen gehen zu können	O–O–O–O–O–O–O

Herr F hat sich in der Buchhandlung
den neuen Surfkalender bestellt   O–O–O–O–O–O–O

Herr G belegt im Hallenbad einen
Schwimmkurs   O–O–O–O–O–O–O

Herr H bittet einen Freund, ob er ihm
nicht mal das Surfen zeigen könne   O–O–O–O–O–O–O

9.1.4.7 Reaktionen bei Frustration

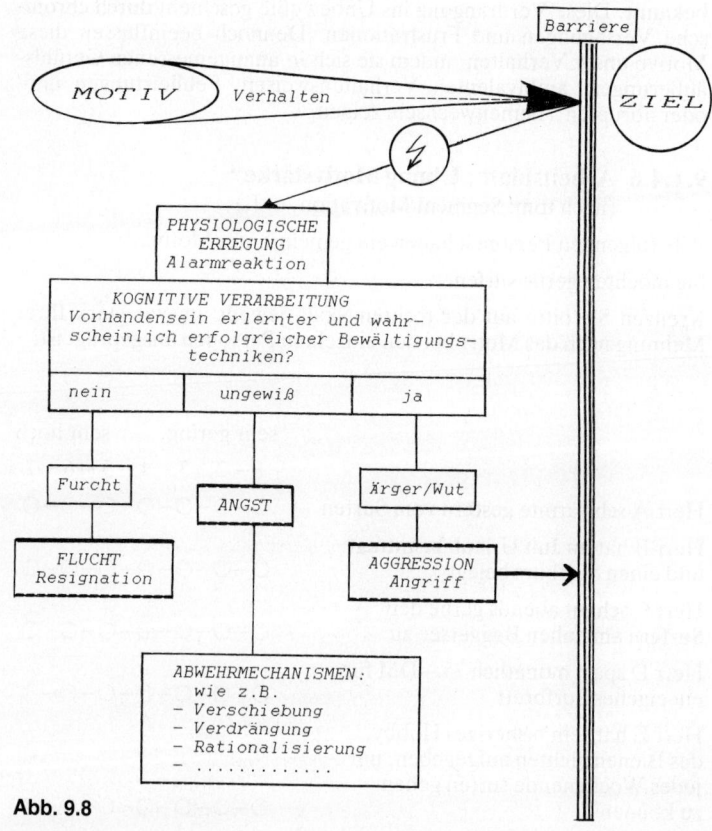

Abb. 9.8

9.1.4.8 Die Bedürfnishierarchie
(nach Maslow)

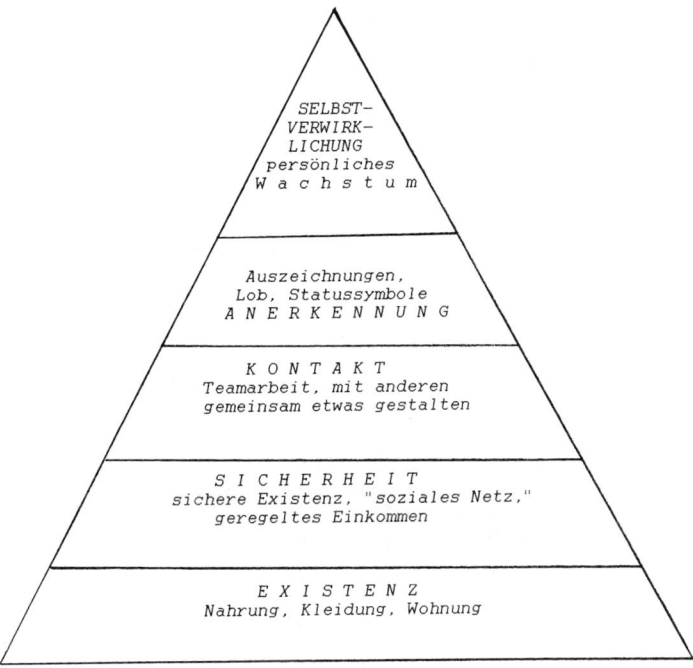

Abb. 9.9

9.1.4.9 Was ist bei der Motivierung anderer zu beachten?

Um einen Menschen motivieren zu können, müssen wir wissen, wo er im Augenblick „steht", d. h. welche Motive für ihn momentan wichtig sind. Motivieren heißt, die aktuelle Motivation eines Menschen zu beeinflussen.

Die aktuelle Motivation können wir nur dadurch verändern, daß wir die bestehenden Motive entweder verstärken oder abschwächen:

Wir können Motive dadurch verstärken, daß wir den Wert, die Attraktivität des Zieles erhöhen und damit die Anziehungskraft steigern oder das Ziel mit anderen positiven Zielen verknüpfen.

Motive, durch die eine Handlung gehemmt wird, können wir abschwächen, indem wir zeigen, daß sie zu Mißerfolgen führen, Strafen nach sich ziehen und im Vergleich mit den entgegengesetzten Zielen wirklich weniger attraktiv sind.

9.1.4.10 Zusammenfassung „Organisation von Gesprächen"

Vorbereitung

Eine gute Gesprächsvorbereitung schafft die Basis für eine gute Gesprächsführung. Deshalb sollten folgende Punkte beachtet werden:

• Festlegung des Themas und des Zieles: Was will ich in diesem Gespräch erreichen?

• Sammlung sachlicher Informationen zum Thema und Gesprächspartner; welche Informationen benötige ich noch?

• Schaffung geeigneter situativer Rahmenbedingungen:

– Einladung: klar, freundlich, persönlich, verbindlich
– Anmeldung: Einstimmender erster Kontakt (abhängig vom Verhältnis zwischen den Mitarbeitern). „Amtscharakter" sollte möglichst abgebaut und nicht verstärkt werden.
– Zeitplanung: Wartezeiten möglichst vermeiden. Sind sie nicht vermeidbar, dann sollten sie überschaubar gemacht werden. Feste Termine sollten möglichst exakt eingehalten werden. Der Pünktliche sollte nicht bestraft werden! Warteräume sollten freundlich gestaltet sein. Zu Gesprächsbeginn sollte die Möglichkeit gegeben werden „Dampf" abzulassen.
– Beratungsraum: Nicht am Schreibtisch, runder Tisch mit Sitzmöglichkeit über Eck (Blickkontakt ohne Zwang). Keine zu provozierenden Bilder.
– Störquellen möglichst ausschalten (Telefon . . .), damit man sich auf den Gesprächspartner konzentrieren kann.
– Anwesenheit anderer Personen: Nur die unmittelbar betroffenen Personen sollten anwesend sein. Einzelgespräche sind vorzuziehen (außer in der Familientherapie). Praktikanten sind in das soziale Feld zu integrieren, der GP ist um seine Einwilligung zu bitten.
– Protokollierung: Man kann es in der Regel gut begründen, daß man sich während des Gespräches Notizen machen muß. Bei Tonbandprotokollen muß das Einverständnis des GP unbedingt eingeholt werden. Man muß ihn auch klar und verbindlich darüber informieren, was mit der Aufzeichnung passiert.

Gesprächsphasen

- Vorbereitung auf das Gespräch, den Gesprächspartner, das Gesprächsthema . . . .
- Aufwärmungsphase (Kontaktaufnahme, Anlaß und Ziel des Gesprächs definieren)
- Themenstellung (Gesprächsziel klar festlegen, Thema abgrenzen)
- Diagnostische Phase (offene Fragen, Informationen sammeln, erweitern und vertiefen, die Erlebnis- und Sichtweise des GPs ist zentral)
- Argumentationsphase (Informationen, Einstellungen bewerten, Ist-Soll-Situation vergleichen, Interpretationen, Einwände, gemeinsam Lösungswege suchen, Kontrollen vereinbaren . . . .)
- Zusammenfassung des Gesprächsergebnisses (Einigung oder Nicht-Einigung, Vertagung)
- Abschluß (möglichst positiver Ausklang mit Blick in die Zukunft).

9.1.4.11 Was ist bei einer „Beschwerde" zu beachten?
(nach tpm: Segment Mitarbeitergespräche, o. J.)

> Beschwerde

Eine Beschwerde beinhaltet stets

- eine gefühlsmäßige Verärgerung
- einen sachlichen Konflikt

Deshalb sind folgende Reaktionen sinnvoll:

(1) Beschwerdeführer anhören („Dampf ablassen")

- sich nicht durch die Beschwerde provozieren lassen
- nicht voreilig Stellung beziehen
- möglicherweise für den Ärger Verständnis zeigen

(2) Nachfragen und den sachlichen Beschwerdekern analysieren (offene Fragen stellen, aktiv zuhören . . . .)

(3) Nach sachlichen Lösungen suchen, den Beschwerdeführer und möglicherweise andere Beteiligte dabei integrieren.

9.1.4.12 Rollenspiel „Beschwerde"

Rolle des Vorgesetzten

In der folgenden Gesprächsübung sind Sie Herr Übermann. Sie sind Gruppenleiter in einem größeren, internationalen Unternehmen der Elektrotechnik und haben die Verantwortung für den Einsatz und die Arbeitsleistung von fünf Mitarbeitern.

Vor einigen Minuten hat Herr Freundlich, ein sonst sehr ruhiger, zuverlässiger Mitarbeiter sehr aufgeregt bei Ihnen angerufen und gesagt, daß er Sie dringend sprechen möchte.

Über den Inhalt hat er sich am Telefon nicht näher ausgelassen; nach seinen Äußerungen glauben Sie, daß es sich um das Urlaubsproblem handelt. Sie sind von Ihrer Sekretärin schon über die Schwierigkeiten bei der Urlaubsplanung informiert. Es gilt in Ihrer Abteilung die Regelung, daß nur ein Mitarbeiter in der Gruppe Urlaub nehmen kann. Herr Freundlich arbeitet seit 4 Jahren, Herr Sommer seit 9 Jahren in der Gruppe.

Gestalten Sie das Gespräch im Rollenspiel so, wie Sie es auch in ähnlichen betrieblichen Situationen tun würden und entscheiden Sie über das Urlaubsthema.

Rolle des Mitarbeiters

Sie sind in diesem Rollenspiel Herr Fröhlich und Mitarbeiter in einem größeren, internationalen Unternehmen der Elektrotechnik. Ihr direkter Vorgesetzter ist Herr Übermann (Gruppenleiter).

Sie haben sich sehr geärgert, daß Herr Sommer zur gleichen Zeit Urlaub beantragt hat wie Sie. Als Sie ihn darauf angesprochen haben, hat er Ihnen geantwortet: „Ich habe in der Zeit Geburtstag und Hochzeitstag: Das geht schließlich vor, denn wir leben ja in einem Sozialstaat. Sie können auf persönliche Dinge ruhig auch einmal Rücksicht nehmen und Ihr Haus ein andermal reparieren. Und nach dem Mist, den Sie letzte Woche beim Kunden XX angerichtet haben, brauchen Sie erst gar nicht Urlaub beantragen."

Sie selbst haben schon vor zwei Monaten den Urlaub beantragt, weil Sie Renovierungsarbeiten am Haus durchführen wollen: Sie haben für diese Zeit (27.6. bis 1.7.) schon ein Gerüst fest angemietet. Herr Sommer hat seinen Urlaub erst letzte Woche beantragt, ist aber schon wesentlich länger in der Firma als Sie.

Letzte Woche ist Ihnen beim Kunden XX wirklich ein großer Fehler unterlaufen, über den Sie sich noch heute sehr ärgern.

Sie sind sehr erregt und wütend über Herrn Sommer und wollen von Herrn Übermann wissen, wer hier eigentlich zu entscheiden hat.

Lassen Sie sich im Gespräch nicht zu schnell beruhigen und seien Sie nicht zu entgegenkommend. Es geht schließlich um Ihren Urlaubstermin.

9.1.4.13 Zusammenfassung „Kommunikationsregeln"

1. Wir konzentrieren uns im Gespräch voll auf unseren Partner, damit er ungestört seine Sichtweise darstellen kann. Dabei versuchen wir das Thema aus seiner Perspektive kennenzulernen.

2. Wir fassen ab und zu die Aussagen des Gesprächspartners zusammen, so wie sie bei uns angekommen sind und geben ihm die Möglichkeit, Mißverständnisse zu korrigieren und seine Aussagen zu präzisieren.

3. Wir haben keine Angst vor Gesprächspausen, denn jeder Gesprächsteilnehmer braucht Zeit, um die Informationen gedanklich zu verarbeiten.

4. Wir regen den Gesprächspartner mit „offenen" (W-) Fragen zu weiteren Ausführungen an, greifen auf frühere Aussagen zurück und bitten ihn, diese ausführlicher darzustellen und zu präzisieren.

5. Wir enthalten uns in der „diagnostischen" Phase jeglicher (verbaler und nonverbaler) Kritik und akzeptieren voll die Darstellung des Gesprächspartners.

6. Wenn wir anschließend Stellung beziehen, dann beschreiben wir zuerst unsere Beobachtungen, bevor wir sie bewerten oder die Beschreibungen vom Gesprächspartner bewerten lassen. Nur dann ist die Bewertung nachvollziehbar und eine partnerschaftliche Problemlösung möglich.

7. Wir sind im Gespräch „echt", offen und ehrlich, d. h. wir verstekken uns nicht hinter einer Maske, sprechen in der „Ich"-Form und vermeiden Aussagen wie „man sollte . . . .".

8. Wir argumentieren nicht mit „Du-Angriffen", sondern beschreiben zuerst die beobachtete Situation/Verhalten, schildern dann die Auswirkung auf die eigene Person (Gefühle, die ausgelöst wurden) und zeigen anschließend die erforderlichen Konsequenzen auf.

9. Wir akzeptieren die Gefühlswelt und die Perspektive des Gesprächspartners und bemühen uns um eine kooperative Lösung anstehender Probleme.

9.2 Literatur

Allport, G. W. (1949): Persönlichkeit. Stuttgart: Klett.

Antons, K. (1992): Praxis der Gruppendynamik. 5. Aufl., Göttingen: Hogrefe.

Aronson, E., Turner, J. & Carlsmith, J. (1963): Communicator credibility and communication discrepancy as determinants of opinion change. J. Abn. Soc. Psychol., 67, 31−36.

Asch, S. E. (1946): Forming impressions of personality. J. Abn. Soc. Psychol., 41, 258−190.

Asch, S. E. (1952): Social Psychology. New York: McGraw Hill.

Asch, S. E. (1956): Studies of interpendence and conformity: a minority of one against an unanimous majority. Psychol. Monogr. 70, Nr. 9.

Bales, R. F. (1950): Interaction Process Analysis. Cambridge, Mass.: Addison-Wesley.

Bandura, A. (1969): Principles of behavior modification. New York: Holt, Rinehart & Winston.

Bandura, A. (1978): Aggression. Eine sozial-kognitive Analyse. Stuttgart: Klett.

Bandura, A. (1979): Sozial-kognitive Lerntheorie. Stuttgart: Klett.

Bastine, R. (1972): Gruppenführung. In: Graumann, C. F. (Hg.), 1654−1709.

Bavelas, A. (1950): Communication patterns in task-oriented groups. J. Acoust. Soc. America, 22, 725−730.

Belz, H. & Muthmann, C. (1985): Trainingskurse mit Randgruppen, Freiburg.

Bennis, W. G. & Shepard, M. A. (1956): A theory of group development. Human Relations, 9, 415−437.

Bergin, A. E. (1962): The effect of dissonant persuasive communication upon changes in self-referring attitudes. J. Pers., 37, 735−746.

Becker, K. u. a. (1988): Leitfaden für das soziale Training. Heidelberg: Arbeitsgruppe für empirische Bildungsforschung.

Bergler, R. (1966): Psychologie stereotyper Systeme. Bern: Huber.

Bergler, R. (1975) (Hg.): Das Eindrucksdifferential. Bern: Huber.

Bernstein, S. & Lowy, L. (1969) (Hg.): Untersuchungen zur Sozialen Gruppenarbeit. Freiburg: Lambertus.

Bernstein, S. & Lowy, L. (1975) (Hg.): Neue Untersuchungen zur Sozialen Gruppenarbeit. Freiburg: Lambertus.

Böning, U. (1991): Moderieren mit System. Wiesbaden: Gabler.

Borgotta, E. F. (1962): A systematic study of interaction process scores, peer and self-assessment, personality and other variables. Genetic. Psychol. Monographs. 64, 269−290.

Borgotta, E. F. (1963): A new systematic interaction observing system: Behavior Score System. Journal of Psychol. Studies. 14, 24−44.

Botermans, J. u. a. (1983): Denkspiele mit Papier und Bleistift. München: dtv.

Brechtel, Ch. (1986): Energie für den Alltag. TB-Kassette. Bubenreuth: tpm.

Brechtel, Ch. (1987): Muskuläres Tiefentraining (MTT). Bubenreuth: tpm.

Brehm, J. W. (1966): A theory of psychological reactance. New York: Academic Press.

Brehm, S. S. & Brehm, J. W. (1981): Psychological reactance: A theory of freedom and control. New York: Academic Press.

Brocher, T. (1967): Theorie und Praxis der Erwachsenenbildung. Braunschweig: Westermann.

Broich, J. (1991): Anwärmspiele. Köln, Maternus.

Broich, J. (1992): Rollenspiele mit Erwachsenen. 4. Aufl. Köln: Maternus.

Bruner, J. S. & Goodman, C. D. (1947): Value and need as organizing factors in perception. Journal of abnormal and social psychology, 43, 33–44.

Bühler, Charlotte (1962): Psychologie im Leben unserer Zeit. München: Knaur.

Bühler, Charlotte & Allen, Melanie (1973): Eine Einführung in die Humanistische Psychologie. Stuttgart: Klett.

Bühler, K. (1934): Sprachtheorie. Jena: Fischer.

Burisch, M. (1989): Das Burnout-Syndrom. Berlin: Springer.

Cartwright, Dorwin (1951): Achieving change in people. Some applications of group dynamics theory. Hum. Relations, 4, 381–392.

Cartwright, Dorwin & Harary, F. (1956): Structural balance: A generalization of Heider's theory. Psychol. Rev., 63, 277–293.

Coch, L. & French, J. P. R. (1948): Overcoming resistance to change, Hum. Relations, 1, 512–532.

Cohn, Ruth C. (1991): Von der Psychoanalyse zur themenzentrierten Interaktion. 15. Auflg., Stuttgart: Klett-Cotta.

Crutchfield, R. (1955): Conformity and character. Amer. Psychologist. 10, 191–198.

Dantscher, R. (1977): Arbeitsmaterial für Gruppenarbeit. Gelnhausen: Burckhardthaus.

Dhoity, L. (1987): Die Überwindung von Lernbarrieren und die Kunst der Suggestion. Neues Lernen Journal, I, 6, 5–22.

Edelmann, W. (1988): Suggestopädie/Superlearning. Heidelberg: Asanger.

Edwards, A. L. (1941): Political frames of reference as a factor influencing recognition. Journal of abnormal and social Psychology, 36, 34–50.

Festinger, L. (1957): A theory of cognitive dissonance. Stanford: Stanford University Press.

Festinger, L. (1964): Conflict, decision, dissonance. Stanford: Stanford University Press.

Festinger, L. & Carlsmith, J. M. (1959): Cognitive consequences of forced compliance. J. Abn. Soc. Psychol., 58, 203–210.

Festinger, L., Riecken, H. & Schachter, S. (1956): When prophecy fails. Minneapolis: University of Minneapolis Press.

Fiedler, F. E. (1967): A theory of leadership effectiveness. New York: McGraw Hill.

Fisch, R. & Daniel, D. H. (1986): Forschungsthemen der Sozialpsychologie. In: Frey, D. & Greif, S. (Hg.), 17–31.

Forgas, J. P. (1987): Sozialpsychologie. München: Psychologie Verlags Union.

French, J. P. R., Israel, J. & As, D. (1960): An experiment on participation in a Norwegian factory: Interpersonal dimensions on decision making. Hum. Relations, 13, 3–19.

Frey, D. & Greif, S. (1987 (Hg.): Sozialpsychologie. Ein Handbuch in Schlüsselbegriffen, 2. Aufl., München: Psychologie Verlags Union.

Friedrichs, J. (1973): Methoden der empirischen Sozialforschung. Reinbek: Rowohlt.

Graumann, C. F. (1969, 1972) (Hg.): Handbuch der Psychologie, Bd. 7: Sozialpsychologie. 2 Bde. Göttingen: Hogrefe.

Graumann, C. F. (1979): Die Scheu des Psychologen vor der Interaktion. Z. Soz. Psych., 10, 284–304.

Graumann, C. F. (1981 ff) (Hg.) Kurt-Lewin-Werkausgabe. Bern: Huber und Stuttgart: Klett-Cotta.

Gronau, H. (1963): Die soziologische Rollenanalyse als betriebsorganisatorisches und berufspädagogisches Element. Stuttgart: Enke.

Gudjons, H. (1990): Spielbuch Interaktionserziehung. 4. Auflg., Heilbronn: Klinkhardt.

Haney, C., Banks, C. & Zimbardo, P. G. (1973): Interpersonal dynamics in a simulated prison. Intern. J. Crimin. Penology. 1. 69–97.

Hartley, E. L. & Hartley, R. E. (1955): Die Grundlagen der Sozialpsychologie. Berlin: Rembrandt.

Heider, F. (1958): The psychology of interpersonal relations. New York: Wiley.

Heider, F. & Simmel, Marianne (1944): An experimental study of apparent behavior. J. Psychol., 57, 243–259.

Herkner, W. (1980 (Hg.): Attribution – Psychologie der Kausalität. Bern, Huber.

Herkner, W. (1986): Einführung in die Sozialpsychologie. 4. Aufl., Bern: Huber.

Hersey, P. & Blanchard, K. (1977): Management of organisational behavior. Utilizing human resources. 3. Aufl., Eaglewood Cliffs: Practice Hall. Deutsche Übersetzung 1979.

Höger, D. (1972): Einführung in die Pädagogische Psychologie. Stuttgart: Kohlhammer.

Höhn, E. & Schick, C. P. (1976): Das Soziogramm. 4. Aufl., Göttingen: Hogrefe.

Höhn, E. & Seidel, G. (1969): Soziometrie. In Graumann, C. F. (Hg.), 375–397.

Hoffmann, B. (1987): Handbuch des Autogenen Trainings. 7. Auflg., München: dtv.

Hofstadter, D. R. (1983): Metamagikum. Spektrum der Wissenschaft, 8, 8–14.

Hofstätter, P. R. (1986): Gruppendynamik. Kritik der Massenpsychologie. Reinbek: Rowohlt.

Homans, G. C. (1972): Theorie der sozialen Gruppe, 6. Aufl., Opladen: Westdeutscher Verlag.

Hovland, C. I. & Janis, I. L. (1959 (Hg.): Personality and persuability. New Haven: Yale University Press..

Hovland, C. I., Lumsdaine, A. A. & Sheffield, F. D. (1949): Experiments on mass communications. Princetown: Princetown University Press.

Hück, H. W. (1978): Gruppen mit Programm. 85 Vorschläge. München: Pfeiffer.

Irle, M. (1969) (Hg.): Texte aus der experimentellen Sozialpsychologie, Neuwied: Luchterhand.

Irle, M. (1975): Lehrbuch der Sozialpsychologie. Göttingen: Hogrefe.

Jacobson, E. (1938): Progressive relaxation. Chicago: University of Chicago Press.

Janis, J. L. (1972): Victims of groupthink. A psychological study of foreign policy decisions and fiascos. Boston: Houghton-Mifflin.

Janis, J. L. & Mann, L. (1977): Decision making – a psychological analysis of conflict, choice and committment. New York: Free Press.

Jones, E. E. & Davis, K. E. (1965): From acts of dispositions: The attribution process in person perception. In: Berkowitz, L. (Hg.): Advances in experimental social psychology, Bd. 2. New York: Academic Press.

Jones, E. E. & Nisbett, R. E. (1971): The actor and the observer. Differgent perceptions of the causes of behavior. In: Jones, E. E. u. a. (Hg.): Attribution: Percieving the causes of behavior. Morristown: General Learning Press.

Kelley, H. H. (1950): The Warm-Cold variable in first impression of persons. J. Personality, 18, 431–439.

Kelley, H. H. (1967): Attribution in social interaction. In: Levine, D. (Hg.): Nebraska symposium of motivation. Bd. 15. Lincoln: University of Nebraska Press.

Kelley, H. H. (1973): The process of causal attribution. Amer. Psychologist. 28, 107–128.

Kelley, H. H. & Michaela, J. L. (1980): Attribution theory and research. Annual Review of Psychology, 31. 457–501.

Kirsten, R. E. & Müller-Schwarz, J. (1976): Gruppentraining. Reinbek: Rowohlt.

Klein, Irene (1991): Gruppenleiten ohne Angst. 3. Auflg., München: Pfeiffer.

Knoll, J. (1991): Kurs- und Seminarmethoden. 3. Auflg., Weinheim: Beltz.

Krech, D. & Crutchfield., R. (1948): Theories and problems of social psychology. New York: McGraw Hill.

Krech, D., Crutchfield, R. & Ballachay, E. L. (1962): Individual in society. New York: McGraw Hill.

Krech, D., Crutchfield, R. u. a. (1985): Grundlagen der Psychologie in 8 Bänden. Bd. 7: Sozialpsychologie. Weinheim: Beltz.

Kretschmer, E. (1955): Körperbau und Charakter. 22. Aufl., Berlin: Springer.

Kromrey, H. (1980): Empirische Sozialforschung. Opladen: Leske.

Leventhal, H. (1970): Findings and theory in the study of fear communications. In: Berkowitz, L. (Hg.): Advances in experimental social psychology. Vol. 5. New York: Academic Press, 119–186.

Lewin, K. (1963): Feldtheorie in den Sozialwissenschaften. Bern: Huber.

Lewin, K., Lippitt, R. & White, R. K. (1939): Patterns of aggressive behavior in experimental created "social climates". J. Soc. Psychol., 10. 271–299.

Lippitt, R. (1940): An experimental study of authoritarian and democratic group atmospheres. University of Iowa: Stud. Child Welfare, 16, 43–195.

Lippitt, R. & White, R. K. (1947): An experimental study of leadership and group life. In: Newcomb, T. & Hartley, E. L. (Hg.): Readings in social psychology. New York: Holt, 315–330.

Lozanow, G. (1979): Suggestology and outlines of suggestion. New York: Gordon & Breach.

Luft, J. (1971): Einführung in die Gruppendynamik. Stuttgart: Klett.

Lück, H. E. (1985): Psychologie sozialer Prozesse. Opladen: Leske & Budrich.

Mann, L. (1987): Sozialpsychologie. 8. Aufl., München: Psychologie Verlags Union.

Mantell, D. M. & Lechleitner, H. (1970): Abraham – Ein Versuch. Göttingen: Institut für den wissenschaftlichen Film.

Maslow, A. H. (1954): Motivation and personality. New York: Harper..

Maslow, A. H. (1973): Psychologie des Seins. München: Kindler.

Mayo, E. (1933): The human problems of an industrial civilization. New York: MacMillan..

McGregor, D. (1960): The human side of enterprise. New York: McGraw Hill.

McGinnies, E. (1949): Emotionality and perceptual defence. Psychol. Review, 56, 244–251.

Meichenbaum, D. (1977): Kognitive Verhaltensmodifikation. München: Urban & Schwarzenberg.

Metaplan (1992) (Hg.): Fibel zur Metaplantechnik. 2. Aufl. Quickborn: Metaplan

Michelitsch-Traeger, J. (1980): Entwicklung und Erprobung eines verhaltenstherapeutischen Trainingsprogramms von zu Jugendstrafe verurteilten Delinquenten. Dissertation: Uni Heidelberg.

Milgram, S. (1974): Das Milgram Experiment. Zur Aufdeckung der Gehorsamsbereitschaft gegenüber Autorität. Reinbek: Rowohlt.

Milgram, S. (1977): Das Milgram-Experiment. In: Witte, E. H. (Hg.): Psychologie als empirische Wissenschaft. Stuttgart: Enke, 117–151.

Moeller, M. L. (1978): Selbsthilfegruppen. Reinbek: Rowohlt.

Moeller, M. L. (1981): Anders helfen. Stuttgart: Klett-Cotta.

Newcomb, T. (1959): Sozialpsychologie. Meisenheim: Hain.

Nuber, Ursula (1986): Lernen wie ein Kind. Psychologie heute, 3, 56–61.

Obermair, G. (1978): Streichholzspielereien. München: Heyne.

Osgood, C. E. & Tannenbaum, P. H. (1955): The principle of congruity in the prediction of attitude change. Psychol. Review. 62, 42–55.

Osgood, C. E., Suci, G. J. & Tannenbaum, P. H. (1957): The measurement of meaning. Urbana: University of Illinois Press.

Otto, M. (1986): Praxis des sozialen Trainings. Niedersächsisches Justizministerium.

Philipov, E. (1981): Suggestopädie. Pädagogische Arbeitsstelle für Erwachsenenbildung in Baden-Württemberg.

Pielmaier, H. (1980) (Hg.): Training sozialer Verhaltensweisen. München: Kösel

Preiser, S. (1979): Personenwahrnehmung und Beurteilung. Darmstadt.

Revenstorf, D. (1982–1985): Psychotherapeutische Verfahren. 4 Bde. Stuttgart: Kohlhammer.

Roethlisberger, F. W. & Dickson, W. J. (1939): Management and the worker. Boston: Harvard University Press.

Rogers, C. (1978): Die klientenzentrierte Gesprächspsychotherapie. 2. Aufl., München: Kindler.

Rogers, C. (1979): Die Entwicklung der Persönlichkeit. 3. Aufl., Stuttgart: Klett-Cotta.

Rohr, Christina (1972) (Hg.): Verhaltensänderung, München: Nymphenburger Verlagsgesellschaft.

Rosenberg, S., Nelson, C. & Vivekananthan, P. (1968): A multidimensional approach to the structure of personality impressions. J. Pers. Soc. Psychol., 9, 283–294.

Sader, M. (1969): Rollentheorie. In: Graumann, C. F. (Hg.), 204–231.

Schiffler, L. (1986): Suggestopädie und Superlearning – empirisch geprüft. Frankfurt: Disterweg.

Schnelle, E. (1982): Metaplan – Gesprächstechnik. Quickborn: Metaplan Reihe Heft 2.

Schnelle, E. & Stoltz, Inga (1978): Interaktionelles Lernen. Quickborn: Metaplan.

Schnelle-Cölln, Telse (1983): Visualisierung. Quickborn: Metaplan Reihe Heft 6.

Schulz von Thun, F. (1981): Miteinander reden. Bd. 1. Reinbek: Rowohlt.

Schulz von Thun, F. (1989): Miteinander reden. Bd. 2. Reinbek: Rowohlt.

Schultz, H. J. (1982): Das autogene Training. 17. Auflg., Stuttgart: Thieme.

Schuster, D. R. & Gritton, C. F. (1986): Suggestopädie in Theorie und Praxis. Bremen: PLS.

Schwäbisch, L. & Siems, M. (1974): Anleitung zum sozialen Lernen für Paare, Gruppen und Erzieher. Reinbek: Rowohlt.

Seligmann, M. E. P. (1979): Erlernte Hilflosigkeit. München: Schwarzenberg.

Selye, H. (1973): The evolution of the stress concept. American Scientist, 61, 692–699.

Sheldon, W. H. (1942): The varieties of temperament. New York: Harper.

Sherif, M. (1935): A study of some social factors in perception. Arch. Psychology, 27, 187 ff.

Sherif, M. & Sherif, C. (1956): An outline of social psychology. 2. Aufl, New York: Harper & Row.

Sieber, G. (1969): Achtung Test. Stuttgart: Deutsche Verlags Anstalt.

Skinner, B. F. (1953): Science and human behavior. New York: MacMillan.

Steller, M., Hommers, W. & Zienert, H. J. (1978): Modellunterstütztes Rollentraining. Berlin: Springer.

Steuer, H. & Voigt, C. (1980): Das neue rororo Spielebuch. Reinbek: Rowohlt.

Taylor, F. W. (1913): Die Grundsätze wissenschaftlicher Betriebsführung. München: Barth.

tpm (o. J.): Gesprächsführung/Motivation, Konfliktsteuerung. Unveröff. Seminarunterlagen. Bubenreuth: Team für psychologisches Management.

Tuckman, B. W. (1965): Development sequence in small groups. Psychol. Bulletin, 63, 384–389.

Ullrich, R. & Ullrich deMuynck, R. (1977/78): Das Assertiveness-Trainings-Programm. München: Pfeiffer.

Vester, F. (1973): Denken, Lernen, Vergessen. München: dtv.

Vester, F. (1982): Phänomen Streß. München: dtv.

Wallace, J. A. (1966): Role reward and dissonance reduction. J. Pers. Soc. Psychology, 3, 305–312.

Watzlawick, P. (1983): Anleitung zum Unglücklichsein. München: Piper.

Watzlawick, P. (1986): Vom Schlechten des Guten oder Hekates Lösungen. München: Piper.

Watzlawick, P., Beavin, J. & Jackson, D. (1969): Menschliche Kommunikation. Bern: Huber.

Watzlawick, P., Weakland, J. & Fish, R. (1974): Lösungen. Bern: Huber.

Weinert, A. B. (1987): Lehrbuch der Organisationspsychologie. 2. Aufl., München: Urban & Schwarzenberg.

Wellhöfer, P. R. (1972): Die Schulklasse als sozialpsychologisches Phänomen. Schule und Psychologie, 4, 193–206.

Wellhöfer, P. R. (1977): Grundstudium Persönlichkeitspsychologie. Stuttgart: Enke/München: Deutscher Taschenbuch Verlag.

Wellhöfer, P. R. (1981): Selbstmord und Selbstmordversuch. Frankfurt: G. Fischer (UTB 1078).

Wellhöfer, P. R. (1984): Grundstudium Sozialwissenschaftliche Methoden und Arbeitsweisen. Stuttgart: Enke.

Wellhöfer, P. R. (1988): Grundstudium Sozialpsychologie. 2. Auflg., Stuttgart: Enke.

Wellhöfer, P. R. (1990): Grundstudium Allgemeine Psychologie. 2. Auflg., Stuttgart: Enke.

Wellhöfer, P. R. (1992): Der kriminelle Mensch. In: Sozialmagazin, 17(3), S. 24–35.

Werneck, T. (1979): Denkspielereien. München: Heyne.

Whyte, W. F. (1943): Street corner society. Chicago: University Press.

Wisher, J. (1960): Reanalysis of "impression of personality". Psychol. Review. 67, 96–112.

Zimbardo, P. G. (1983): Psychologie, 4. Aufl., Berlin: Springer. 5. Aufl. 1992.

9.3 Personenverzeichnis

9.4 Stichwortverzeichnis